国家社会科学基金"十三五"规划2017年度教育学青年课题
"中国好教师形象的百年变迁与成长机制研究"
（项目编号：CHA170266）成果

好教师形象
与教师成长机制研究

汪明帅 著

ZHEJIANG UNIVERSITY PRESS
浙江大学出版社
·杭州·

图书在版编目（CIP）数据

好教师形象与教师成长机制研究 / 汪明帅著. 一杭
州:浙江大学出版社，2023.6
ISBN 978-7-308-23855-7

Ⅰ.①好… Ⅱ.①汪… Ⅲ.①师资培养－研究 Ⅳ.
①G451.2

中国国家版本馆 CIP 数据核字(2023)第 095363 号

好教师形象与教师成长机制研究

汪明帅　著

策划编辑	吴伟伟
责任编辑	陈逸行
文字编辑	梅　雪
责任校对	郭琳琳
封面设计	雷建军
出版发行	浙江大学出版社
	（杭州市天目山路 148 号　邮政编码 310007）
	（网址:http://www.zjupress.com）
排　　版	浙江时代出版服务有限公司
印　　刷	广东虎彩云印刷有限公司绍兴分公司
开　　本	710mm×1000mm　1/16
印　　张	17.75
字　　数	231 千
版 印 次	2023 年 6 月第 1 版　2023 年 6 月第 1 次印刷
书　　号	ISBN 978-7-308-23855-7
定　　价	78.00 元

目　录

引言 研究缘起与研究设计

一个人遇到好老师是人生的幸运,一个学校拥有好老师是学校的光荣,一个民族源源不断涌现出一批又一批好老师则是民族的希望。

——习近平

　　"国运兴衰,系于教育,根本在教师。"[①]兴国必先强师,打造一支高素质专业化的教师队伍是实现中华民族伟大复兴中国梦的重要保证。中共中央、国务院《关于全面深化新时代教师队伍建设改革的意见》明确指出,教师"是国家富强、民族振兴、人民幸福的重要基石",要"形成优秀人才争相从教、教师人人尽展其才、好教师不断涌现的良好局面"。

　　成为好教师是绝大多数教师孜孜以求的奋斗目标,也是摆在教师研究者面前的永恒命题。2006 年,时任国务院总理温家宝在政府工作报告中强调"培养一支德才兼备的教师队伍,造就一批杰出的教育家";2017 年,中共中央办公厅、国务院办公厅《关于实施中华优秀传统文化传承发展工程的意见》对"迫切需要深入挖掘中华优秀传统文化价值内涵"的呼吁,使得关于中国本土好教师形象及其教师成长环境和成长机制的研究刻不容缓;2018 年,中共中央、国务院《关于全面深化新时代教师队伍建设改革的意见》提出争做"四有"好教师的示范标杆,让"好教师"成为教育热点。要成为好教师,我们首先需要对"什么是好教师"这一前提性问题进行分析;而"什么是好教师"又与我们对于好教师的理解方式息息相关。好教师的不同书写方式,是我们审

---

　　① 王定华.新时代我国中小学教师国培的进展与方略[J].全球教育展望,2020(1):54-61.

视好教师的一面透镜,规约着成为好教师的方式以及成为怎样的好教师。我们亟须扎根于中国本土教师的实际,对中国本土特色的教师成长机制形成更清晰的认识,将追求好教师的目标从"坐而论"逐渐推向"起而行"。

一、问题提出

要说明为什么选择"中国好教师形象的百年变迁与成长机制研究"这一课题,至少要回答两个前提性问题:(1)为什么关注中国好教师形象及其百年变迁?(2)为什么关注基于好教师形象的教师成长机制?只有在回答这两个问题的基础上,我们才可以明确具体的研究问题。以下将逐一回答这两个问题,并进一步明确本书的研究问题,以及研究的价值与意义。

(一)为什么关注好教师形象及其百年变迁

"成为好老师是每一个老师的理想和追求。"[①]习近平总书记在同北京师范大学师生代表座谈时指出,"一个人遇到好老师是人生的幸运,一个学校拥有好老师是学校的光荣,一个民族源源不断涌现出一批又一批好老师则是民族的希望"[②]。与此同时,"对教师标准或理想形象的探讨,也一直是国际教师教育研究的关注点"[③]。一个人的教养,不仅是他的知识,而且是他多方面的总形象。卢那察尔斯基有这

---

① 习近平. 做党和人民满意的好老师[N]. 人民日报,2014-09-10(2).
② 习近平. 做党和人民满意的好老师[N]. 人民日报,2014-09-10(2).
③ 李琼. 学生心目中的教师形象:一个跨文化的比较[J]. 比较教育研究,2007(11):18-22.

样一句名言："有教养的人,是人的形象占统治地位的人。"[①]可以说,好教师形象是教师研究中一个具有统领性的概念,反映了特定时代和社会的教育理念和价值追求,折射出特定时代和社会赋予教师的总体要求和普遍期望,起到了提纲挈领的作用。举凡教师的理论研究、政策研究、教师教育研究以及队伍建设研究,背后无不隐含着一定的好教师形象,建立在特定好教师形象的基础之上。从这个意义上说,只有纳入好教师形象这一概念框架,有关教师的研究才有生长的基点。有研究者明确指出,日本教师教育的重要经验就在于"不断调适好教师形象与教师养成制度之间的关系,培养了一支职业能力强、有敬业精神、受人尊敬、待遇优厚的教师队伍"[②]。基于此,本书特以好教师形象作为研究对象,期望能够对当前的教师研究尤其是教师专业发展提供借镜。

需要指出的是,关于好教师形象的认识,没有绝对一致的答案,但这并不能削弱明确好教师形象的重要性。我们只有对好教师形象在一个合理的水平上达成广泛的一致,才能够切实地进行讨论,并对基于好教师形象的教师成长机制展开研究。教师在工作中会不断地遇到下列问题:什么知识最有教育价值? 怎样传授这些知识才有价值? 传授知识的目的究竟是什么? 应该培养学生什么样的对待知识的态度与能力? 应该使学生有一个怎样的知识结构? 哪些知识最能促进学生的发展? 如何解决人类知识增长的无限性与个体知识增长的有限性之间的矛盾? 在这些问题上缺乏深思熟虑的教师绝不会成为好教师。"这些问题又都不是孤立的,而是与整个社会的知识状况有着

---

① 苏霍姆林斯基.作为教育者的教师应当具备什么品质[M]//苏霍姆林斯基.给教师的一百条建议.周蕖,等译.天津:天津人民出版社,1981:159.

② 刘捷.日本理想的教师形象、养成制度及对我国的启示[J].日本问题研究,1999(3):3-5.

密切的联系,可以说是社会知识状况在教育教学工作中的具体反映。"①在不同的历史时期,由于社会知识状况不同,对上述问题也有不同的回答,从而塑造着不同的教师角色。在一项名为"好教师"的研究中,英国学者穆尔(Moore)发现了三种相互竞争的话语:一种政府偏爱的"称职的工匠"模式,一种在大学普遍存在的"反思实践者"模式,以及一种在流行文化、好莱坞电影等流传的"魅力型"教师模式。② 关于什么是好教师的回答,随着时间、文化以及文化内部的不同而有所不同。"每一代的教师都会面对一个时代对教师使命的新要求。"③可以说,不同时代对于好教师的认定,从源头上影响着如何成为好教师,是我们审视好教师的重要透镜。"纵观中国现代化的百年进程,即中国新式学堂兴起后的百年,也是作为职业群体的中国教师出现的百年。"④因此,我们迫切需要知道中国好教师形象百年以来的演变历程,从好教师形象演变历程中洞察当前的好教师形象及其形成逻辑。

(二)为什么关注基于好教师形象的教师成长机制

研究好教师形象的百年变迁,明晰当前的好教师形象,洞察当前好教师形象的形成逻辑,无不指向好教师的培养,这就是教师专业发展领域的问题。教师专业发展是一个长期而复杂的过程,涉及好教师形象、关键特征(专长)、影响因素、人生经历、成长环境等诸多维度,是一个多维因素互动的结果。我们迫切需要从对单一的关键特征(专长)或影响因素的研究中走出来,深入探索教师成长机制。这意味着

---

① 石中英.当代知识的状况与教师角色的转换[J].高等师范教育研究,1998(6):52-57.

② Moore A. The Good Teacher: Dominant Discourses in Teaching and Teacher Education [M]. London: Routledge, 2004.

③ 叶澜.教育的魅力,应从创造中去寻找[J].内蒙古教育,2016(10):7-11.

④ 刘云杉.从启蒙者到专业人——中国现代化历程中教师角色演变[M].北京:北京师范大学出版社,2006:33.

对教师专业发展的研究深入一个新的层次,从事物运动过程中的内在动态联系去考察教师成长现象。正如吴康宁教授所指出的那样:"关于教师自身专业发展的过程,问题的关键不在于这一过程可以分为几个阶段,应该先做什么、后做什么,而在于这一过程是否具有自醒的或反思的品性。"[①]对教师成长机制进行考察,就是从结构和系统的角度对教师成长予以分析。缺少对机制的关注导致我们对教师成长的认识过于简单。从这个意义上说,进行机制研究就会带我们跨过动态研究的门槛,由此窥视事物运动的本质的、全面的、深层的联系,探究系统性的规律,把研究提高到一个更新的层次,解决长期困扰着我们的各种疑难问题。"只有探明了事物的运动机制,才真正地了解事物所由生、所由长、所由盛、所由衰、所由成、所由败的深层原因……如果说成功的关系研究有赖于对事物现象周密而细致的调查,那么,机制研究更有赖于关系研究的全面和深刻。"[②]有研究者就从学校层面谈到教师专业发展机制:为形成和建立稳定的教师专业发展机制,学校成立了三个互为联系、互为制约、互为影响的"组织架构",即宏观层面学校"核心组"、中观层面"教研组""年级组"和微观层面"教师个体"。[③]也有研究者借助名师工作室这一载体,探讨教师的学习机制,指出名师工作室中教师学习的机制包括两部分内容:一是名师工作室中教师学习的过程。学习过程紧紧围绕"三阶段六要素"过程框架展开,体现了生态学习取向。二是教师学习过程中各要素的相互作用关系。"六要素"之间的关系体现的是教师知识的意义建构。[④]还有研究以一所典型学校为个案,研究了促进教师研究的学校内部机制。研究表明:该

① 吴康宁.教师应成为自身专业发展的主人[J].南京师大学报(社会科学版),2015(5):80-86.
② 于真.论机制与机制研究[J].社会学研究,1989(3):57-62.
③ 宓莹.教师专业发展规划师:校长的使命[J].上海教育科研,2016(5):66-68.
④ 言运锦,朱宁波.名师工作室中教师学习机制的个案研究[J].教师教育研究,2019(6):78-85.

校内部机制探寻经历了外部推动、自主建构、内涵深化阶段,这三个阶段也是该校教师研究逐渐找到内在自生力量的过程;机制构建的主体是学校,但需要持续的外部专业支持和情绪支持;机制要素从推动阶段的三要素演化为深化阶段的稳定五要素;机制实施过程中的阻力来自校内外,校内的阻力能通过学校和研究工作者的合力逐步化解,但来自外部行政的阻力是学校难以凭自身努力解决的。[①] 问题在于,囿于传统研究方法、研究资料等局限,对于好教师生成机制问题的探讨还远远不够。因此,我们有必要从教师成长机制的角度,系统探究教师成长的规律,培养出一大批好教师。

(三)研究问题聚焦

综上,本书重点关注中国好教师形象的百年变迁及其成长机制,研究问题主要包括以下两大部分。

第一部分,中国本土好教师形象的百年变迁研究。本部分通过对百年以来不同阶段诸如"忠君尊孔""四育并举""又红又专""专业工作人员"等好教师形象的变迁研究,厘清教育变革背景下好教师形象的百年变迁,明晰不同阶段好教师形象的承续关系,进而揭示不同阶段好教师的专业角色。基于此,主要针对以下几个方面来完成本部分的研究内容:(1)好教师形象的研究视角研究;(2)中国好教师形象的百年变迁的阶段研究;(3)不同阶段好教师形象的承续关系研究;(4)当前好教师形象及其内涵研究。

第二部分,基于中国本土好教师形象的教师成长机制研究。如何基于好教师形象构建具有中国本土特色的教师成长机制,是这部分着

---

① 王丽华,陆虹,沈莉,等.促进教师研究的学校内部机制探寻[J].全球教育展望,2015(7):89-98,110.

力解决的问题。关于"机制",1979 年上海辞书出版社出版的《辞海》
这样解释:"机制——原指机器的构造和动作原理,生物学和医学通过
类比借用此词。生物学和医学在研究一种生物的功能(例如光合作用
或肌肉收缩)时,常说分析它的机制,这就是说要了解它的内在工作方
式,包括有关生物结构组成部分的相互关系,以及其间发生的各种变
化过程的物理、化学性质和相互关系。阐明一种生物功能的机制,意
味着对它的认识从现象的描述进到本质的说明。"[①]有研究者也指出:
"所谓机制是指事物在运动中,各相关因素(包括内部结构与外部条
件)有一定向度的、相互衔接的律动(循着一定规律而动)作用联系。"[②]
可见,机制是由系统构成要素相互依存、相互制约关系的集成,具备很
强的系统性。理解"机制"这个概念,关键要把握有机体的构造、功能
及其相互关系。把机制的意涵引申到不同的领域,就形成了不同的机
制。在本部分研究中,为了构建基于中国本土好教师形象的教师成长
机制,首先要厘清好教师形象与教师成长机制的关系,在此基础上,基
于已有的关于好教师关键特征(专长)、教师成长影响因素等研究,运
用定性比较分析方法,把握教师成长的构造、功能及其相互关系,建构
教师成长机制的理论模型。基于此,本部分研究主要从以下几个方面
展开:(1)基于好教师形象的教师成长机制研究;(2)课程改革不断深
化背景下教师成长机制模型构建研究;(3)教师成长的准入机制、渗透
机制、动力机制、研究机制与保障机制研究。

　　需要强调的是,我们对于好教师是怎样的以及如何成为一名好教
师这两个核心问题的关注,目标不是对这些问题给出一个明确的答
案,而是讨论一个可以作为反思和发展框架的变化层次的综合模型。

---

① 辞海(索引本)[Z].上海:上海辞书出版社,1979:2862.
② 于真.论机制与机制研究[J].社会学研究,1989(3):57-62.

(四)研究价值与意义

在当前优质教师人力资源依然短缺的情况下,研究"好教师是怎样的""如何成为好教师"等问题,不仅有着重要的理论意义,也具有极强的现实价值,能够为广大教师的专业发展指明方向。

1.有助于丰富教师成长研究的理论视角

以教师成长机制为研究对象,以中国本土百年以来好教师形象为参照,将好教师形象与教师成长机制结合起来,深入研究中国本土好教师形象的历史渊源、发展脉络以及基本走向,有助于立足中国历史和文化,深化对中华优秀传统文化中有关教师成长重要性的认识,拓宽教师成长研究的理论视角。

2.有助于建构具有中国本土属性的教师成长机制

从成长机制这一角度对中国本土百年以来的好教师形象变迁展开研究,有助于在厘清具有中国本土特色的好教师形象的基础上,建构具有中国本土属性的教师成长机制,提升理论研究品质。

3.有助于改善教师教育,为相关政策的有效实施提供智力支持

探讨中国本土属性的教师成长机制,通过索引钩沉观照当下现实,不断赋予其新的时代内涵和现代表达形式,有助于正确认识教师成长的本质,把握教师成长的规律,改善教师教育的品质,为国家教师培养、培训等相关政策的有效实施提供智力支持。

二、文献综述

好教师在教育发展和社会进步中扮演着极其关键的角色。造就

一支高素质、专业化的好教师队伍是《国家中长期教育改革和发展规划纲要(2010—2020年)》提出的重要目标。联合国教科文等多个国际组织联合发表的《教育2030·仁川宣言和行动框架》,也将教师队伍发展视作教育质量提升的关键途径。可以说,当今世界各国无一例外都将教育改革的成败系于教师,系于好教师的贯彻和执行。为了顺应这一变革,世界各国研究者都围绕好教师展开了长期的探索,并逐渐积累起丰硕的成果。从教师成长的角度来看,大体形成如下三种研究路径。

(一)特质理论下的好教师形象及其成长路径研究

特质理论(trait theory)是现代西方关于人格构造的一种主要理论。这一理论认为人格由许多特质构成,特质是激发与指导个体各种反应的恒常的心理结构。[①] 受到特质理论的启发,教师教育研究者通过研究指出,特质是教师成长的核心部分,好教师是具备相关特质的那些教师,教师成长的关键在于拥有或习得相关特质。在这一好教师形象的规约下,兴起了大量探索好教师关键特征的研究。对欧美教师研究领域产生很大的影响的布鲁克菲尔德(Brookfield),曾以中小学高技能教师(the skillful teacher)为研究对象,对其教学特征(teaching traits)进行个案研究,并提出了一个包含教学观念(teaching ideas)和教学行为(teaching performance)的"两要素"分析框架,勾勒出好教师的基本教学特征。[②] 随着特质理论的影响逐渐深远,我国学者也陆续围绕好教师的关键特征开展系列研究。有研究基于教师"教育自传或

---

① Eysenck H J, Eysenck M. Personality and Individual Differences: A Natural Science Approach[M]. New York: Plenum Press, 1985.

② Brookfield S D. The Skillful Teacher: On Technique, Trust, and Responsiveness in the Classroom[M]. San Francisco: Jossey-Bass, 1990.

个人生活史"对好教师展开研究,认为好教师具有两个基本特征:那个教师"对我好";那个教师"有激情"。① 有研究以"美国年度教师"(National Teacher of the Year)为分析对象,从"充分发挥每一个学生的潜能"的角度对"美国年度教师"这一好教师群体的关键特征进行系统梳理。②

特质理论下的教师成长相关研究,从纵向的历史角度和横向的比较角度,揭示了好教师的关键特征。其中,大多数研究或者采用思辨的研究方式,从应然的层面分析好教师的关键特征,或者以特定教师为案例,通过案例阐释好教师的关键特征,不断加深我们对好教师关键特征的认知,描绘了一幅幅好教师的画像。问题在于,特质理论对好教师特质的考察,很难得出具有高度概括性和接受度的关键特征,从而使得关键特征这一概念从根本上发生动摇;而且其忽略了人生经历和成长环境在形成关键特征方面的作用,有将关键特征孤立起来的嫌疑。因此,在特征理论的观照下,好教师成长背后的机制究竟是怎样的,相关研究涉及不多。这些关键特征如何为成长机制提供依据,缺乏后续深入的研究。

(二)"专家—新手"理论下的好教师形象及其成长路径

与特质理论一脉相承,"专家—新手"这一关于教师成长的比较研究范式发端于20世纪70年代,随着研究者将认知心理学的专长研究的方法引入教育领域而逐渐发展起来,并获得了丰富的研究成果。格罗斯曼(Grossman)等根据舒尔曼的教师知识分类,分别展开教师知

---

① 刘良华.教育自传中的个人知识:关于好教师的调查研究[J].北京大学教育评论,2008(1):125-131.

② 汪明帅.好教师的关键特征——2003—2012美国年度教师解读[J].教育发展研究,2012(24):48-53.

识的实证研究,揭示出专家教师在每一类知识上都比新教师多、精致。20世纪90年代香港大学徐碧美教授以传记的形式呈现了四位英语老师的成长历程,从新手教师与专家教师的对照中分析出,专家教师的专长是对第二语言(英语)教学中的专长所作的开创性研究成果。① 随着"专家—新手"这一研究方式的深入,研究者日益认识到,从新手到专家是一个长期的发展过程,教师的专长发展也是一个长期的过程。② 基于此,研究者开始在专家和新手之间加入新的阶段比如熟手教师,将其与新手教师和专家教师进行比较,了解他们之间的差异,更深入地研究教师的专长发展,丰富了"专家—新手"这一研究范式。③

与特质理论极为相似,"专家—新手"乃至后续延伸出的"专家—熟手—新手"关于教师成长的研究范式,也将教师成长与专家教师的专长挂钩,强调专长是教师成长的关键所在,将好教师形象与那些具备专长的专家教师等同起来,从新手教师一步步成长为熟手教师乃至专家教师,就是专长不断丰富的过程。这一研究范式主要通过案例研究的方式,总结并提炼出专家教师的专长,并主张以"补差"的方式,有针对性地帮助新手教师尽快成长起来。不过,新手教师如何依靠这些专长成长为专家教师,从此岸边向彼岸的中间道路究竟是怎样的,并没有具体的研究成果。"补差"这一过程依然是一个有待揭秘的"黑箱"。

(三)发展阶段理论下的好教师形象及其成长路径

一名教师从入职到成长为一名好教师要经历哪些发展阶段? 教

---

① 徐碧美.追求卓越:教师专业发展案例研究[M].陈静,李忠如,译.北京:人民教育出版社,2003:58.

② Katz L G. Developmental stages of preschool teachers[J]. Elementary School Journal,1972(1):50-54.

③ 连榕.新手—熟手—专家型教师心理特征的比较[J].心理学报,2004(1):44-52.

师成长主要受到哪些因素的影响？这些是发展阶段理论重点关注的问题。目前已有的教师发展阶段理论大致可以归为这样几类：职业/生命周期阶段理论、心理发展阶段理论、教师社会化阶段理论。[①] 每种发展阶段理论的划分依据各不相同。戴(Day)按照教师的职业周期将教师发展分为六个阶段：责任、支持与挑战；课堂的身份认同；应对角色和身份变化；平衡工作与生活的压力；对保持激励感的挑战；保持或减少激励。[②] 现实中，在教师发展的每个阶段，均可能存在"消极倦怠者"和"积极工作者"，然而若结合我国制度环境下的职称发展来看待好教师，则有一种价值引领趋势——职称阶梯越往上者，其职业发展程度越高，我国的"特级教师"就是在"初级—中级—高级"教师职称等级系列基础上的进一步"加冕"。因此，结合发展阶段理论和中国现实的制度安排，保持发展意愿，不断迈向发展阶段高阶，具备这样形象的教师就是好教师。在这一好教师形象的观照下，教师成长也有迹可循。其一是强调教育和培训在教师成长中的作用，这是一种"外铄式"的教师成长路径。其二是一种"内求式"的教师成长路径，强调要真正促进教师专业发展，还得回到教师自身，从教师这一主体出发，尊重教师已有的经验，给予教师一定的空间，遵循教师作为成人学习的特征。

不难发现，在发展阶段理论的规约下，影响因素成为教师成长的关键词。上述两种路径都特别强调知识、做法、经验等影响因素在教师成长中的重要性，都将教师成长理解为不断克服各种影响因素的制约而逐步成长起来。在现实中，名师公开课广受追捧就是这种教师成长观的产物。在不少教师看来，"听课—模仿—复制"是走向好教师的重要法宝。毋庸讳言，把握教师成长的阶段规律对教师成长非常重

[①] 胡惠闵,王建军.教师专业发展[M].上海：华东师范大学出版社,2014:69.

[②] Day C. Committed for life? Variations in teachers' work, lives and effectiveness[J]. Journal of Educational Change, 2008(3):49-70.

要。问题在于,除非教师善于从知识、做法、经验中汲取教益,否则这些知识、经验就很难对教师产生触动。教师的成长历程是一个持续的艰辛过程,除了要考虑到各种影响因素的制约,还要从多维度出发,关照诸多其他方面。

根据上述对有关好教师形象及其成长路径的三大研究范式综述可知,对好教师形象的理解影响了教师成长路径的选择,有什么样的好教师形象,就会有相应的教师成长范式;教育改革对好教师形象的重新诠释,客观上要求教师依据新的形象更新自己的专业行为和观念。与此同时,已有的研究主要暴露了以下三个不足:首先,这些相关研究主要沿袭了国外的理论,遵循了"学习—借鉴—推广"的研究路径,对本土好教师形象以及相应的成长路径的研究远远不够。其次,已有研究主要从关键特征(专长)和影响因素的角度解释好教师成长的秘密,拘泥于单一维度,是一种割裂的、静态的研究,缺乏将好教师形象与教师成长机制结合起来的研究成果,缺乏从好教师形象的角度将关键特征(专长)与影响因素结合起来的研究成果,更缺乏从好教师形象的角度将关键特征(专长)、影响因素与教师的人生经历、成长环境整合起来,从成长机制的角度深入探索教师成长的研究成果。最后,大多数研究或采用思辨的研究方法,从应然的角度分析好教师的关键特征(专长)与影响因素,或者采用单个案例的研究方法,关注某个或某类好教师的关键特征(专长)与影响因素。这一研究方法有助于对好教师的关键特征(专长)和教师成长的影响因素的研究,但无助于从整体层面对成长机制进行探索。

我们迫切需要从单一的关键特征(专长)或影响因素的研究中走出来,深入探索教师成长机制。因此,本书在文献研究的基础上,从多维互动的角度研究扎根于中国本土好教师形象的教师成长机制,建构具有中国本土特色的教师成长机制模型。

三、研究设计

有什么样的好教师形象,就应该有与之匹配的教师成长机制;不同时代教师也都有着特定的使命,有着不同的好教师形象。因此,下文在交代基于好教师形象的教师成长机制这一整体研究思路的基础上,重点回答如何确定好教师形象以及如何基于特定好教师形象进行教师成长机制建构这两个关键议题。

(一)基于好教师形象的教师成长机制的整体研究思路

如上所述,不同时代有不同的好教师形象,从源头上影响着如何成为好教师,是我们审视好教师的重要透镜。基于此,本书循着"中国好教师形象百年变迁研究—当前主导的好教师形象—好教师形象与教师成长机制关系研究—指向好教师形象的教师成长机制构建研究"的思路,对基于好教师形象的教师成长机制展开系统研究。

在第一阶段,即"中国好教师形象百年变迁研究"阶段,首先明确研究的视角,基于所确定的研究视角,围绕中国百年以来好教师形象变迁的文献资料进行分析,并与国际上有关好教师形象的相关研究进行对比,厘清中国好教师形象的百年变迁、不同阶段好教师形象的共性与个性,以及不同阶段好教师形象的承续关系。在这一工作的基础上,对当前主导的好教师形象内涵进行解读,并探索指向这一好教师形象所需要做出的努力,这是研究的第二阶段。在第三阶段,主要是研究好教师形象与教师成长机制的关系,采用思辨研究和重点个案研究相结合的方式,分析教师成长机制背后的好教师形象,确定好教师形象变迁与教师成长方式变化的关系,尝试从好教师形象、关键特征

（专长）、影响因素、人生经历、成长环境等维度构建中国本土特色的教师成长机制模型，为后续研究提供概念框架和理论基础。在"指向好教师形象的教师成长机制构建研究"这一阶段，通过具体分析特定机制建构，进而整合出基于好教师形象的教师成长机制。

需要交代的是，在整个研究过程中，采取了整体架构与部分灵活协同并行的研究策略。在整体架构部分，通过对国内外有关教师、教师成长的理论研究、政策文件、经验总结、个人传记等文献进行分析，在此基础上，主要通过历史的逻辑的比较，不断分析和比较所收集的资料，找出其中的规律，厘清中国本土好教师形象的百年变迁历程，提炼好教师形象的本土表达，明确好教师形象与教师成长机制之间的关系。就具体的成长机制而言，为了对特定问题进行深入研究，采用案例研究方法，通过访谈、观察等方式收集资料，在此基础上对资料进行分析，进而得出结论。

（二）基于课程价值观念变迁视角的好教师形象研究

"历史事件是多维度、多面向、多层次的，它们只有放置在特定的叙述体系中才能被理解。"[①]好教师形象研究也需要将其放置于特定的叙述体系之中。"一个完整的教育活动单元，总是要遵循'教师—课程—学生'的逻辑展开。"[②]这也是麦克唐纳（McDonald）所谓的"疯狂三角"（wild triangle）。[③]"教师—课程—学生"作为分析教师教学和学生学习的三大关键要素，可以从学生和课程任一视角对好教师形象予

---

① 柯政.从整齐划一到多样选择：改革开放40年中国课程改革之路[J].全球教育展望,2018 (3)：3-18.

② 王建军."把课程还给教师"说[M]//陈桂生,范国睿,丁静.教育理论的性质与研究取向.上海：华东师范大学出版社,2006：237.

③ McDonald J P. Teaching：Making Sense of an Uncertain Craft[M]. New York：Teacher College Press,1992.

以分析,是研究好教师形象重要的"叙述体系"。已有研究显示,不少研究者偏好从学生的角度对好教师形象进行研究,大多采用问卷对学生心目中的好教师形象进行调查,有的主要调查小学生心目中的好教师形象[①],有的对中学生心目中的好教师形象进行研究[②],等等。每个学生心目中都有关于好教师的形象,以调查的方式从学生的角度描绘好教师形象,易于操作,也能够整体了解学生对教师的期待。问题在于,作为一个学术名词,好教师形象的研究主要在于为教师专业发展提供指导。从学生角度研究好教师形象,难免受到学生特性、喜好等诸多因素的影响,有相当主观的成分。上述研究皆表明,不同年级、性别、成绩的学生心目中好教师形象存在明显差异,这就在很大程度上影响了其教师专业发展指导作用的发挥。相较而言,课程则为我们理解好教师形象提供了另一幅图景。"课程是教育的核心"[③],也是教师专业生活的重要构成,与教师有着天然的联系,是理解教师专业发展的重要载体。当前,我国处于课程改革不断深化的阶段,审慎处理教师与课程的关系,成为当下必须考虑的事情。更重要的是,"课程总是在传递一定的价值,代表了一定的价值选择"[④]。易言之,课程负载着当今及未来主流文化的价值观念,主要体现在课程概念本身的发展以及带来的教师与课程关系的改变上;特定的课程价值观念,意味着课程概念本身的发展程度,以及相应的教师与课程关系,对好教师形象起到了规范作用。从这个意义上说,从课程价值观念视角探究好教师形象就尤为切中肯綮,是有效发挥好教师形象研究指导作用的重要一

---

① 李琼.学生心目中的教师形象:一个跨文化的比较[J].比较教育研究,2007(11):18-22.

② 沈祖樾,曹中平.当前中学师生心目中好教师形象的比较研究[J].南京师大学报(社会科学版),1990(4):36-41.

③ 李子建,尹弘飚.后现代视野中的课程实施[J].华东师范大学学报(教育科学版),2003(1):21-33.

④ 钟启泉.课程发展的回归现象与非线性模型——检视课程思潮的一种视角[J].教育研究,2004(11):20-26.

步,不仅有学理上的必要,也反映了深刻的实践需求。基于此,本书从课程价值观念变迁视角对好教师形象展开研究,探讨在课程发展中教师处于什么样的地位,课程发展允许教师在课程领域有什么作为,以及如何让课程改革与好教师形象变迁形成互动。

基于课程价值观念变迁视角的好教师形象研究,关键需要基于课程概念本身的发展,将特定教师与课程的关系标识出来,进而明确与之匹配的好教师形象。另外,时间是一个绕不开的参量。特定的好教师形象都是在特定的历史条件下形成的,历史性是好教师形象的重要标尺。可以发现,百年以来,课程概念所指称的事实虽在变化中,但有其轨迹可循。与世界课程走向大体保持一致,我国百年课程概念的发展,主要是把"课程链"从"正式的课程""一套规范和作为教材的教科书",延展到教师与学生共同参与的课业,课程作为过程的观念日渐流行,并逐步关注学生学习在课程概念发展中的作用,强调"学生经验的课程";教师与课程的关系也因而经历了从"教师教课程"到"教师研课程",再到"教师研课程"不断深化的过程。[①] 基于此,好教师形象也发生了相应的演进:处于"教师教课程"的阶段,"教师之教"成为审视课程问题的主要视角,"教书匠"因而成为与之相伴的好教师形象;随着两者的关系开始转变为"教师研课程",研究成为教师的一个重要属性,"研究者"因而成为与之匹配的好教师形象;当明确"教师研课程"的最终归宿在于创设适合具体学生的课程,就进入"教师研课程"的深化阶段,"反映的实践者"也就取代研究者成为新的好教师形象。

(三)指向好教师形象的教师成长机制建构研究

基于课程价值观念变迁视角的好教师形象研究,可以为我们明确

---

①　陈桂生.师道实话(增订版)[M].上海:华东师范大学出版社,2012:14-16;陈桂生.课程演变的轨迹[M]//陈桂生.课程实话.上海:华东师范大学出版社,2012:10.

好教师形象的百年变迁以及当前主导的好教师形象。我们还需要交代基于特定好教师形象的教师成长机制建构研究。在此,教师改变的相关研究为我们提供了中介。

教师改变是教师专业发展的追求,也是指向特定好教师形象的必由之路。"好教师发展是一个学习教学的过程,经历了三个互动阶段,分别是外界支持、自我转变与自我调节。教师受个人兴趣、投入、他人支持的影响开始专业发展,随着外界支持与指导的增强,教师开始自我监控,进行自我调节。在自我调节的最后阶段,好教师开始突破环境的限制,能获得更多有利于自身发展的资源,迎接挑战。好教师发展的过程是一个逐渐自我控制、自我监控与自我增强的学习过程。"[①]不把教师作为人去了解,就不能了解教师和教育的工作;倘若教师本人没有改变,也不能指望其教学有根本的转变。教师改变既包括观念上的改变,也包括实践上的改变。我们不必纠结这两种改变孰先孰后,但是必须明确:"真实的教师改变是'整体性改变'(integrated change),即教师思考方式和行为方式的共同改变。"[②]彭宁顿(Pennington)指出,按照由浅入深的顺序,教师改变可以分为三个层次:程序上的改变、人际上的改变、观念上的改变。程序上的改变是最浅层次的改变,此时教师最关心技术和操作方面的革新;当技术臻于熟练之后,人际问题成为教师关注的中心,教师改变聚焦于教师角色和责任的调整、师生关系的重建以及创设良好的课堂气氛等方面;最深层次的观念上的改变意味着教师在抽象的层面上理解教育、教学,

---

① Berliner D C. Learning about and learning from expert teachers[J]. Journal of Education Research,2001(5):463-482.

② Smith C. How teachers change: A study of professional development in adult education [M]//Villia P R. Teacher Change and Development. New York: Nova Science Publisher, Inc, 2006: 13.

他们开始应用自己的语言去解释新的教学实践,建构个人理解和意义。[①] 可以发现,彭宁顿将完整的教师改变过程视为一个循环上升的过程。这一循环的起点是教师在实践中面临的困境或问题(例如学生写作能力不佳而教师意识到自己不能很好地指导学生提高其写作水平),这些困境或问题促使教师主动寻求相关的知识或他人的帮助。古斯基(Guskey)认为,教师发展的结果体现为三个方面的改变:教师课堂实践的改变、学生学习成就的改变、教师信念和态度的改变。这三个方面的改变遵循一定的顺序:只有当学生的学习成就发生改变,才会有教师信念和态度上的改变;而学生学习成就的改变则是由教师课堂实践的改变所带来的。举例来说,一位教师始终无法帮助那些来自贫穷家庭的学生达到较高的学业水平,如果这位教师尝试了新的教学方法,成功地帮助这些学生取得学业上的进步,这位教师的信念和态度就可能发生改变。在古斯基看来,最有意义的教师改变,即教师在信念和态度上的改变发生于教师成功地进行一种新的实践,并看到学生学习成就的改进之后。[②] 因此,以教师改变为中介,可以打通好教师形象与教师成长机制之间的联结。好教师形象背后的本质是对教师知识、能力、情意的要求,不同好教师形象背后的本质在于对教师所需具备的知识、能力、情意的不同要求。需要强调的是,这些成长内容不会单独发生作用,而需要与成长方式和影响因素结合起来,共同作用于教师专业发展,培养我们所期待的好教师。从这个意义上说,好教师形象从成长内容、成长方式与影响因素等方面为教师成长"定规",为建构指向特定好教师形象的教师成长机制提供了脉络。

① Pennington M C. The teacher change cycle[J]. TESOL Quarterly,1995(4):705-731.

② Guskey T. Professional development and teacher change[J]. Teachers and Teaching: Theory and Practice,2002(3/4):381-391.

第一章 好教师形象百年变迁与『反映的实践者』的提出

历史形成的课程机制，只有经历一定历史过程才能为新的课程机制所代替。

——陈桂生

　　好教师形象是教师研究中一个具有统领性的概念,只有纳入这一概念框架,有关教师的研究才有生长的基点。作为一种历史文化的存在,对好教师形象进行研究是解读和描摹教师成长的一个重要面向。教师形象是一定历史条件和文化背景下,人们对于教师这一职业的职能、特点、行为所形成的一种较为稳固而概括的总体评价与整体印象,既反映出教师职业的固有特征和本性,也具有一定的文化性和时代性,是一种"继承"与"演变"的呈现。教育不断发展变迁,就其根本而言,所变多在"标准"。每一次教育变革,往往都要重新诠释好教师形象,然后依此形象,确立新的专业行为或制度规范,教师成长路径也因而发生改变。杜威在其著作《教师教育中理论与实践的关系》(*The Relation of Theory to Practice in the Education of Teachers*)中,开篇就将教师教育的实习工作分为两种:第一种旨在帮助未来教师掌握课堂教学和管理的技巧以及教学工作的熟练技术,其表现形式就是学徒制;第二种以给未来教师提供智力方法和材料为目的,其表现形式就是实验制。[①] 基于课程价值观念变迁的视角对好教师形象展开的研究发现,随着课程概念从"一套规范和作为教材的教科书",到作为过程,再到强调课程的"学程",教师与课程的关系经历了从"教师教课

———————

　　[①] Dewey J. The Relation of Theory to Practice in the Education of Teachers[M]. Chicago: Public School Publishing Company,1927.

程"到"教师研课程",再到"教师研课程"的深化和变迁;与之相呼应,好教师形象也发生了从"教书匠"到"研究者",再到"反映的实践者"的更迭。

一、"教师教课程"与教师作为"教书匠"

现代教育制度的确立、分科教学与教科书的出现,从根本上瓦解了个别教学时期"教师即课程"所赖以生存的根基,"教师教课程"逐步成为人们的共识。与之相伴,"教书匠"成为好教师的代名词。

(一)"教师教课程"与教师作为"教书匠"的确立

在20世纪相当长的一段时间里,技术理性成为主导社会运行和发展的基本法则,理论高于实践,实践是"理论的实践化"的过程。在技术理性的影响下,就课程而言,显然主要有赖于政府和专家的努力,表现为反映课程价值取向的一套规范和作为教材的教科书;课程本身发展的状态决定了教师只需"眼光向上",忠实地将既定的课程予以落实,而无须思考课程本身的问题,也无权更动课程。"课程系在学校以外设计,并作为外在于学校和教师的规范,使教师照章办事,照本宣科。"①与此同时,随着现代教育制度的逐步确立,教学模式从个别施教转变为班级教学,教师所面临的迫切问题是"如何教"的问题,教师开始重视掌握教学技艺。在此背景下,关注教学技艺的教学法成为显学,通过发现"教"的一般法则、有普遍意义的"教"的指导原则、划一的

---

① 陈桂生.课程演变的轨迹[M]//陈桂生.课程实话.上海:华东师范大学出版社,2012:9-10.

"教"的程序,使教师据理施教,有法可依,有章可循。① 在这双重力量的共同作用下,"在相当长的教育历史时段,教师对于'课程'的认识主要是教与学的内容,或谓'课',至于本着一定的程序对这些内容进行的设计与规划,通常并不在自觉的考虑之列"②。因此,"教师教课程"成为一种自然的选择。在"教师教课程"的统领下,教师的主要任务是按照教学大纲、教材、教学参考资料,熟练地掌握一些传授知识的技能和技巧以及一定的课堂管理技术,忠实而高效地将教学内容传递给学生,外在于教师的教科书,成为好教师形象的组成部分。教师"匠"的成分被不断放大,"教书匠"这一好教师形象因而逐渐得以确立。

(二)教师作为"教书匠"的内涵分析

很长一段时间,教师被看作是"教书"的"匠人",即"教书匠",甚至很多教师本人也以此自谓。教师被看作或自称为"教书匠"是看到了教师"教"的重要性,意味着对教学技艺的追求和向往。匠,原指工匠,即手艺人。其引申义有匠心、匠意、"匠心独运"。在此语境下,那些在"匠"上下功夫且"匠心越浓"的教师,具有高超的教学技巧,有独到的解读教材的方法,并能够有效地将教材内容传授给学生,这无疑就是好教师。作为"教书匠"的教师,其关注点在于教学手段如何"有效",追求知识传递"效率"的最大化。与之类似,技术熟练者、管道工、执行者,都是此种课程价值观念之下好教师形象的另类表达。此外,道德品质也是作为"教书匠"的好教师不可或缺的。长期以来,中西方教育家都十分重视教师的道德品质,要求教师具有优良的品格和崇高的师德,能够为人师表。中世纪的教父、哲学家奥古斯丁认为:"教师是好

---

① 汪明帅,胡惠闵.教师专业发展:教学法的视角[J].教育发展研究,2007(7):31-33.

② 王建军.筏喻的课程观:课程概念的演变与趋向[J].华东师范大学学报(教育科学版),2009(1):32-44.

人,不是坏人;坏人绝不可成为教师。"①就我国而言,以往历次课程设置的设计,其书面形式成果为教学计划、教学大纲、教科书,教师作为知识传授者的功能和价值成为焦点,教学方法的改革成为教学改革的核心。与此相呼应,关于好教师的呼唤,主要也遵循了"教书匠"这一好教师形象,注重从技艺和品性两方面来要求教师。正如有研究者所指出:"一位能够维持良好的课堂教学秩序,对教学内容的重点和难点有着清晰的把握,并能在课堂上通过讲解或演示把这些内容给学生'讲明白'的教师,就会被认为是一位合格的甚至优秀的教师。"②有的教师在谈到自己的经验时说:"自比一块砖,任凭党来搬,培养接班人,苦累心也甘。"这些都是当时人们包括教师自身对好教师形象的刻画。

(三)教师作为"教书匠":工具效应与所遭遇的问题

"教书匠"这一好教师形象,为很长一段时间的教师工作和教师发展指明了方向,丰富知识、打磨技能、提升德行,成为此种语境下教师的不懈追求。在这一好教师形象的规约下,也诞生出一批又一批德才兼备的好教师。问题在于,随着时间的推移,这一课程价值观念下的好教师形象的潜在问题逐步暴露。在这一课程价值观念指导下,教师被定位为技术人员,教学技能的熟练掌握是教师的主要追求。为了让教师更好地胜任工作,不外乎以下两种举措:"一方面通过教师培训,使教师'吃透教材',另一方面则诉诸教学检查。"③这些做法的负面效应显而易见。其一,"吃透教材"的教师培训,将教师的专业发展窄化为单一的技能训练,"局限于技术熟练领域"④,这不仅是对教师专业的

①　林玉体.西方教育思想史[M].北京:九州出版社,2006:122.
②　王建军.课程变革与教师专业发展[M].成都:四川教育出版社,2004:57.
③　陈桂生.师道实话(增订版)[M].上海:华东师范大学出版社,2012:14-16.
④　佐藤学.课程与教师[M].钟启泉,译.北京:教育科学出版社,2003:230.

贬抑,也是对好教师形象的误读;其二,教学检查则导致对直接教学过程的行政干预越来越多。而且,这种课程支配教师、教师支配学生的体制,使得教师和学生缺乏参与课业的内在动力。

问题逐渐累积,最终爆发出来,其爆发的标志当推 20 世纪 60 年代影响深远的"防教师课程"(teacher-proof curriculum)[①]。"防教师课程"是指由课程专家或学科专家设计的、具有一定操作步骤及相应的实施规范而防止授课教师介入的课程。经由课程专家和学科专家精心设计的课程,包含着严密的操作步骤以及详细的教师指南,甚至具体规定了教师必须知道、讲解和要做的每一件事情,具有相当的权威性,教师需要做的就是按图索骥、照章办事,忠实地将这些权威性的内容传递给学生,做好课程"搬运工"的本分,规避因"误教"而无法实现教学目标的风险。"防教师课程"将教师与课程之间的关系极度窄化,教师被排除在课程开发过程之外,完全控制教师的课程实践,直接导致了教师与课程之间的单向控制关系,使得教师成为课程的"附庸"。这一"架空"教师的做法导致这样轰轰烈烈的改革以失败告终,招致了诸多批评。叶澜教授坦言,当前社会上存在一种误区,认为教师只是一个教书"匠",只要把别人的东西讲给孩子们听,会管住孩子,就是一个好教师。[②] 人们开始相信,作为教育(课程)改革的主要实施者,教师处在改革漩涡的中心,其改变极大地影响着教育(课程)改革的进程,"违背教师意愿、缺少教师积极参与的教育(课程)改革,从来都不会取得成功"[③]。缺少弹性和开放特征的"防教师课程",无法在教师个人的教育力量与专家们设定的教育内容之间建立某种建设性的联系,教师

---

① Connelly F M, Ben-Peretz M. Teachers' roles in the using and doing of research and curriculum development [J]. Journal of Curriculum Studies, 1980(2): 95-107.

② 叶澜. 教师要做"师"不做"匠"[N]. 中国教育报,2012-02-27(1).

③ 联合国教科文组织.教育——财富蕴藏其中[M].联合国教科文组织总部中文科,译.北京:教育科学出版社,1996:14-15,137-138.

与课程的关系亟待予以重新梳理。正如有研究者所指出的那样:"随着教师与课程的关系发生了根本改变,'教书匠'所由产生的那种课程机制的削弱,变革势在必行。总有一天,'教书匠'会成为过时的词语,进入历史的垃圾堆。"①

二、"教师研课程"与教师作为研究者

在课程作为过程的观念日渐流行的背景下,人们逐渐接受这一事实:教师的个人经验、成长经历、思想观念等因素,即使没有被意识到或者不被理睬,也会自然而然地渗透到教师的课程实践中并产生重要的影响。康奈利(Connelly)对如何处理教师与课程的关系这样说道:"对于教学而言,现实课堂情境的特征是首要的和最终的决定因素,教师是课程材料与教学情境之间不可替代的仲裁者。"②易言之,无论专家的构想多么精致,都不能避免教师进行富有个性的发挥。教师的日常工作是复杂的,课堂中出现的问题往往是基于情境的问题,并且教学过程中也常常会发生一些"意外""插曲",都需要教师具体问题具体分析,因而需要给予具体教育情境中的教师以教育内容与过程设计的适当合理性。随着课程观念的演进以及教师与课程关系的改变,以往主流价值所要求的"教书匠"这一好教师的局限性日益凸显。改变这一局面的重要路径,就是从"匠"上入手,从根本上改变教师在课程发展过程中的地位,使其有更多的机会参与到课程中来。教师不仅仅是课程实施的"管道工",还应该承担课程实施"决策者"的角色,至少是

---

① 陈桂生. 师道实话(增订版)[M].上海:华东师范大学出版社,2012:9-10.

② Connelly F M. The function of curriculum development[J]. Interchange, 1972(2-3):161-177.

"决策者"之一。当意识到教师在课程实施过程中的主体地位时,教师研究的重要性也就凸显了出来。"课堂这个充满着变化的环节,必然会要求教师对课程进行某种修正,这种修正在内容上可能涉及课程的目标、内容的再选择和组织形式上的变化。为了保证这些不可避免的修正的可靠程度,教师有必要对自己的实践进行不断的反思和研究。"①研究成为课程实施和教师专业活动的内容,意味着一种新的教师形象——"教师作为研究者"(teacher as researcher)开始出现。用宁虹教授的话来说,教师作为研究者意味着"一场教育的根本性变革"②。

(一)"教师研课程"与教师作为研究者的出现

具体言之,"教师作为研究者"这一新的好教师形象的出现,与下列事件密不可分。国际上,"结构主义课程运动"中的"防教师课程"所带来的历史教训,让课程作为过程的观念日渐流行,在轨道上运作成为课程的重要组成部分。课程观念的演变使得教师与课程的关系势必要发生改变,"教师研课程"成为一种必需。反过来说,教师作为研究者,也意味着课程与教师的关系发生了根本性的变革,教师不仅要考虑教什么和怎样教的问题,而且要思考为什么教的问题。作为公认的首次正式提出"教师作为研究者"这一观点的学者,斯滕豪斯(Stenhouse)就将课程视为有待教师在教学过程中加以探究的"研究假设"(curriculum as hypothesis),教室外的人员可以提供一般的课程法则并要求教师遵循,但无法保证学生能够有效地进行学习;由于学生千差万别且课堂情境也各不相同,教师必须根据具体课堂,接受、修

---

① 王建军."把课程还给教师"说[M]//陈桂生,范国睿,丁静.教育理论的性质与研究取向.上海:华东师范大学出版社,2006:237.

② 宁虹.教师成为研究者的现象学意识[J].教育研究,2003(11):64-68.

正或拒绝普遍意义上的课程法则。[①] 这就重新认识了教师与课程的关系,赋予了教师研究者的身份。就我国而言,教师作为研究者的出现与 2001 年的新课程改革相伴而生、交织并进。新课程改革让我国的基础教育从教学论话语系统转向课程论话语系统,"以往中小学课程设置历次较大的变化,都只能算'教程'范围内的调整,而如今的课程改革,则属于从'教程'向'学程'转化的尝试。堪称我国基础教育课程历史性变革的开端"[②]。课程概念的演进以及课程与教师的关系发生根本性的改变,好教师形象因而也需要发生相应的改变。新课程改革明确提出教师作为研究者:"教师在教学过程中要以研究者的心态置身于教学情境之中,以研究者的眼光审视和分析教学理论与教学实践中的各种问题,对自身的行为进行反思……"[③]随着教师作为研究者的不断普及,"研究型教师""专家型教师""校本教研"等概念也相继出现,"教师作为研究者"逐渐为教育界所熟知。

(二)"教师作为研究者"的内涵分析

从课程价值观念的角度透视好教师形象的改变,"教师作为研究者"这一好教师形象的出现是历史发展的必然结果。研究(课程)成了教师工作的重要内容,缩小了教师与课程之间的距离,给教师专业发展指明了新的方向。为了让教师作为研究者这一好教师形象发挥指导作用,首先需要明确其内涵。结合已有的研究可知,"教师作为研究者"包括这样几个方面的内涵。

首先,作为研究者的教师从事的是教育实践研究。"教育研究按

---

① Stenhouse L. What counts as research[J]. British of Journal of Educational Studies,1981 (2):103-114.

② 陈桂生.课程实话[M].上海:华东师范大学出版社,2010:增订版序.

③ 朱慕菊.走进新课程——与课程实施者对话[M].北京:北京师范大学出版社,2002:46.

其性质,可以分为教育科学研究和教育实践研究。"①很多研究者都指出,与理论工作者所从事的研究不同,教师的研究属典型的教育实践研究:"研究的问题来自实践,研究的目的是改进实践,研究的过程就是教师自身的教学实践过程。"②研究应成为教师工作的重要内容,研究也就成为教师解决实际问题、改善教学情境的重要方法。

其次,作为研究者的教师以"课程""教学""学生"为研究对象。参照古德莱德五级课程理论③,"教师作为研究者"的研究对象主要包括以"正式的课程"为研究对象的"研课程"、以"理解的课程"与"运作的课程"为研究对象的"研教学"以及以"领悟的课程"为研究对象的"研学生"。以"研学生"为例,学生从课堂中经验(领悟)的课程(学),同教师在课堂中实施的课程(教)难免存在一定的差距。了解并研究这种差距,有助于教与学的沟通。这也是教师专业发展过程中最切合实际但往往被忽略的训练。

最后,作为研究者的教师主要通过行动研究的方式开展研究。选择与中小学教育实践研究相匹配的研究方式,是一个至关重要的问题。教育行动研究的出现就显得极为合乎时宜。"在行动研究中,教师是研究的主体,外来学者只是合作伙伴,在必要时为他们提供支持;研究的问题来自教师日常工作中的真实困惑,而不是为了研究而研究;研究的结果作为指导教师下一步改进工作的依据,而不仅仅是为了发表论文。"④行动研究的出现,使得教师研究从一个不被人关注的隐性问题成为一个高调的显性问题,有了行动研究的护航,教师成为

---

① 施良方,崔允漷.教学理论:课堂教学的原理、策略与研究[M].上海:华东师范大学出版社,2008:374.

② 胡惠闵,王建军.教师专业发展[M].上海:华东师范大学出版社,2014:38.

③ Goodlad J I,Klein M F,Tye K A. The domains of curriculum and their study[M]// Goodlad J I. Curriculum Inquiry:The Study of Curriculum. New York:McGraw-Hill,1979:43-76.

④ 陈向明.中小学教师为什么要做研究[J].教育发展研究,2019(8):67-72.

研究者就显得顺理成章。

(三)"教师作为研究者":命题未竟与所遭遇的问题

综上所述,就我国而言,"教师作为研究者"是新一轮课程改革的重要理念,也对教师提出了更高的要求,是促进教师专业发展的必由之路。"教师应有能力通过系统的自我研究、通过研究别的教师和通过在课堂研究中对有关理论的检验实现专业上的自我发展。"[①]问题在于,从现状来看,教师作为研究者角色的应然期待与实然之间存在明显的距离。尽管课程改革通过改变课程与教师的关系赋予了教师作为研究者的合法身份,并通过制度的方式予以保障,"教师作为研究者"也一度成为时髦话语,但仍是一个未竟的命题。"很多教师不仅对学术界的研究不感兴趣,而且对自己为什么要做研究、应该做什么类型的研究也不甚明了。"[②]

究其根源,我国自 2001 年就开启了新一轮基础教育课程改革。这是一次意义深远而迄今尚未被人们充分理解的变革。传统的"教科书"观念至今仍未动摇:"'在轨道上运作'意义上的'课程',迄今主要是作为一种'课程理念'和潜在的趋势存在。"[③]课程概念的"换汤不换药"使得在教师与课程的关系中,教师更多的时候仍然是国家课程的执行者。作为研究者的教师角色更多是"教学研究者",一种为了打磨教学技艺而从事的研究,依然没有脱离"教书匠"的窠臼。另外,虽然政策部门和理论工作者不断强调教师作为研究者与理论工作者之间的区分,但是在实践中还是很容易将两者混为一谈,让广大教师在做

---

① 王建军,黄显华.校本课程发展与教育行动研究[J].华东师范大学学报(教育科学版),2001(2):22-35.

② 陈向明.中小学教师为什么要做研究[J].教育发展研究,2019(8):67-72.

③ 陈桂生.课程实话[M].上海:华东师范大学出版社,2010:10.

研究的过程中倍感压力。事实上,围绕教师作为研究者的各种议论,更多地将其异化为"课题立项""论文写作""论文发表",并没有从根本上触动教师作为研究者的内涵。大部分教师对于教学研究与教学实践的关系还抱着这样的态度:从事教学是教师的本分工作,而从事教学研究则似乎是那些教学理论专家的事情。因此,如何采取措施,让"教师教课程"顺利转化为"教师研课程",真正做到"把课程还给教师",成为摆在我们面前的课题。

三、"教师研课程"的深化与"反映的实践者"

不难发现,"教师作为研究者"在实践中成为未竟的命题,一方面在于"教师教课程"的机制并未从根本上得到突破,另一方面在于教师作为研究者和理论工作者的研究易混淆,让广大教师在做研究的过程中倍感压力。因此,为了让"教师教课程"顺利转化为"教师研课程",促使教师承担起课程发展中应有的责任,以积极的态度参与课程发展过程,关键需要为属于教师的"研"提供足够的土壤和张力,让教师的"研"名副其实。在这方面,美国马萨诸塞理工学院的哲学教授舍恩(Schön)的努力有目共睹。为了进一步推进教师作为研究者,舍恩提出了更具针对性的"反映的实践者"(reflective practitioner)这一新型好教师形象。[1] 作为学术名词,"反映的实践者"把教师职业视为复杂的语境中从事问题解决的实践领域,把教师当作以经验的反映为基础的、面向儿童创造有价值的经验的"反映的实践者",从理论上摆脱了教师作为研究者的研究和理论工作者的研究易混淆的困境,为教师作

---

[1]　汪明帅.成为"反映的实践者"——从舍恩的理论探寻教师成长的秘密[J].教育发展研究,2015(4):42-47.

为研究者的落地指明了新的方向。

(一)"教师研课程"的深化与"反映的实践者"的提出

　　"反映的实践者"①这一好教师形象的提出,是理论发展和实践改进这两个方面因素共同作用的结果。在理论发展上,20世纪80年代以来,有关教师思考、教师知识、教师个人理论、教师反思的研究出现了大量成果。这方面的研究成果很快被课程学者加以运用,从而把课程发展与教师的知识、思考、个人哲学联系起来,课程与教师的关系日趋紧密。在这种视角之下,与前期学者相比,未必明言教师作为研究者,而是主张教师通过有意识的自我"反映",把自己的实践知识、过往经验、当下情境和未来方向结合起来,发展教师个人实践性知识,实现课程实践的改进。②"反映的实践"成为一个新的概念,作为从内部所发展出来的解构力量被明示出来。"反映的实践"这一概念核心立论在于倡导突出"反映"。在舍恩看来,反映就是当人们对某种行动存有疑惑、问题或兴趣时,人们就会提出问题,然后在行动中或行动后思考并解决这些问题,从而能更深刻地理解这种行动。这种"反映观"既强调了"边行动边反映"的特质,也突出了基于情境对全局所做出的整体

---

　　① 需要说明的是,我们对"反思性实践者"这一称呼更为熟悉。而实际上,"反映的实践者"和"反思性实践者"都是根据舍恩的"the reflective practitioner"翻译而来。本书选择"反映的实践者"这一译法,主要是基于这样几点考虑。首先,"反映"能表达出"认识自己"这一内涵。学者夏林清如是说:"好的助人关系首先要能如镜、如清澈湖水般地照见影像,助人认识自己。"其次,和反思相比,反映具有"与情境对话"的意味。最后,若翻译成"反思性实践者",容易和杜威的"反思思维"混淆,而杜威的反思思维主要是指"对于任何信念或假设性的知识,按照其所依据的基础和进一步导出的结论,去进行主动的、持续的和周密的思考,就形成了反思思维",与科学家报告自己的研究过程相似,是技术理性的一种表征,和舍恩的旨趣背道而驰(杜威.我们怎样思维·经验与教育[M].姜文闵,译.北京:人民教育出版社,2005:16)。

　　② Clandinin D J, Connelly F M. Teachers professional knowledge landscapes: Teacher stories, stories of teachers, school stories, stories of school[J]. Educational Researcher,1996(3): 24-30.

性反映。[①] 可以说,"反映的实践者"通过边行动边反映,强调教师内在力量(反思、意识、经验、信念等)对于改善自身教育实践的价值;与此同时,强调以整体的方式把握真实教育情境中教师的思维和行动,与情境进行反映对话,探索出解决问题的思路和举措,是具体情境的研究者。这恰恰是克服形而上"教师作为研究者"的良方,也是"反映的实践者"的本质所在。

(二)"反映的实践者"的内涵分析

与"教书匠"转向"教师作为研究者"是一种根本性质上的转变不同,"反映的实践者"与"教师作为研究者"一脉相承,是"教师作为研究者"的进一步深化。依据舍恩的理论,"反映的实践者"最终的表征是成为实践脉络的研究者。对于"反映的实践者"这一好教师形象的内涵,舍恩学说在日本的传播者佐藤学这样做出了回答:"(反映的实践者)主体地参与问题情境,同儿童形成活跃的关系,并且基于反映与推敲,提炼问题,选择、判断解决策略。"[②]

一方面,强化反映的力量。如上所述,舍恩特别强调"反映"的力量,认为反映作为教师的最重要的一种思维品质,是教师进行研究的重要基础,进而主张通过"反映"来解决"湿软的低地"里的问题,"反映"的人理所当然即为"反映的实践者"。"教育工作者并不能在获得系统理论知识与实践经验后,自动获得有关教育行动正当性和有效性的判断力。"[③]教师尤其要对那些习以为常、熟视无睹的教育现象和行为进行反映,反映这些现象和行为背后隐藏的前提假设及其合理性,

---

①　舍恩.反映的实践者:专业工作者如何在行动中思考[M].夏林清,译.北京:教育科学出版社,2007:63-86.

②　佐藤学.课程与教师[M].钟启泉,译.北京:教育科学出版社,2003:240.

③　董江华,陈向明.镜室的映照——对合作探究群体生成实践性知识的探析[J].教育学报,2013(4):72-81.

深入探究不确定的教学实践,进而改善自己的教学行为。需要指出的是,和一般的"反映"大多从时间维度出发、强调事前的准备和事后的回溯不同,舍恩认为"行动中的反映"(reflection in action)才是实践的核心。"教师作为研究者"倡导教师在教育教学中不断反思自身的实践。与之相对,"反映的实践者"则强调教师边行动边反映。另外,每一次行动中的反映所生成的经验都会丰富当事人的锦囊库:"独特案例中行动中的反映,与其说是通过产生一般的规则,毋宁说是通过促进实践者范例库的发展,被推广运用到其他情况。在以后的实践中,遇到情况就可以根据这些范例库组合出新变化。"①可以说,从"教师作为研究者"上升到"反映的实践者",一个重要方面就是强化了反映的作用,善于反映的教师,必然是能够将研究与教学有机结合起来的教师。

另一方面,与学生形成活跃的关系。学校课程的终极价值就是学生作为"整体的人"的发展,最根本的目的应在于改进学生的学习结果。"第八次课程改革区别于前七次课程改革的分水岭,就是从课程总体设计到课堂教学设计,始终把学生的发展置于中心地位。"②为了进一步深化"学程"取向的改革,真正做到从"教程"向"学程"转变,就需要根据"如何做"决定"如何学",根据"如何学"决定"如何教"。问题在于,长期以来,"教师教课程"依然是居于主导地位的课程价值观念,使得"教"与"学"的距离越来越大;即便不断呼吁教师作为研究者,但是目前见到的教师参与课程发展的研究报告中,涉及学生学习结果的并不多见。学生从课堂中经验(领悟)的课程(学),同教师在课堂中实施的课程(教)难免存在一定的差距。了解并研究这种差距有助于教

①　舍恩.培养反映的实践者:专业领域中关于教与学的一项全新设计[M].郝彩虹,等译.北京:教育科学出版社,2008:63.

②　钟启泉.中国课程改革:挑战与反思[J].比较教育研究,2005(12):18-23.

与学的沟通。这也是教师专业发展过程中最切合实际但往往被忽略的训练。富兰(Fullan)和哈格里夫斯(Hargreaves)这样说道:"当教师在学校里坐在一起研究学生学习情况的时候,当他们把学生的学业状况和如何教学联系起来的时候……他们实际上就是处在一个绝对必要的知识创新过程中。"①为了改变这一实际存在的问题,真正做到根据学生的实际情况进行教学,就需要转换"教"与"学"问题的视角。社会在变化,学生在成长。如果我们是要保证不同需要和学习方式的所有学生的成功,如果我们是要培养学生的分析、整合和创新、发明等高水平技能而非低水平的简单记忆和认知,那么教师必须成为能够在不确定教学环境中进行诊断、计划和问题解决的专业人员。作为"反映的实践者",教师需要注意到学生在思考什么、说些什么,注意所有与学习目标有关的东西。具备背景知识、清楚学生可能的想法以及对学生说的东西保持完全开放的态度,把这些综合起来,就是好教师最重要的特质之一。

四、"反映的实践者"何以可能

随着课程改革的不断深化,课程概念不断演变以及课程与教师关系的改变,"反映的实践者"这一好教师形象逐步有了根基,致力于帮助教师成长为"反映的实践者"就成了我们共同的期待。在教育领域尤其是教师教育领域,舍恩"反映的实践者"(the reflective practitioner)的理念已广为接受,并日益深入人心。在众多推崇者的共同努力下,学界已形成了大量的相关研究成果。不过,已有的研究

① Fullan M, Hargreaves A. 学校与改革:人本主义的倾向[M]. 黄锦樟,叶建源,译. 香港:香港教育图书公司,1999:38.

将关注的重心置于对科技理性局限性的觉察、对成为"反映的实践者"重要性的强调等方面,而对教师如何成为"反映的实践者"及其相关策略的研究则不多见;或者属泛泛而谈,鲜有系统的勾勒;甚至有对"反映的实践者"误读的嫌疑。[①] 随着教师教育领域"理论—实践"的紧张关系不断凸显,如何让教师成为"反映的实践者"以尽快破解"理论—实践"紧张关系也变得日益迫切。因此,对教师如何成为"反映的实践者"这一问题展开深入的研究和探讨显得尤为必要。

舍恩从直面理论与实践之间"裂痕"开始,提出了"反映的实践者"这一教师形象。和一般解决这一"裂痕"比如格莱泽尝试通过"主要专业"和"次要专业"的分类来模糊这一鸿沟等有所不同[②],在舍恩看来,这些策略仍属于实证的实践认识论范畴,都是对"技术理性"传统的修修补补,因而并不能从根本上解决问题。而且这种区分并不严谨,因为在主要专业那里"仍有某些区域和其他次要专业相似"[③]。基于此,舍恩创造性地提出了"干爽坚硬的高地"和"湿软的低地"这一"不同的

---

① 李莉春."行动中反思"的实践认识论评述及其对教师发展的意义[J].教师教育研究,2007(6):14-18.

② 实际上,学界一直致力于消弭"理论—实践"的鸿沟,就目前来看,这种努力大致可以归为这样几种情况。第一种情况认为理论工作者和实践工作者各有分工,理论工作者没有义务和实践挂钩,消弭两者之间的鸿沟取决于实践工作者自身的努力。比如,陈桂生教授指出,"如果理论本身可靠,那么教育工作者能否从中获得教益,主要取决于他们自身的努力。任何理论都不是万应灵药或一叠保票"(陈桂生."教育理论与实践关系问题"的再认识[J].湖南师范大学教育科学学报,2005(1):8-10,17)。第二种情况致力于重新界定理论和实践,主张实践工作者同样具有理论。卡尔在《新教育学》中,重点对理论和实践两个概念做了新的阐释和讨论。在这本书中,他引用过这样一句话:"人人亦均有其一套理论。"这是他在该书中对理论与实践关系全新定位的一个很好的概括(丁道勇.学科加工与教师理智视角的培育[J].教育发展研究,2012(18):37-41)。第三种情况主张和"理论联系实际"不同,强调"实践联系理论"。陈向明教授就认为"理论联系实际"这一提法走的是一条自上而下的路线,让理论工作者与实践者分属于两个互不相交的阵营,各有自己不同的任务:前者研究、开发理论,后者学习、应用理论。在制造和消费理论的流水线上,前者占据了"上风上水"的主动地位,而后者处于"亦步亦趋"的被动地位——理论被认为比实践更"高明"、更"高级"、更具有"合法性"(陈向明.理论在教师专业发展中的作用[J].北京大学教育评论,2008(1):39-50)。

③ 舍恩.反映的实践者:专业工作者如何在行动中思考[M].夏林清,译.北京:教育科学出版社,2007:35.

二分法",以此和"技术理性"划清界限,并为专业实践中最重要的部分
("湿软的低地")处于专业能力的传统边界之外的处境鸣不平。舍恩
坚信,在"干爽坚硬的高地"里,实践者虽然可以有效使用研究产生的
理论和技术,但"高地"上的问题通常对社会或当事人并不重要;与之
相对,"湿软的低地"里的情境虽然处于混乱状态,但其中所产生的问
题更具挑战性、社会重要性更高,也因此更为人们所关切,恰恰是专业
实践的核心,因此我们应该将注意的焦点放在"湿软的低地"上。而为
了解决"湿软的低地"上的问题,技术理性明显难有作为,因为"技术问
题的解决取决于良好问题的先前建构"①。因此,和技术理性推崇"开
发—运用"的模式不同,舍恩特别强调"反映"的力量,主张通过"反映"
来解决"湿软的低地"里的问题,"反映"的人理所当然即为"反映的实
践者"。需要指出的是,和一般的"反映"大多从时间维度出发、强调事
前的准备和事后的回溯(比如为了准备以后的接案工作而细心地整理
先前的经验,比如在事后一个相对安宁的时刻回顾某个自己进行过的
方案等)不同,舍恩所主张的"反映"是"行动中的反映",认为"行动中
的反映"才是实践的核心。"行动中反映与其他类型的反映之重大区
别在于其行动的即时意义。"②至此,舍恩"反映的实践者"这一概念呼
之欲出,也因此被赋予了独特的内涵。

　　具体到教师教育领域,"如何在行动中进行反映""如何创造条件
促进行动中反映的发生""如何让行动中的反映成为习惯""如何保障
行动中反映的品质""如何让行动中反映的能力应对独特的、不确定的
和冲突的情境"等具体策略就是我们必须解答的问题,也即教师不断

---

　　① 舍恩.培养反映的实践者:专业领域中关于教与学的一项全新设计[M].郝彩虹,等译.北
京:教育科学出版社,2008:6.
　　② 舍恩.培养反映的实践者:专业领域中关于教与学的一项全新设计[M].郝彩虹,等译.北
京:教育科学出版社,2008:25.

成长为"反映的实践者"的秘密所在。依据舍恩的理论,"反映的实践者"最终的表征是成为"实践脉络的研究者",而为了成为"实践脉络的研究者",意外经验的刺激和辅导教师的指导是不可或缺的两大因素。因此,基于课程价值观念的视角,结合舍恩的观点,以下四个方面为"反映的实践者"这一好教师形象更新提供了可能,让教师逐步学会在实践脉络中展开研究,成长为"反映的实践者"。

(一)从根本上动摇已有的课程价值观念

课程价值观念是好教师形象确立的根基。"历史形成的课程机制,只有经历一定历史过程才能为新的课程机制所代替。"[①]为了"反映的实践者"这一好教师形象真正确立,需要谋求课程进一步改革,让"学程"得以真正落实,让"教师研课程"这一教师与课程的关系得以进一步深化,让教师成为研究者有名有实。从这个角度而言,教育界在课程领域的进展,相当程度上正是体现为自觉认识范围的不断拓展和认识水平的不断深化。"更新好教师形象,不仅需要广大教师对提升自身素质能力的自觉践行,也迫切需要教师教育整个过程(培养、任用、研修)的制度与政策保障。"[②]这就意味着,成为"反映的实践者",既需要课程理论工作者在理论上的建树,也需要政策制定者通过政策制定与实施予以保障。

(二)重视诱变事件的诱导力量

成为真正意义上"反映的实践者","反映"是绕不开的一个关键词,尤其是行动中的反映。舍恩十分强调意外经验的刺激作用,多次

---

① 陈桂生.师道实话(增订版)[M].上海:华东师范大学出版社,2012:16.
② 陈永明.教师形象如何更新[N].中国教育报,2009-11-27(3).

提及"例外""意外""顿悟"等意外经验对"行动中反映"的催化作用,认为它们有助于专业实践工作者"将注意力集中到行动上以及行动所隐含的认识上",进而进行"行动中反映"。舍恩坦言:"更多的行动中反映与一些意外相关。如果直觉的、自发的行为表现并没有带来意料之外的结果,那么我们通常不会花力气去思考它。但如果直觉的表现引发意外——不论是惊喜还是惊讶,还是不想要的意外,我们都会进行行动中反映。"[①]事实上,在舍恩用来描绘"反映的实践者"的诸多案例中,"意外"往往扮演着重要的角色。麻省理工学院研究人员主持的在职教师教育方案这一案例,正是通过一起"意外"(即关键事件)让教师转变了对这个情境的印象:

> 在方案执行初期,发生了一件关键事件。教师被要求对一盘两个男孩玩游戏的录像带进行观察。男孩们坐在桌前,中间隔着屏风。一个男孩面前有秩序地放置了各种颜色、形状、大小的积木,另一个男孩面前,同样的积木被无秩序地摆着。第一个男孩得要告诉第二个如何去重建积木的秩序。然而,几个指令之后,第二个男孩明显完全弄错了。事实上,这两个男孩已经彼此失去了联系,但他们对此毫无所知。

> 教师看完录像带的第一反应是——"沟通障碍"。他们认为给指令的男孩有"发展良好的表达技巧",听命行事的男孩"无法跟上指令"。接着研究人员指出:虽然积木中没有绿色正方形(只有三角形是绿色的),她却听到第一个男孩叫第二个男孩"去拿个绿色正方形"。当教师重看录像带,他们对此感到震惊。那个小失误造成了一连串的错误动作。第二个男孩的确摆上了一个绿

---

① 舍恩.反映的实践者:专业工作者如何在行动中思考[M].夏林清,译.北京:教育科学出版社,2007:40.

色的东西，一个三角形，而对应于第一个男孩的积木却是一个橘色正方形，此后，所有的指令都是有问题的。这种情况下，第二个男孩似乎展现了绝佳的天分，他企图去化解他眼前的积木和指导语的不一致。

这时，教师转变了对这个情境的印象。他们理解了第二个男孩为何这么做。他不再显得愚笨，他的确"跟随了指令"。正如一位教师所说的，他们现在"给他一个理由"(giving him a reason)。他们看出了行为背后的原因以及他错误的原因。

方案执行后期，当教师进一步挑战自己去发现学生谜样的学习行为的意义时，他们常常提及"给他一个理由"。①

在上述案例中，正是因为重看录像带这一关键事件(意外)使得"他们对此感到震惊"，由起初认为第二个男孩"无法跟上指令"转变为"的确'跟随了指令'"。可见，在舍恩的观念中，"意外"是这样的一些存在："熟悉的常规产生了意想不到的结果，错误顽固地抵制着修正，抑或尽管惯常的行动产生了平常的结果，我们仍然发现其中有些意料之外的东西……所有这些经验，无论愉快与否，都包含了惊奇的成分。"②正是这些"意外"以及"意外"所包含的"惊奇的成分"诱发了实践者行动中反映。具体到教师成长上，这些"意外"揭示了在教师成长过程以及生活经历中那些交织着特定人物、知识、事情的"事件"对教师成长的重要意义。需要指出的是，在教师教育领域不乏对于这种"意外"的强调，有些学者将其称之为"关键事件"，强调事件对发生者的重要性；有些学者将其称之为"境遇事件"，强调所发生的事件对发生者

---

① 舍恩.反映的实践者：专业工作者如何在行动中思考[M].夏林清，译.北京：教育科学出版社，2007：54.

② 舍恩.培养反映的实践者：专业领域中关于教与学的一项全新设计[M].郝彩虹，等译.北京：教育科学出版社，2008：23.

生活经历的依赖。事实上,这些"事件"能否对教师专业发展产生影响,重点不在于这些"事件"是否和一定的情境挂钩,"事件"本身也没有关键与非关键之分,而在于这些"事件"是否能让教师产生与以往不同的认识,给教师带来"不一样"的感受,并进而促使教师行为发生改变。从这个意义上说,这些"事件"所起到的一个重要作用在于通过一步步铺排,诱导教师行为最终发生改变。这些"事件"之所以起到"关键"作用,之所以依赖"境遇",是建立在"诱导教师观念和行为发生改变"的基础上。因此我们不妨称之为"诱变事件"。[①] 因此,在教师成长过程中,就需要重视诱变事件的诱导力量,为教师创造更多行动中反映的机会,加速教师的成长。

(三)重新审视学徒制在教师成长中的作用

为了回答如何成为"反映的实践者",舍恩还特别强调向教育实践中非主流教育传统学习的必要性。实际上,舍恩在此别有所指,主要表达了对传统手工业时代的学徒制的偏爱,对徒弟在师傅辅导下潜移默化地学习以及师傅适时"提醒"这一学习方式的推崇。舍恩指出:"我认为,依托大学的专业学院应该向教育实践中的非主流教育传统学习,例如,艺术设计工作室、音乐舞蹈艺术学校、体育辅导和手工业中的学徒制,这些专业都重视辅导和做中学。"[②]具体到教师教育领域,这一观念极大地改变了"在实践中学习"的地位,让我们重新审视了"在实践中学习"的价值。以往在有关教师教育的论述中,"在实践中学习"往往处于附属位置,被看成是教学论、心理学等理论的"跑马场",是理论教学的延伸和补充。正因为如此,包括学徒制、教育实习

---

① 汪明帅.教师专业发展中的"诱变事件"[J].教师教育研究,2012(6):1-6.
② 舍恩.培养反映的实践者:专业领域中关于教与学的一项全新设计[M].郝彩虹,等译.北京:教育科学出版社,2008:前言.

在内的"在实践中学习"都明显处于弱势。受到舍恩的启发,日本教育学者佐藤学开始从新的角度看待学徒制,指出学徒制在教师成长为"反映的实践者"中起到了决定性作用:"'反映的实践者'模式的教师教育在教师专业成长的社会背景方面,提出了若干研究课题。尤其是学校的'同事关系'(collegiality)与资深教师的'辅导'(mentoring)这两个概念,对于'反映的实践者'的专业成长都起着决定性作用,这是值得注目的。"①陈向明教授也看到了传承教师实践性知识对学徒制的依赖,指出如何在教育民主的前提下实施现代意义上的师徒制(徒弟尊重师傅丰富、熟练的经验权威和感召权威,而不是其法定权威和传统权威)等问题有待更加深入的实地研究和理论探讨。

　　根据舍恩的观点,为了发挥学徒制的作用,教师教育应该回到原点,先让学习者自己去体验他们需要学习的是什么,用某种"体悟"的方式先学习,充分认识到动手实践在学习过程中的重要性,然后辅以教师的演示、辅导、说明。这一观点和我们的日常体验不谋而合。不少新手教师或多或少都有这样的体验:从事教学工作之初,为了少走弯路,规避一些可能的错误,这些新手教师试图向有经验的同事/师傅请教相关技巧或规则。更多的时候,有经验的同事/师傅无法说清楚这些技巧或规则的具体所指;有时候,有经验的同事/师傅虽然努力对这些问题给出自己的回答,但对于新手教师来说,几乎很难理解有经验的同事/师傅在说什么。只有当这些新手教师在实践中摸索了一段时间后,有可能才会有恍然大悟的感觉——原来有经验的同事/师傅说的是这个意思。因此,为了帮助学习者掌握这些"无法教""只可意会不可言传""不能系统表达"的东西,舍恩主张,一方面,在学徒制中,营造着一种类似于画室或音乐学院的条件,在这样一个风险相对较低

---

① 陈向明.实践性知识:教师专业发展的知识基础[J].北京大学教育评论,2003(1):104-112.

的环境中,学习者自主地在"做"的过程中学习,通过做中学,逐步领悟到"无法教""只可意会不可言传""不能系统表达"的真谛。有研究者指出,舍恩对学徒制的强调在很大程度上受到了波兰尼(Polanyi)的影响[①],仅就这一点来说,的确如此。波兰尼指出:"不能够详细描述的技巧也不能通过规则的方式加以传递,因为它并不存在规则。它只能通过师傅带徒弟的方式加以传递……好的学习就是服从权威。你听从导师的指导,通过与导师竞争,作为科研新手的你就能不知不觉地掌握科研技巧,包括那些连导师也不是非常清楚的技巧。这种缄默的技巧只有通过一个人对另一个人无批判的模仿才能被消化。"[②]另一方面,舍恩还强调发挥学徒制中师傅的"提醒"作用。正如上述案例所示,在麻省理工学院研究人员主持的在职教师教育方案中,诱变事件之所以产生了诱导力量,与研究人员及时的提醒有很大关系,正是这次提醒诱发了教师重新回观,进而转变了对这个情境的印象。易言之,研究人员的提醒在教师转变印象这一事件中起着举足轻重的作用。事实上,舍恩十分看重这种辅导式"提醒"。为了说明这一点,舍恩还特意举了英海尔德的"儿童在行动中的发现过程"这个例子。在这个例子中,有这样两类人员:儿童(学习者)和观察者(师傅),儿童可能是以"对积木的感觉"来呈现"行动中认识",而观察者以"理论"对儿童的"行动中认识"进行再描述。也就是说,观察者将儿童的"行动中认识"转变成了"行动中知识"。对此,舍恩指出,在任何讨论"行动中反映"的努力中,是无法避免这类转换的。一个人必须用语言表述出某种认识及其变化,而他们压根没有用语言表达过。因此,通过观察

---

① 徐碧美.追求卓越:教师专业发展案例研究[M].陈静,李忠如,译.北京:人民教育出版社,2003:49.

② Polanyi M. Personal Knowledge: Toward a Post-Critical Philosophy [M]. London, Henley: Routledge & Kegan Paul,1958:53.

者对儿童行为的观察,观察者用语言描述了他们对儿童的直觉理解,这些便成了观察者有关儿童行动中认识的理论。毫无疑问,这些观察者有关儿童行动中认识的理论,能够极大地帮助教师认识自己,不断发展,最终成长为"反映的实践者"。

(四)成为实践脉络中的研究者

如上所述,"例外""意外""顿悟"等诱变事件对"行动中反映"起到了催化作用,为教师创造了重新审视自己实践的契机,有助于教师将注意力集中到行动以及行动所隐含的认识上。另外,我们需要重新审视"在实践中学习"的价值,发挥学徒制的作用,让新手教师通过做中学,经师傅的"提醒",进而逐步掌握那些"无法教""只可意会不可言传""不能系统表达"的知识。这些,都为教师最终成为实践脉络的研究者提供了助力。"当一个人在行动中反映的时候,他成为实践脉络的研究者。"[①]

事实上,成为实践脉络的研究者即"反映的实践者"所孜孜以求的目标。[②] 舍恩发现,在错综复杂的专业情境中,"反映的实践者"就是这样的一类形象:他不再依赖既有理论和技术中的概念范畴,而是建构适应独特情境需要的新理论来解释这个特殊案例。他的探究不局限于对方法的考虑——该方法取决于对目标的协议。他不让方法与目标分离,而是在框定一个问题情境时,互动地界定两者。他不把思考由行动中隔离出去,而是推演其做法从而做出决定,并于稍后将这一

---

① Schön A. The Reflective Practitioner: How Professionals Think in Action[M]. Surry: Ashgate Publishing Limited,1983:68.

② 舍恩.培养反映的实践者:专业领域中关于教与学的一项全新设计[M].郝彩虹,等译.北京:教育科学出版社,2008:78.

决定转化成行动。①

　　也就是说，"反映的实践者"中的"反映"，其落点关键在于"研究"。日本学者佐藤学对此也深表赞同："反映的实践者"是通过"同情境的对话"（conversation with situation），运用经验中培育的"默会知识"展开问题的反复"建构与思考"（framing and re-framing），构筑同学生的对等关系，求得问题解决。这种反思，不仅是问题情境的反思，而且是对于实施该活动的"实践者自身的反思"（reflection on reflection in action）。进而，"反映的实践者"所实现的问题解决，并不是"技术熟练者"那样以个别问题的解决而告终，而是一个问题的解决又在实现着其背后的更大问题的展开。② 也就是说，实践脉络的研究者大体遵循了这种"提出问题—与情境反映对话—对问题进行重新框定……"且不断循环往复的行动路径。

　　以"提出问题"为例，技术理性在专业实践中只关注如何解决问题，忽略"提出问题"这一环节。问题在于，专业实践所面临的问题是复杂的、不确定的、多变的、独特的，还呈现出价值的冲突。在复杂多变的专业实践中，"问题"不是既定的，专业实践的首要任务是找出问题，对问题进行框定就显得十分重要。正如夏林清所言，舍恩关于"反映的实践者"为何样貌主要由两人组核心概念构成，其中第二组概念为与"与情境反映对话""在框定""框架实验"相关的概念，包括了"探索实验""行动探测实验""假设检验实验"的概念。在这一组概念的支持下，实践者成为反映性社会科学阵营中的一员，并同时为实践者的科学精神拉开了"实验"的旗帜。③

---

　　①　舍恩.培养反映的实践者：专业领域中关于教与学的一项全新设计[M].郝彩虹，等译.北京：教育科学出版社，2008：55.
　　②　佐藤学.课程与教师[M].钟启泉，译.北京：教育科学出版社，2003：300.
　　③　舍恩.反映的实践者：专业工作者如何在行动中思考[M].夏林清，译.北京：教育科学出版社，2007：译者序.

　　和通常意义上"教师成为研究者"主要基于"教师缺乏研究素养"而采取的一种补偿不同,舍恩心目中的研究者不依赖现存的理论与技巧类别去行动,反而去建构一个新理论来解释这个特殊案例。通过舍恩对各种专业中资深实践者与新手的深入对照分析,及其与科学家理论发现过程的相似性的对比,教师可以看到自己的经验不仅对自己的实践有意义,而且在理论建构方面也有存在的价值和独创性。这可以从根本上扭转教师只作为知识消费者的地位,让他们的自主探究成为自觉自然的行动,也成为与理论研究者平等对话的行动,从而对教师知识的研究及自身专业发展做出应有的贡献。[①] 因此,我们有理由期待,"当教师实施并思考自己的教学即在行动中反思时,便是在不断创造新知识,而且随着岁月的流逝,教师逐渐形成个人教学理论"[②]。

五、指向"反映的实践者"的教师成长机制模型建构

　　在很多人看来,舍恩"反映的实践者"所主张的教师成长观对当前主流的、建基于技术理性之上的教师教育模式提出了巨大挑战,"意味着应从新的角度思考教师获得专业知识技能的方式,改革传统的重理论轻实践的培养与培训模式,给职前或在职教师提供更多的实践与反思机会,使他们能从直接经验中获得有效的个人知识,充分发挥教师本人在专业发展中的主体作用"[③]。根据上述所言,这些"巨大的挑战""新的角度",即让教师教育者和教师本人转变观念,看到教师自身经

---

　　① 李莉春."行动中反思"的实践认识论评述及其对教师发展的意义[J].教师教育研究,2007(6):14-18.

　　② 徐学福.三种视角下的反思性教学探析[J].教育学报,2008(3):26-30.

　　③ 宁虹.教师成为研究者的现象学意识[J].教育研究,2003(11).64-68.

验的重要价值,认识到诱变事件的诱导力量,重新审视学徒制中做中学的学习方式以及做中学时教师适时的"提醒",进而让教师成长为实践脉络的研究者。舍恩所主张的教师成长蕴含着这样的一种观念:"凡是实践者,都应该是反映的实践者。教育反思、教育研究或教育行动研究既不是专家的专业,也不是教师的专业,而是所有实践者的一种基本的生活方式。"①对教师改变的相关理论进行深层透视可以发现,真正意义上教师改变的发生离不开教师改变的动因(what makes teacher change)、教师改变的过程(how teacher change occurs)、教师改变的维度(what dimension teacher change involves)。教师改变的一切都发生于一定的文化环境(cultural environment)中,且离不开教师的反思。在研究教师改变的动因时,有学者认识到教师自愿与否、教师的需求程度等内在动因(intrinsic motivation)直接关系到教师对专业发展活动的参与度,进而影响到教师改变。② 与此同时,由于教师教学不是处于真空中,而是一项与学生、同事、组织、学校等方面息息相关的活动,各种活动都是在外部环境(external context)中进行的,因此学者关注到了教师改变的外部环境动因,例如教师专业学习共同体在教师改变中起到的作用。③ 教师改变的过程也一度成为教师改变研究的重点,人们逐渐认识到教师改变不是一个事件,而是一个过程。20 世纪 80 年代至今,针对教师改变过程的研究逐渐从主张教师线性变化过程转为关注教师非线性的互动变化过程。关于教师改变的维度,目前学界普遍认同的是国外学者富兰的分类方式,即课程改革中

---

① Stenhouse L. What counts as research[J]. British of Journal of Educational Studies,1981(2):103-114.

② Morimoto K. Notes on the context for learning[J]. Harvard Educational Review,1973(4):245-257.

③ Tam A. The role of a professional learning community in teacher change:A perspective from beliefs and practices[J]. Teachers and Teaching,2015(1):22-43.

教师改变维度可分为课程材料、教学实践、教师对改革的信念与理解三方面。[①] 国内学者尹弘飚等从心理学角度对第三个维度进行拓展，提出材料与活动、教师行为及教师心理三个改变的维度。[②]

　　教师成长是一个长期而复杂的过程，是一个多层多维概念，体现在生理、心理、行为等多个层次，涉及关键特征（专长）、影响因素、人生经历、成长环境等诸多维度，既是教师潜能发育、成长、成熟、变化的过程，同时也离不开外界环境的支持与影响。

　　成长机制需要直接指向教师内在专业结构的改进，指向专业发展水平的提高。我国社会各界对机制问题的极大关注始于 20 世纪 80 年代中期以后，随着体制改革的深入，国家认识到在改革中，要建立与社会主义市场经济相适应的经济运行机制。准确理解机制概念，需要把握两点：第一，事物各个部分的存在是机制存在的前提。因为事物有各个部分的存在，就有一个如何协调各个部分之间关系的问题。第二，协调各个部分之间的关系一定是一种具体的运作方式。机制以一定的运作方式把事物的各个部分有机地联系起来，使它们协调运行并发挥作用。事物的任何一种作用机制的形成应有两个方面的因素。一是内因的变化，其变化决定着整体事物发展变化的方向和状态，这是作用机制形成的内在依据或根源。二是外因的触发，事物系统要存在和发展，不仅需要各子系统之间的不断联系、作用和交换，而且需要与外部环境进行物质、能量和信息的交换。事物作用机制的形成，是事物的内因和外因共同作用的结果。具体到本书的研究中，可以把基于好教师形象的教师成长机制界定为促进"反映的实践者"诞生的相关要素、条件及其相互作用过程与方式。它是经过实践检验有效的作

---

① Fullan M. Curriculum implementation[M]//Lewy A. The International Encyclopedia of Curriculum. Oxford, New York: Pergamon Press, 1991: 378-384.

② 尹弘飚，李子建. 论课程改革中的教师改变[J]. 教育研究，2007(3): 23-29.

用方式和方法,并进行一定的加工而系统化、理论化,从而有效地指导实践;它揭示了促进教师专业成长的内在原因、规律、作用方式以及影响。

为了深入探索教师成长机制,需要在已有研究的基础上,以当前中国本土好教师形象"反映的实践者"作为参照,通盘考虑上述不同维度对教师成长的意义,并找出它们之间的关联,构建出具有中国本土特色的教师成长机制模型。基于此,笔者构建了如图1-1所示的指向"反映的实践者"的教师成长机制模型。

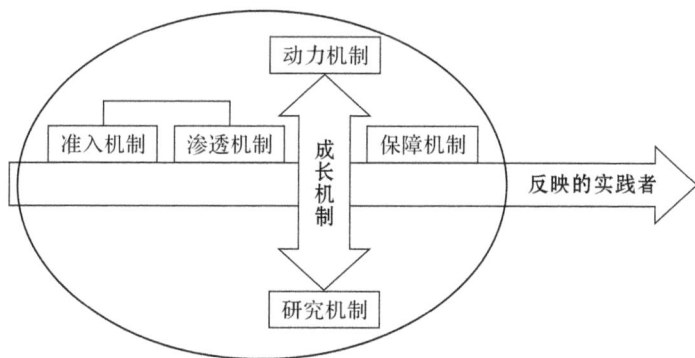

图 1-1　指向"反映的实践者"的教师成长机制模型

如图所示,指向"反映的实践者"这一当前新型好教师形象,首先需要从入门关进行审查,挑选那些适合做教师的候选人进入教师队伍,这就涉及教师培养制度、资格制度、"教育天赋"等方面的内容。对广大中小学教师而言,要迈向"反映的实践者",需要注重从日常实践中找到成长的动力,无论是国外的研究还是国内的观点,大家越来越认同一个基本的思想:学校既是培养学生的场所,也是教师专业发展的基地,实践因而成为教师成长的重要渗透机制。有了准入机制和渗透机制,为了加快教师成长的步伐,早日成为"反映的实践者",动力机制和研究机制缺一不可。动力机制主要解决教师成长的心态问题,而研究机制则侧重从研究的角度加速教师的成长。此外,教师成长为

"反映的实践者"还离不开保障机制,本书主要从"日常抗拒"的角度对保障机制进行了研究。这些要素整合起来,就是指向"反映的实践者"的教师成长机制。因此,本书接下来的部分主要从以上提及的几个方面进一步展开。

第二章 准入机制：让更多的好教师进入教师队伍

人人的身上都有自己独特的天赋，视、听、说、算、演……各个不同，所以有的人在这方面出类拔萃，有的人在那方面才华横溢。在他所秉有的才能领域里，他就是花比别人少的精力，也可以取得比别人更优异的成果；如果他肯专注于自己的天赋而孜孜不倦，就可能在某个领域取得赫赫成就。

——霍华德·加德纳

　　为什么选择当教师？什么样的人适合当教师？好教师基本的入职条件应包括哪些方面？如何保证"未来的教师"达到这些入职条件？这就涉及教师的准入机制。在实行开放教师教育的当下，教师准入机制既涉及以什么样的方式、通过什么内容等来实施师范生的职前教师教育，又涉及以什么样的考试形式、通过什么考试内容来选拔和甄别想要进入教师队伍的非师范生，还涉及我们如何看待教师的职业选择。

一、基于标准的教师准入机制

　　使政府相关部门和学校能够依法管理教师队伍，从教师队伍的"入门口"把住质量关，以及吸引优秀人才从教、为教育系统以外的人员从教开辟一条渠道，是实施教师准入制度的应然目的。教师准入制度是教师职业在专业化过程中出现的，要求从业人员经过严格系统的教育和培训以获得能胜任工作的专业知识、理解力、技能、价值观等，并以获得教师资格证书为重要标志的一种职业管理制度。每一种职业在其不断走向专业化的过程中，准入制度都是其不可或缺的制度保障，它不仅是职业专业化的必然结果和外在表现，还直接影响到职业和行业的服务质量及随之而来的社会声誉和地位。问题在于,由于很长一段时间我国教师入职标准缺失,我国的教师准入制度并不成熟。比如我国的职前教师教育制度和教师资格制度都缺乏明确具体的标准;再比如处于"考学分离"状态的教师资格证书获取方式。我们很长一段时间的做法是,师范生通过教师教育,学习了规定的教师教育课程,只需要提交学历证书等证明材料直接申请,鉴定合格,就能直接拿到教师资格证书;非师范生通过了教育学、心理学理论考试,再经过简短的面试、试讲或说课等教育教学能力测试,经有关部门审批后,就能获得教师资格证书,而无须接受专门的教师教育课程。教师就业形势日益激烈的背景下,这种做法的弊端日益凸显,人们不断质疑我们的教师准入制度能否有效选拔出"合格的未来教师"。

(一)我国教师准入制度的问题透视

一方面,师资培养制度缺乏统一的专业规范。我国的教师培养体系存在标准缺失的问题。"由于缺少统一的教师标准,不同类型高校、相同类型的不同高校在实施教师培养时,培养目标的设定、课程体系的构建表现出明显的差异性甚至随意性。"[1]未来的教师该教学哪些内容、用什么方式教学、教学到什么程度,完全由各院校自行决定。"教育课程的设置、实施及所要达到的目标没有清晰的衡量准则,什么样的毕业生是合格的或优秀的也没有明确的标准,似乎只要是经过机构培养的毕业生即是合格的未来教师。"[2]这样一来,我们教师教育机构课程设置各式各样,教学方式也五花八门。很长一段时间,各级各类师范院校缺乏统一的教师教育修业标准,毕业生又无须参与教师资格

---

① 蒋亦华. 当代中国教师标准问题之研究[J]. 教师教育研究,2007(4):33-36.
② 钟启泉,胡惠闵. 我国教师教育课程标准的建构[J]. 全球教育展望,2005(1):36-39.

考试，导致教师教育机构在质量控制上的严格程度宽松不一，其质量控制充其量只是大学自为的结果，使得师资培养质量参差不齐且没有保障。不管师范生对学程内容的掌握与否、能力发展与否，只要学完规定的学程、取得规定的学分就可以毕业，拿到教师资格证书。这种做法的问题是显而易见的，就教师教育课程而言，有学者甚至明确指出："当前一些院校实施的教师资格课程既没有法律依据，又没有专业基础，将之称为教师资格教育是不妥当的。"[①]

另一方面，教师资格制度缺乏明晰的认定标准。根据《中华人民共和国教师法》的规定，中国公民凡遵守宪法和法律，热爱教育事业，具有良好的思想品德，具备本法规定的学历或者经国家教师资格考试合格，有教育教学能力，经认定合格的，可以取得教师资格证书。由此可知，我国教师资格的取得包括国籍、品德、业务、学历四个方面的素质要件和"认定"一项形式要件。这种规定非常笼统，只是一些原则性的要求，虽可以起到指引方向的作用，但不能提供具体的行为指导。现行的《教师资格条例》和《〈教师资格条例〉实施办法》也只是对教师的道德、学历、普通话水平、身体条件做出了具体规定，并不能真正起到强化专业标准、加强教育专业训练的作用。另外，我国教师资格认定采取地方负责的方式，由各省市教育行政部门具体负责本地教师资格认定以及与此相关的组织、管理、监督等工作，教师资格认定中的一些主要标准也由省级教育行政部门制定。于是，各地结合实际情况，对《中华人民共和国教师法》的规定进行个性化解读，自行规定教师资格考试内容、难度和录取标准。由于我们对究竟"合格的教师"是什么缺乏基本的共识，加上我国幅员辽阔，教育发展水平地区差异大，势必会滋生出各地教师资格认定的标准不一、教师资格考试难度迥异、教

---

① 朱旭东.教师资格制度相关问题研究[J].河南大学学报(社会科学版),2009(4):123-128.

师执照要求也大相径庭等问题。可见,我国在认定教师资格时缺乏统一、有效的规范指标,没有一个一致认可的、可行的、教师入职的专业标准。没有明确而专业的标准,目标难免模糊,目标达成的系统检测在一定程度上也就形同虚设。这直接导致教师资格制度的功能不彰、把关不严等缺陷或弊端。

更严重的后果在于,缺失教师入职标准,不仅使我国教师资格制度和师资培养体系都陷入无序的状态,而且教师资格制度和教师培养制度也"各自为政"、互不相干,教师教育过程和教师教育结果(通过资格考试)的关系不大,缺乏内在的一致性。这进一步影响了教师教育的整体质量。

(二)基于标准:国外的实践与总结

目前,虽然美国、英国、澳大利亚、加拿大等国家的教师入职标准在名称、要求与具体实施办法等方面不尽一致,但各国都制定了相应的教师入职标准,实行严格的教师准入制度,通过专门的培训考核对"合格的未来教师"予以认证,学什么、考什么,都基于教师入职标准展开,使教师培养与教师资格证书保持一致性。这种以教师入职标准统领教师准入制度的做法和我国当前"考学随意""考学分离"的现状大异其趣。

20世纪80年代以来,随着教师专业化运动的驱动,建立教师入职标准成为欧美国家的共同举措。欧美国家教师入职标准具有如下特点。

首先,非常重视教师入职标准之于教师质量的重要作用,以确保教师整体素质的提高。标准的出台为规范教师教学行为、提高教师课堂教学水平提供了客观、科学的评价依据。

其次,从将"教学视为一种专业"的视角出发,大都以教师专业素质为基础，从专业知识、专业能力与专业道德等方面规约教师，从源头提高了教师的社会地位。比如，英国"合格教师资格标准"从专业素质、专业知识和专业理解、专业技能三个方面对师生关系、教师专业成长、教与学等方面对教师提出了相应的要求，澳大利亚的教师入职标准进一步拓展了教师的专业内涵，教师教学不应该仅局限于教学内容、教学实践，而是应该学会高效地评估自己的专业教学实践，应具有反思能力和团队合作能力。

最后，教师入职标准是教师准入制度的依据，重视教师入职标准在教师培养与管理制度中的运用。比如，在新西兰，义务教育阶段的教师上岗必须获得资格证书，为了获得教师资格证书则必须参与教师培养，教育部公布的教师的职业标准即教师培养的指导标准，这样就将职业标准与教师培养制度和教师资格制度结合起来。可以说，教师入职标准是职前教师教育课程标准的上位标准，同时也为教师资格制度提供了重要的依据。

为了具体说明教师入职标准在教师准入制度中的关键地位，本书从其中较有代表性的美国教师入职标准入手，对美国基于教师入职标准的教师准入制度进行解读。

在美国，中小学教师必须持有教师资格证书方能执教；申请者要获得教师资格证书，必须达到一系列教师评估标准；这些教师评估标准正是基于教师入职标准而定。美国加利福尼亚州（以下简称加州）教师质量评估的做法就是如此。在国家教师资格标准初任教师资格标准颁布之后，加州教师认证委员会（California Commission on Teacher Credentialing，CCTC）及加州教育厅（California Department of Education，CDE）在参考初任教师资格标准的基础上，结合本州情况，于 1997 年颁布了该州的六条初任教师资格标准，包括：(1)鼓励并支持学生参与学习；(2)营造并维持有效学习环境；(3)了解并组织学科内容;(4)为学生学习制订教学计划并设计学习活动;(5)学生学习成效评量;(6)发展成为一名教育工作者等内容。①

1998 年,基于加州初任教师资格标准,加州参议院通过了第 2042 号法案(SB2042)。该法案为加州所有的教师培养计划设立了新标准——教学质量期望(Teaching Performance Expectations),该标准由加州教师资格认证委员会经过严格的、大规模的调研后才得以面世,从学生参与、教学设计、社会环境等 13 个方面描述了所有加州未来教师所需要知道和所应该做到的事情。就教学质量期望的实施问题,加州政府要求所有教师培养计划都必须进行由加州教师资格认证委员会和美国教育考试服务中心(Eductational Testing Service,ETS)共同开发研制的教学质量评估(Teaching Performance Assessment),以对未来教师在教学质量期望方面的达成度进行衡量和评定,而且只有通过了教学质量评估方能申请初级教师资格证书。

2002 年,加州教师资格认证委员会出台新规定:为了更灵活地检验未来教师在教学质量期望方面的知识和技能,所有教师培养计划除依照教学质量评估外,亦可采用其他备选评估方案,但需要保证所选方案在内容上覆盖了教学质量期望,在技术操作上也达到了相应标准。在此背景下,由包括加州州立大学、斯坦福大学、圣地亚哥州立大学等在内的 12 家机构组成联盟,设计出了加州教师质量评估(Performance Assessment for California Teachers,PACT),以此作为教学质量的备选评估方案之一。PACT 通过考核未来教师的教学质量,测量其对教学质量期望的内化程度,并间接诊断各教师教育机构的培养质量。PACT 由教学活动和量规表两部分构成。教学活动分

---

① California Commission on Teacher Credentialing, California Department of Education. California Standards for the Teaching Profession [EB/OL]. (2005-11-28)[2009-04-08]. http://www.ctc.ca.gov/reports/ cstpreport.pdf.

为描述学习情境、设计教学与评估、教学与协助学生学习、评估学生学习、反思教与学五大任务,透过这些任务,为未来教师的学习及其质量提供判断依据。量规表是一个具体的评价量表,分四个等级对五大任务的完成过程与结果进行评估。只有通过了 PACT,才能申请初级教师资格证书。

综上所述,在加州,基于加州初任教师资格标准的教学质量期望是各教师教育机构培养计划的标准及课程设置的依据,而通过基于教学质量期望的教学质量评估则是申请初级教师资格证书的必要条件。换言之,基于教师入职标准——教学质量期望——的教师资格制度是加州教师准入制度的一个重要组成部分。

(三)建立明确的教师入职标准,以入职标准统领教师准入制度

根据上述分析,我们不难发现,欧美国家一般都有明确的教师入职标准,以此作为教师准入制度的依据,形成了一体化的配套机制。借鉴这些国家教师准入制度的成功经验,将有利于鉴定和选拔出真正合格的教师,提高教师专业化水平。

教师入职标准是教师进入这一职业必须达到的基本条件。建立教师入职标准,通过一系列目标明确、具体可行的指标勾画出对"合格的未来教师"的要求,成为教师培养与考核认定的依据,从入职源头保证了教师的质量和专业化水平,是欧美国家的共同举措。它们通过制定教师入职标准,明确教学专业的内涵,为教师教育课程设置特别是教师资格制度提供依据——在专业思想引领下,将专业内涵渗透在教师教育课程中,并通过教师资格制度选拔合格的候选人进入教师队伍,为教师专业设定更为明确具体的准入门槛,改变当前教师资格认定因缺乏明确具体的考核指标而简单化和形式化的状况,从"入门口"为教师队伍质量的提高提供保障。因此,我们迫切需要构建合宜的教

师入职标准,并将这种内涵渗透在整个教师教育过程、体现在教师资格制度之中,从而培养真正具有专业知识与能力的未来教师。我们制定教师入职标准,应该基于标准不仅仅是一个筛选的工具,更是促进教师专业发展的手段的理念,从专业角度提升中小学教师职业素质和资格标准,进而提升教师的社会地位和职业竞争能力,构建起教师就业市场规范运行的核心机制。

建立了明确的教师入职标准,就需要以入职标准统领教师准入制度,建立教师准入机制。

首先,基于教师入职标准的教师教育制度。英国的经验表明,合格教师专业标准作为英国教师职前教育的纲领性文件,既是制定课程的依据,又是评价课程实施效果的依据。不管教师教育机构采用什么样的课程模式、具体开设哪些课程以及如何开设这些课程,都必须满足这一标准的要求。其目标明确,从而既保证了教师教育课程的灵活性和多样性,又保证了其教师教育的质量。这样就使得教师教育机构能够更加有效地为学生进入教师专门职业领域就业做好更充分的准备,它们在设定和保持入学要求、教学计划、毕业标准时可以更加自信和高效。也就是说,教师入职标准与教师培养应该结合起来。要取得中小学教师资格,必须经过专业训练。事实上,国外许多教师教育机构在开发和实施教师教育课程时也注意参照各级各类教师专业标准,以保证教师培养的专业性和高质量。我国还没有具体、明确、可操作的教师入职标准,这使得教师教育课程在培养具有国家资格的教师方面缺乏相应的目标,因此我们必须加快教师资格标准的制定,以此作为教师教育的统一要求,让各教师教育机构在这一标准统领下,制定不同层次、不同类型的教师教育课程。具体而言,就是教师教育课程、教材的编制、教学过程的实施要根据教师入职标准的要求而定,对师范生的评价主要看其是否能够展示出标准所要求的知识与技能。

其次，基于教师入职标准的教师资格制度。实行教师资格制度是实行开放式教师培养体系的重要环节和制度保障，有利于形成高质量的教师储备队伍，为社会人员从教开辟一条渠道，吸引优秀人才从教。但是这需要一个前提——教师资格认定标准确实能够有效地发挥甄别和选拔的功能。在我国教师教育由定向式向综合化、开放化培养模式转变的今天，教师资格认定标准能够发挥检测教师的品质的功能，以确保吸收合格的教师任教，使教师任用走上科学化、规范化和法治化轨道。欧美国家的经验显示，基于教师入职标准的教师资格制度是国家依法治教、依法管理教师队伍的重要手段。"作为规定教师专业知识权威性的重要方式和手段，教师资格标准起着保障选拔优秀的人才进入教职，从而建立有效成熟的教师资格认证制度，实现教师专业领域的权威性，并最终实现教师专业理想的作用。"[①]我国缺乏教师入职标准，导致我国的教师资格制度实际上成为学历资格制度，很难体现出对教师专业素质的考查。对非师范院校毕业生的考试，只是简单地测试教育理论知识，对学科专业知识和教学能力缺乏有效的评估手段，难以保证教师所获得的教师资格证书的含金量，难以保证学校录用教师时能选择到真正符合教师资格条件者。因此，我国要改变目前教师资格考试基于课程内容而不是基于教师入职标准的现状，建立基于教师入职标准的教师资格制度。

最后，教师入职标准观照下的教师教育制度和教师资格制度的统一。更重要的是，我们需要建立基于教师入职标准的教师准入制度，以教师准入制度统领教师资格制度和教师教育制度，使三者相辅相成。欧美国家的经验告诉我们，将教师资格制度与教师教育制度相互衔接，是提高教师培养质量的有效途径。事实上，将教师资格制度引

---

① 栗洪武，秦立霞. 当前美国关于教师资格评价标准的多方位探索[J]. 外国中小学教育，2007（10）：37-42.

入教师教育系统,不仅能确保教师行业具有较高的入职标准和专业水平,同时也能从根本上改变我国教师教育与教师资格制度的现状,推动教师教育制度不断改革与创新。目前,我国正在实行开放的教师教育,通过定向和非定向相结合的方式培养教师。要实施开放的教师教育,必须解决一个前提性问题,即明确教师入职标准,对教师的专业知识、技能、信念等方面做出规范,使培养机构、资格鉴定机构及用人单位都熟悉标准内容,并以此来开设、指导教师教育课程,提供选拔和评价新教师依据,也为有志于成为教师的各类人员指明专业发展方向。因此,制定教师入职标准就显得尤为迫切。我们需要加快制定教师入职标准的步伐,使其成为教师培养体系和教师资格制度的依据,从而在源头上提高教师队伍的整体素质。

二、教师准入机制中的"教育天赋"

好教师的关键特征有哪些？教师教育在培养好教师方面有何作为？是否可以通过改进教师教育以加速好教师的涌现？诸如此类的提问,让"教育天赋"这一熟悉而又陌生的词语逐渐浮出水面。本书即尝试从教育天赋的角度对当前教师教育进行系统反思,进而指出基于教育天赋改进教师教育的可能举措。

(一)好教师的关键特征与"教育天赋"的凸显

好教师对学生成长的重要性毋庸置疑,有关好教师的研究也层出不穷。有研究基于教师"教育自传或个人生活史"对好教师展开研究,认为好教师具有两个基本特征:(1)那个教师"对我好";(2)那个教师

"有激情"。① 有研究以"美国年度教师"(National Teacher of the Year)为分析对象,从"充分发挥每一个学生的潜能"的角度对好教师进行系统梳理,认为好教师的关键特征主要表现在把孩子当作孩子、相信儿童以及以学定教等方面。② 美国当代教育家、哲学家舍恩更是通过引用托尔斯泰有关优良教学需要的"不是一种方法,而是一门艺术"这一信念,以描述的方式表达了自己心目中的"好教师":一位有教学艺术的教师看到孩子学习阅读有困难时,不会认为这是孩子的缺失,而是他自己指导上的缺失。所以他必须找出解释到底是什么困扰着孩子的方法。他必须在教师的情境中进行研究实验。又因为孩子的困难可能是独特的,所以教师即使可以轻易做出解释,也不能认为他们过去的经验足以解释一切。他必须随时发明新方法,并尽力提高发现方法的能力。③ 不难发现,依据这些对好教师的相关研究,我们逐渐相信这样一个事实:和我们习以为常地认为好教师当属那些"具有丰富的教育教学知识,精通教学法,对教学内容的重点和难点有清晰的把握,能在课堂上通过讲解或演示把这些知识给学生讲明白"④不同,好教师日益指向这样的一个群体:本能地爱学生,设身处地地从学生的角度思考问题;通常凭借直觉想出各种办法,从而对学生因材施教;知道他们以前获得的有关教育教学的知识非常有用,但也并非完全正确,要具备依据具体情境做出综合判断和即时决策的天分。易言之,本能、直觉、天分等词语逐渐和好教师挂钩;而对教师本能、直觉、天分等素质的强调,也就意味着对教师"教育天赋"的重视,认为"教育

① 刘良华.教育自传中的个人知识:关于"好教师"的调查研究[J].北京大学教育评论,2008(1):125-131.

② 汪明帅.好教师的关键特征——2003—2012美国年度教师解读[J].教育发展研究,2012(24):48-53.

③ 舍恩.反应的实践者:专业工作者如何在行动中思考[M].夏林清,译.北京:教育科学出版社,2007:53.

④ 王建军.课程变革与教师专业发展[M].成都:四川教育出版社,2004:36.

天赋"是养成好教师的关键要素。

这些研究得到了来自一线教师的印证,和一线教师的真切体验不谋而合。被《纽约时报》尊称为"天才与圣徒"的美国年度教师艾斯奎斯(Esquith)在其著作《第 56 号教室的奇迹:让孩子变成爱学习的天使》的自序中也坦言"天赋"是其工作得到认可的重要原因:"在过去的四分之一世纪里,我几乎把大部分时间都花在了位于洛杉矶市中心的一间教室里。这间教室又小又破。因为有一点点天赋,还有一点幸运,我的工作受到了一些认可,每天我都生活在大家关注的目光里。"[①]

(二)从"天赋"到教师的"教育天赋"

强调教师的"教育天赋",还得从"天赋"说起。在英语中,有两个词都经常被用来指称"天赋":一个词是"gifted",其直译是"给予的",可翻成"天赋的""天赐的";另一个词是"talented",这个词含有"聪明的""智慧的""天生的"等意思。可见,"天赋"的本义主要指自然所赋予的、先天的才能。

关于"天赋"的话题由来已久。尽管人们对"天赋"并没有一个明确的界定,但也从未否认过"天赋"的重要性。历史上,人们曾将各领域杰出人物的卓越能力归为神秘因素的作用,如星座、体内器官或上帝赋予的天资。随着科学的发展,这种神秘主义观念逐渐被自然因素观所取代,人们开始相信,凡那些不可视觉觉察的由经验而来的力量、凡那些不可归结为机械规则的技能,均是某种遗传的天赋的结果。[②]这种观点将基于遗传的行为与基于教育及训练的能力区分开来,有其进步性。不过,这种观点在强调天赋的同时,也将天赋和技能的获得

---

① 艾斯奎斯.第 56 号教室的奇迹:让孩子变成爱学习的天使[M].卞娜娜,译.北京:中国城市出版社,2009:自序.

② 郝宁,吴庆麟.天赋在专长获得中有限作用述评[J].心理科学,2009(6):1401-1404.

置于非此即彼的对立境地。到了近代,作为最有影响力的天赋决定论者,英国人类学家、生物统计学家高尔顿(Galton)从这种非此即彼的对立中走出来,提出了一种具有包容性的理论,尝试将天赋和训练整合起来,虽然在天赋和训练这一钟摆的两极,他明显地偏向天赋这一端。他在强调后天努力和训练的同时,认为教育和训练只能使行为提高到某一较高水平,而无法突破这一上限,天赋决定着个体可能达到的最高行为水平。他说:"从他是个新手开始,他会认为通过教育和训练,自身肌肉的发展几乎没有一个预定的极限,但他很快发现每天的收获在不断递减并最终消失,他的最高水平的成就成为一种严格确定的特征。"①到了当代,美国哈佛大学教育研究院的心理发展学家加德纳(Gardner)的多元智能理论再一次让人们注意到天赋在个体成长和发展中的重要性。正如其多元智能理论所分析的,人人的身上都有自己独特的天赋,视、听、说、算、演……各个不同,所以有的人在这方面出类拔萃,有的人在那方面才华横溢。在他所秉有的才能领域里,他就是花比别人少的精力,也可以取得比别人更优异的成果;如果他肯专注于自己的天赋而孜孜不倦,就可能在某个领域取得赫赫成就。②虽然加德纳没有断言个体具备某种主要来自遗传的优秀智力可确保成为某领域专家,但他的观点确实蕴含着"将天赋发挥到极致是成就杰出人才的重要一环"这一思想。这种"努力将天赋发挥到极致"的思想将天赋研究又推向了另一个高度。不难发现,从历史上的"遗传决定论",到高尔顿的"天赋训练融合论",再到加德纳的"多元智能理论",这些有关天赋的研究一步步地向我们揭示了这样一个道理——每个人都有自己特殊的天赋,社会各行各业也都有其特定要求的天

---

① Galton F. Hereditary Genius: An Inquiry into its Laws and Consequences[M]. London: Julian Friedman, 1979:33-45.

② 加德纳.多元智能新视野[M].沈致隆,译.北京:中国人民大学出版社,2012:56.

赋；如果个人的天赋与其所从事的工作相吻合，进而对天赋进行"雕琢"，将其发挥到极致，再辅之相关的知识与技能，这就意味着个人很可能在该行业有比较突出的表现。

"天赋"比较多地用于儿童教育，有不少相关研究先后面世，甚至引起了一些国家政策层面的注意。在一篇题为《我们天赋较好的、有才能的儿童是国家的宝贵资源》的报告中，时任美国联邦教育总署署长马兰在谈论了天赋较好儿童的定义、重视天赋较好儿童的缘由、联邦政府的任务及当前的一些措施等之后指出，天赋较好的儿童的教育已成为美国全国性的教育重点之一。[①] 而将"天赋"的观点用于教师教育领域，强调"教育天赋"之于教师的重要性，则是新近的事情。自 20 世纪后半叶开始，盖洛普机构（Gallup Organization）长期组织优秀的教育学家和心理学家对好教师的构成要素进行研究，经过长期调查与分析，该研究发现一个惊人的秘密：所有伟大的教师都有一个重要的相同之处——他们都是基于各自的天赋并将其发挥到极致。[②] 这个发现为"教育天赋"进驻教师教育领域提供了实证的基础。以此为契机，不少国家开始认识到教育天赋在改进教师教育乃至培养好教师中发挥着不可或缺的作用。芬兰《教师教育发展计划》所强调的"性向测试"、英国《教学的重要性》学校白皮书所突出的"能力倾向、人格和韧力"测验以及德国于 2009 年开始对师范生实施的"人格特质测试"，都是这一观念的具体表现。在我国，最近有研究也开始呼吁"应该委托权威的测试机构对有志报考师范专业的学生做气质类型测试和心理健康测试"，使得"高校可以从人才选拔环节开始，掌握先机，易于录取

---

① 马兰.我们天赋较好的、有才能的儿童是国家的宝贵资源[J].曹秋平，译.外国教育资料，1978(8)：34-38.

② 利斯威德，等.发现你的学习优势，发现我的教育优势[M].张林，译.北京：中国社会科学出版社，2011：前言.

到高质量的、气质特点和性格特长适合当教师的、心理健康的、有志于
从事教师职业的学生"。[①] 还有研究从"专业性向"的角度指出心灵的
敏感性、爱的品质、交流、沟通的意愿、对教育工作的兴趣等人格特质
对教师教学的重要意义。[②] 可见，重视教师的"教育天赋"，越来越成为
改进教师教育的努力方向和重要依托。

（三）从"教育天赋"的角度审视当前的教师教育

从上述有关"天赋"和"教育天赋"的演变历程中不难发现，在教师
教育领域强调教育天赋，尤为需要注意这样几个方面：（1）认识到"教
育天赋"的重要性，重视"教育天赋"在加速好教师涌现中的重要作用；
（2）认识到将"教育天赋"发挥到极致的重要性，相信如果肯在自己的
教育天赋方面下功夫，就有可能成长为好教师；（3）认识到将"教育天
赋"和训练相结合的重要性，强调若将其和教师教育有机结合起来，有
助于加速好教师的涌现。

如若上述分析不谬，那么，从"教育天赋"的角度重新思考教师教
育就显得尤为迫切。进入 21 世纪，我国教师教育一直处于不断改革
之中，"近十多年来，我们在教师教育改革上取得了不小的突破，特别
是在教师身份与地位提升、教师教育观念变革、教师教育课程体系等
方面均有极大的进展"[③]。不过，我们的教师教育改革所存在的问题也
很突出，有不少诸如"新教师很难将教育理论运用于具体的实践之中"
"很多教师随着教龄的增长反而越来越讨厌这份职业""好教师难觅"
之类的问题，一直没有得到有效解决，成为教师教育改革的瓶颈。而
从教育天赋的角度审视当前的教师教育，这些问题和我们的教师教育

---

① 唐苏琼.关于培养创新型师范人才的思考[J].中国大学教学,2009(6):58-60.

② 吴秋芬.教师专业性向的内涵及其特征[J].中国教育学刊,2008(2):37-40.

③ 姜勇,庞丽娟.教师教育的新展望:迈向博雅精神的新时代[J].教师教育研究,2003(1):6-10.

改革忽视"教育天赋"不无关系,致力于培养未来教师的人们很少考虑"教育天赋"在教师教育中的作用,对于如何呵护和养成适合课堂教学的个性这一问题也很少关注。这突出表现在这样两个方面:(1)在教师教育的"入门口"缺乏有效的选拔机制;(2)在教师教育的过程中缺乏有效措施将师范生的"教育天赋"充分发挥出来。

1.在教师教育的"入门口"缺乏有效的选拔机制

师范生的入口决定着教师队伍的质量,是培养好教师的关键一步。强调"教育天赋"在教师教育中具有重要作用,就意味着我们要认识到并不是所有的人都适合当教师。这就需要在教师教育的"入门口",根据"教育天赋"的相关要求和特质,设置一些选拔标准,将那些合适的候选者挑选出来。问题在于,长期以来,我国对师范专业的招生只考虑了学生的考试分数,而对教师的"性向""人格特质""气质特点"等与"教育天赋"密切相关的因素几乎很少关注,在教师教育的"入门口"缺乏有效的选拔机制。

一方面,在我国,高校在录取师范生时只有成绩门槛,无法对学生进行全面严格的考察和筛选。而且,从我国近些年师范生的状况来看,受招生政策调整等因素的影响,师范招生的成绩门槛持续降低,师范生生源质量不断下滑。当前,从事教师培养的机构按层次分主要有部属院校、省属院校、专科层次的院校。为了客观地了解师范生与非师范生在招生分数上的差别,有研究以 2003—2005 年同一城市同一档次的师范院校与非师范院校的录取分数作比较,或同一院校的师范专业和非师范专业招生分数作比较。结果发现,部属重点师范院校录取分数多低于同层次的综合性大学,省属师范大学录取分数低于同层次的综合性大学,地方师范学院和由师范院校改制的综合性院校的师范专业录取分数线均低于该档次最低控制线,师范专业的专科生的录取分数线普遍低于该档次录取控制底线。[①]　可见,从招生分数线看,各层次高师院校录取的学生都不是该档次成绩较好的学生。

　　另一方面,自 2007 年秋季以来,北京师范大学等六所部属师范大学按照国家的相关政策开始试行具有定向性质的师范生免费教育。我国免费师范类招生目前实行文化考试、面试、体检和提供相关材料相结合的方式,不仅重视学生的文化考试成绩,同时通过相关材料更全面地了解学生情况,包括学生毕业学校和家庭所在地政府(如社区等)撰写的有关学生品行和健康(主要是心理健康和家族病史)证明,有无犯罪记录的法院证明等。这一举措一定程度上或者说部分地提高了师范生生源的成绩门槛,并加入了其他一些选拔标准,努力尝试将那些品学兼优且将来真正愿意从事教师职业的学生选拔吸引过来。不过,这些举措只是对原有招生制度的小修小补,并不能从根本上解决问题。这些选拔程序只是从一些常规的角度对教师候选人进行了极为粗略的筛选,主要还是参照教师候选人的文化成绩,而并非基于教师的教育天赋来挑选教师候选人。仅就"愿意从事教师职业"而言,从实际情况来看,目前定向免费师范生大多为农村生源,其中有许多人在填报志愿时主要是出于对家庭经济状况的考虑。这就使得一部分定向免费师范生到高年级时还没有真正认同师范教育专业,学习积极性并不高。有调查通过询问"为什么选择当教师"来反映免费师范生的入学动机,发现有 42.7% 的人认为教师是一份稳定的工作,2.1% 的人认为收入不错,23.3% 的人是受了别人的影响,只有 29.9%的免费师范生把教师职业作为自己的职业定向。[②]　考虑到这些实际情况,一些从事定向免费师范教育管理和教学的工作者认为,"由于目前招录环节缺乏对教师职业相关素养和潜力的考察,因此,现行实施办

---

　　①　胡艳.当前我国师范专业招生问题及对策探讨[J].教师教育研究,2007(3):29-33.

　　②　姚云,董晓薇.全国师范生免费教育政策实施认同度调查[J].教育研究与实验,2009(1):45-50.

法不一定能真正选拔出未来的优秀教师",因此呼吁在选拔和招录环节,应重点考虑"免费师范教育招收的学生应真正热爱教育事业、准备献身农村基础教育、心理健康、成绩优异、具有教师潜质"。①

2.忽视根据教师的"教育天赋"来开展教师教育

众所周知,目前我们的教师教育改革在追求专业知识、实践技能等方面给予特别的重视,呈现出这样的特征:(1)凸显学术性。强调教师知识的更新、技能的提高以及教师素养结构中职业道德的养成,把教师教育的重点放在专业知识、专业技能等理论方面,认为只要谁精通了某门学科的专业知识,掌握了适当的教学方法,谁就能够成为更有能力、更为出色的教师。②(2)强调实践性。现在有很多研究对"教育实习"都予以格外关注,主张通过"理论知识学习+教育实习"的方式来培育教师。③(3)重视统一性。目前我国实施的主流教师专业发展模式还是由地方政府发起的、指令性的教师发展模式和由大学提供课程、工作坊、研讨会和讲座等的发展模式,主要依托刚性推进的政策体系和外部形塑的培训体系,强调形式的统一。④这种教师教育改革在强调教师工作的专业性、实践性和规范性的同时,忽略了教师工作的特殊性,对教师的个性品德及人格特征等层面的内容没有给予应有的关注。因此,教师基本的教育教学水平虽然得到提高,但并没有回到自身;对于如何认识自身、如何发展自身的教育天赋,进而走出一条属于自己、适合自己的发展之路,更多的是一片茫然。

---

① 何光全,廖其发,臧娜.师范生免费教育政策存在的问题及改进建议——基于实证调查的分析[J].教育发展研究,2011(15-16):39-44.
② 段晓明.国际教师专业标准改革的新趋势[J].教育发展研究,2011(2):81-83.
③ 胡惠闵,汪明帅.美国教师专业发展学校与教育实习改革的经验与启示[J].全球教育展望,2011(7):49-53.
④ 汪明帅.从"被发展"到自主发展——教师专业发展的现实挑战与可能对策[J].教师教育研究,2011(4):1-6.

我们一直被教诲：要当一名真正优秀的教师，你一定要让自己"面面俱到"，集中精力改善自己的薄弱环节。我们的教育培训机构一直津津乐道于美国管理学家德鲁克的木桶效应，认为一只水桶盛水的多少，并不取决于桶壁上最高的那块木块，而恰恰取决于桶壁上最短的那块；只有桶壁上的所有木板都足够高，那水桶才能盛满水；如果这只桶的木板中有一块不齐或者某块木板下面有破洞，这只桶就无法盛满水。问题在于，你拼命在自己薄弱的环节下功夫，最乐观的结果只是将薄弱环节做到普通水平；而带来的另一个衍生物就是，你把精力从自己的强项上转移开来，也就错过了更上一层楼的机会。"当你忙着去修正比较差的天分，也就是弥补弱点之时，你正在忽视更有效的天分，甚至会埋没已有的才能。"①结果就是，我们的教师教育体系不断给未来的教师灌输一种狭隘的能力观，只重视对未来教师某单方面的才智与能力的培养，而忽略或者说是漠视了其他一些基于其个体的、同样重要的能力，最终将绝大多数教师塑造成"样样精通，门门稀松"之辈。更让人担忧的是，这种"一刀切"的教育方式，从一开始就自然而然地排斥了一些不想按这种方式来学习的人，让潜藏在这些未来教师身上的教育天赋没有被开发出来，处于被掩藏、被遮蔽的状态，造成了极大的人力资源浪费。

（四）基于"教育天赋"改进教师教育的可能举措

每一位教师独特教育天赋的发现与发掘，受到来自各方面因素的制约与影响，其中教师教育在发现和发掘教师教育天赋中的作用尤为重要。针对上述教师教育所存在的问题，本书认为，基于"教育天赋"

---

① 利斯威德，等.发现你的学习优势，发现我的教育优势[M].张林，译.北京：中国社会科学出版社，2011：40.

改进教师教育的可能举措主要包括,挑选那些具有教育天赋的人进入教师教育领域,并努力将这些"教育天赋"发挥到极致,同时尽量克服未来教师明显的短板。

1. 挑选具有"教育天赋"的人进入教师教育领域

教师个体本身的素质在一定程度上制约着教师教育的发展与走向,招募适合的人才加入教师队伍,是值得教师教育关注的问题之一。强调教育天赋在教师教育中的重要作用,就要特别重视挑选那些具有教育天赋的人进入教师教育领域。积极心理学也指出,有天赋的事做起来则会事半功倍,在有些事上甚至能超水平发挥。[①] 事实上,当前有些国家在这方面进行了有益的尝试,在重视教师的来源与质量的同时,逐渐严格规范教师的资格准入标准,既拓宽选择的基础,又严格选择标准。

比如,在英国,一个积极的举措就是通过投入大量的广告,花费了高达 5000 万美元进行各种宣传,以吸引更多的人加入教师队伍。这一举措颇有成效,让教师工作在"你未来最想从事工作"的排行中从第 92 位跃升到第 25 位,对 35 岁的人来说,教师工作更是成为最具吸引力的行业。[②] 而在法国,则以提高招生过程的淘汰率来保证师资的来源。教师要取得中小学教师资格,要经过三轮考试:"外部考试、第一轮内部考试、第二轮内部考试,总的通过率仅为 20% 左右。申请教师的人数与最终取得教师资格的人数之比高达 4.13∶1。"[③] 由于大量的人员报考教师职业,通过率仅为五分之一,这样就有较大的选择余地。

① 利斯威德,等. 发现你的学习优势,发现我的教育优势[M]. 张林,译. 北京:中国社会科学出版社,2011:36,37.

② Rotherham A J,Mikuta J, Freeland J. Letter to the next president[J]. Journal of Teacher Education,2008(3):242-251.

③ 姜勇,张明红. 追求卓越:法国中小学教师教育的改革与启示[J]. 外国中小学教育,2011(6):7-10.

除此之外,更重要的是,在招募未来教师的时候,尤为注重将那些适合当教师的候选人挑选出来。作为对传统教师教育制度的创新与超越,我们极力主张采取各种灵活性的措施和手段,尽量挑选那些具有"教育天赋"的人进入教师教育领域,接受教师教育,从而使教师岗位面向各行各业具有"教学潜力"而又愿意当教师的人。比如,对一个师范生来说,假如他个性里充满着潜在的敌意,那他就可能难以形成教师所应表现的那种热情的、有支持力的而又有条理的行为模式。对于这些师范生,有研究特别指出,"应当劝他们另谋一种不以对人和对社会的适应为成功之关键的事业"①。国际上,不少国家对此进行了积极的尝试。德国巴伐利亚州于 2009 年 9 月开始对新师范生实施"人格特质测试",该项测验方法主要包括自信程度、沟通能力、交际能力、判断能力、问题解决能力等。② 在芬兰,根据芬兰《教师教育发展计划》规定,所有的选拔必须特别强调性向测试,其目的是提高教师队伍的能力、积极性和责任感。③ 2010 年底,英国政府颁布了《教学的重要性:学校白皮书 2010》,考虑到"每年约有 13% 的师资培训课程候选人放弃学业,即便一部分坚持完成学业,在入职教学中也表现出不适应,在任职 1—2 年内快速退出"这一现实情况,该文件在提高教师准入标准的同时,增加了"能力倾向、人格和韧力"测验。这一测试强调培养师范生适合教育工作的人格特征和基本能力,如心灵的敏感性、交流沟通的意愿、对教育工作的兴趣等人格特质和语言表达能力、人际关系能力、逻辑思维能力等职业品质。④ 这些举措无不向世人发出这样

① 特拉弗斯.教师个性品质的塑造[M]//瞿葆奎.教育学文集·教师.北京:人民教育出版社,1991:237-238.

② 段晓明.国际教师专业标准改革的新趋势[J].教育发展研究,2011(2):81-83.

③ 何倩.芬兰中小学教师职前培养制度的特点及启示——以赫尔辛基大学为例[J].外国教育研究,2009(10):45-49.

④ 段晓明.英国教师教育政策变革走向——基于《教学的重要性》报告分析[J].比较教育研究,2012(12):35-39.

一种信号:重视候选人的人格特质、性向、能力倾向等教育天赋因素,是当今世界各国改进教师教育的重要努力方向。

2.努力将"教育天赋"发挥到极致

正如加德纳所言,努力将"天赋"发挥到极致是成就杰出人才的重要一环。挑选了那些具有"教育天赋"的人进入教师教育领域,接下来的工作就是开发这些"教育天赋",努力将这些"教育天赋"发挥到极致。

努力将"教育天赋"发挥到极致是有可能的。有研究就明确指出:"你所熟知的出色教师中,初看起来,他们的个性和风格似乎有天壤之别,但却有一个共同之处:他们能找到各种方法将个人的优点发挥到极致。"[①]而在实践中,很多好教师的表现可以进一步强化我们这方面的认识。事实上,不少好教师都是那些将自身"教育天赋"发挥到极致的教师。以语文特级教师支玉恒老师为例,他不是科班出身,年近四十才开始教语文。不过,凡是听过他上课的老师,都众口一词说他的课上得好。至于自己的教学"秘诀",支玉恒老师坦言:"我这个人生性乐观,老招人笑,大家都喜欢听我说话,说这叫幽默。这幽默可帮了我的大忙,上课时,学生两眼瞪得溜圆听我讲课。于是,我在讲课的时候就有意突出这方面的特征,事实证明效果都不错。"[②]如果说幽默是一种教育天赋的话,毫无疑问,支玉恒老师在教学中,根据自身的幽默天分,并有意加以引导,从而成为学生心目中的好教师。

至于如何发挥教师的"教育天赋",则有一些具体的措施可以参考。比如:(1)基于未来教师需求的教师教育课程设置。和通常强调教师教育课程的一体化、实践取向不同,基于"教育天赋"的教师教育

---

① Jeffrey A K, Stanley J, Zehm E K. On being a Teacher: The Human Dimension[M]. Thousand Oaks: Corwin Press, 2005:5.

② 支玉恒.支玉恒老师教语文[M].上海:华东师范大学出版社,2009:16.

课程,特别需要强调基于未来教师潜能、个性需求、能力倾向等品性。
(2)建基于未来教师潜能、个性需求、能力倾向的小班化教学。强调教育天赋的教师教育,就需要以充分"适应性"尊重未来教师的"差异性",强化"差异就是一种资源、一种财富"的理念,应把未来教师之间的"差异"视为有效教学赖以进行的基础、资源和动力,凭借对"差异"在理论上的深刻认识及操作中的准确把握,为每一个未来教师的充分发展提供"适应性"教育。(3)重视生活经历在教师教育中的重要作用。加德纳强调,智能取决于个体所存在的文化背景中已被认识或尚未被认识的潜能或取向,离不开具体的生活情境,离开情境孤立而抽象地谈智力是毫无意义的。具体到教师领域,我们认为,教师的行动与个人过去的生活历程密不可分,教师过去所发生的一切生活历程内容,都会慢慢发展成为足以支配教师日后思考与行动的"影响史",对教师后续的经验选择与重组具有重要的影响。因此,从未来教师的生活经历入手,注重他们个体差异,将教师教育植根于未来教师日常生活之中,更容易触及教师心灵,激发他们的潜在天赋。尤其需要注意的是,天赋不等于能力,好教师的能力以天赋为基础,但还包括技能部分和知识部分,只有天赋、知识和技能结合在一起,才会形成能力。"把个人在特殊领域内的天分与相关技能和知识结合起来,就能形成一种能力,这种能力持续发挥,可以达到几乎完美的水准。"[1]

3.尽量克服未来教师明显的短板

当然,将未来教师的"教育天赋"发挥到极致的同时,不能让他们的短板成为前行的障碍。而如何克服自己的短板,两位教育家的两则寓言会让我们有所启发。卢梭在《爱弥儿》中讲述了这样一个有意思

---

[1]　利斯威德,等.发现你的学习优势,发现我的教育优势[M].张林,译.北京:中国社会科学出版社,2011:37.

的故事：有两条狗，由同一个母亲所生，并在同一个地点接受同一母亲的教育。结果却完全不一样，一只聪明伶俐，另一只愚蠢呆笨。为什么会这样呢？卢梭认为：两条狗的天赋不同。与之相对，裴斯泰洛齐讲述了一则与之相关但意蕴竟然不同的寓言：两匹小马，几乎一模一样。一匹被懒惰、愚蠢的庄稼人领回喂养，另一匹则被聪明细心的主人收养。结果，被庄稼人收养的小马，在尚未发育健全时，就被榨干精力，早早地成了瘦骨嶙峋的驮马。而被聪明人收养的小马，则在主人的精心喂养下茁壮成长，成了日行千里的骏马。如果说卢梭强调的是天赋，认为命运由天赋决定——是不是"天才"，生来注定；那么，裴斯泰洛齐则强调教育的作用——能不能"成才"，要看后天接受了怎样的教育。从裴斯泰洛奇的寓言中，我们不难发现在教师教育中克服未来教师身上短板的可行性。对于那些无法忽略、不得不做的事情，教师唯一能做的就是正视它，有限度地改善。你无法取得成功，但应该努力获得一些进步。

　　具体而言，根据自己所固有短板的属性，克服自己的教育短板的具体措施也有所不同。控制弱点就是一种可行的选择。盖洛普机构访谈过一位教师，这位教师在教学上很有一套，也很受学生欢迎，但她的注意力无法集中，不能集中足够的注意力来给学生批改作业。为了克服这一不足，经过反复尝试，她终于发明了一套控制弱点的办法：一次批改作业不超过五份。五份作业批改完后，她站起来去喂猫；下一个五份批改完了，她喝一杯咖啡。这个办法让她控制了弱点，让她完成了批改任务。[①] 寻求支持也是弥补天赋、技巧和知识弱点的有效举措，比如，数学不好的人可以寻求计算器帮忙。事实上，当前中小学中的教研组、备课组，以及当前流行的大学—中小学合作，都为教师寻求

---

　　① 利斯威德，等.发现你的学习优势,发现我的教育优势[M].张林,译.北京:中国社会科学出版社,2011:42-43.

支持系统提供了强大的制度支持。另外，以天赋带动短板，促使教师个人能力的融会贯通，从而起到扬长避短的效果，也是克服自身弱点的有效举措。

三、为什么选择当教师：学生时代教师的影响机制

研究者长期深入一线，在与中小学教师密切接触的过程中发现了一个有意思的现象：有些教师是因为读书时受到自己老师的影响和感召而选择当教师，这样的教师大多深受学生喜爱，是学生心目中的好教师。这一现象引起了研究者的兴趣。检视相关文献，在教师专业发展的相关研究中、在教师传记中、在媒体报道中，这一现象或多或少都有所提及。就国外而言，早在1975年，美国学者劳蒂（Lortie）就在其著作《学校教师：社会学的研究》（*School Teacher：A Sociological Study*）中敏锐觉察到这一现象，并创造性地通过"学徒观察"（apprenticeship of observation）这一概念，揭示了学生时代的经历对教师职业的影响："教师从中小学时代开始，即对自己老师的课堂教学进行了上万个小时的观察，通过对教师角色宏观感知和教学活动的耳濡目染，这当中有很多有意无意的'见习'机会，尤其是在那些印象深刻的老师的课堂上……这种'学徒观察'的经历使得现在的教师倾向于模仿自己的中小学老师在课堂教学中所采用的方法。"[1]20世纪80年代，费曼-南姆瑟（Feiman-Nemser）通过研究进一步指出，进入师范教育前所形成的"前科学"的教育教学知识、观念甚至一直迁延到教师的正式执教阶段，这一阶段对教师专业发展所产生的影响，即使正式

① Lortie D. School Teacher：A Sociological Study [M]. Chicago：The University of Chicago Press,1975.

的师范教育也难以匹敌。^① 20 世纪末,哈里斯(Harris)在对 150 名准备做教师的大学生调查后发现,有 120 人能够对自己难忘的教师做出生动的描述,31 人提及的是幼儿园至小学五年级的教师,55 人提及的是中学教师。尽管这些教师给他们留下深刻印象的原因有所不同,但都毫不例外地成为他们今后做教师的典范。^② 保罗(Paul)、克里斯坦森(Christensen)和法尔克(Falk)则利用"虚拟写信(不寄出)"的方式,让师范生回忆自己的老师,以帮助他们看到他们的"自我"、他们的信念和价值观如何进入他们将要成为的"教师"。^③ 有关教师动机的研究也指出,学生时代的求学经历对中小学生的未来职业选择有一定的影响,有的指向了选择教师作为职业。^④ 而且,学生时代所确立的从教信念"像过滤器一样会对后续经历进行筛选"^⑤。国内的一些教师传记、媒体报道以及相关研究中对此也有所涉及。北京大学附属中学特级教师张思明对此就深有感触,在传记中特别强调那些教过自己的老师"影响了我",让他"继承了不少做教师的经验和传统"。^⑥ 全国"最美乡村教师"魏庄蓉在媒体报道中表示,自己也是受小学老师牟方应的影响,7 岁时就立志当小学教师。^⑦ 有全国知名校长在接受访谈时明确指出:学生阶段从重要教师身上习得的经验对成就优秀教师贡献最

---

① Feiman-Nemser S. Learning to teach[M]//Shulman L S, Sykes G. Handbook of Teaching and Policy. New York, London:Longman,1983:150-170.

② Harris S. Remember our first love [J]. Educational Leadership, 1999(8):76.

③ Paul J L, Christensen L, Falk G. Accessing the intimate spaces of life in the classroom through letters to former teachers:A protocol for uncovering hidden stories[M]//Paul J L, Smith T J. Stories out of School:Memories and Reflections on Care and Cruelty in the Classroom. Stamford: Ablex Publishing Corporation,2000:16.

④ Kyriacou C, Coulthard M. Undergraduates' views of teaching as a career choice [J]. Journal of Education for Teaching, 2000(2):117-126.

⑤ Elana J, Anthony J G. Preservice teachers' prior beliefs: Transforming obstacles into opportunities [J]. Teaching and Teacher Education, 1998(2):175-191.

⑥ 张思明. 用心做教育[M]. 北京:高等教育出版社,2005:30-35.

⑦ 李斌辉,李诗慧.新生代优秀乡村教师主动入职动因与启示——基于全国"最美乡村教师"事迹的质性研究[J].教育发展研究,2018(20):25-33.

大，关键在于该阶段的指向性作用，可以影响学生人生路径的选择，使学生走上教师的职业道路。① 新近两项关于班主任的研究中，也都对这一现象进行了描述。有研究通过对教育自传的文本分析，指出曾经的班主任对师范生当初选择师范专业会产生一定的影响。② 有研究通过自我叙事的方式，发现师范生在回忆自己高中班主任时这样说道："在她身上我看到了责任、认真、爱心等美好品质，她的这些品质也在影响着我，使我朝着她的这个方向努力。"③不难发现，国内外学者都认识到学生时代教学活动中的耳濡目染对选择从教的影响不容忽视。不过，这一话题并没有引起应有的重视，大多将其作为相关研究的附属问题进行讨论，缺少专门而深入的研究，这在我国表现得尤为明显。

中共中央、国务院《关于全面深化新时代教师队伍建设改革的意见》明确指出，要"形成优秀人才争相从教、教师人人尽展其才、好教师不断涌现的良好局面"。"师范生的入口决定着教师队伍的质量，是培养好教师的关键一步。"④结合上述分析，若是将学生时代受到自己老师影响进而选择从教的机制揭示出来，可以从源头上为好教师不断涌现创造可能。问题在于，究竟应该如何看待这一现象？这一现象背后是否有规律可循？若的确有规律可循，这种规律对当前的教师队伍建设又有怎样的启示？在本书看来，研究受学生时代因教师影响而选择成为教师这一现象，对教师职业具有独特的重要价值：曾经的学生现在成为教师，这种研究不仅有助于拓宽教师专业发展的时间维度，把教师发展的生长原点向前推到学徒观察时代，提供机会让"现在的教

---

① 杨晓梦.我看"大国良师"：领航校长眼中的中国好教师[J].中小学管理，2018(9)：5-7.

② 于川，窦迎春，霍国强.师范生眼中的"好班主任"具象研究——基于教育自传的文本分析[J].教师教育研究，2020(4)：122-128.

③ 张聪，白冰.最难忘的高中班主任——师范生自我叙事及其班主任信念机制建构[J].教育科学研究，2016(11)：63-68.

④ 汪明帅.发现"教育天赋"：改进教师教育的另一种视角[J].教育发展研究，2014(Z2)：61-67.

师"反思自己的成长历程,更有助于让"现在的教师"站在"曾经的学生"的立场来反思如何做教师。

(一)教师选择从教影响机制的研究思路

为了研究上述问题,下文研究特以中国东部地区沿海城市一个区(简称 YZ 区)的全体中学教师为研究范畴。近年来,YZ 区围绕"教育现代化"的发展目标,着眼"品质教育"的发展定位,大力实施"名校强师"发展策略,着力建设区域基础教育品质示范区,努力打造公平而有质量的教育。笔者希望通过这样一个区域的全体初中教师作为样本,从而使得该研究具有一定的代表性。YZ 区下辖 12 个街道、9 个镇,总面积 817.1 平方公里,常住人口 143.4 万。全区现有各级各类校(园)238 所,在校(园)学生 13.7 万人,在职教师 1 万余人,其中在编教师近 7000 人,初中教师 1709 人,这 1709 名初中教师为该研究的研究对象,其基本情况如表 2-1 所示。

表 2-1　YZ 区初中教师的基本情况一览

属　性	类　别	数　量/人	百分比/%
性　别	男	531	31.1
	女	1178	68.9
教　龄	0—3 年	150	8.8
	4—7 年	305	17.9
	8—15 年	385	22.5
	16—23 年	512	30.0
	24—29 年	356	20.8

续　表

属　性	类　别	数　量/人	百分比/%
职　称	未评级	147	8.6
	初　级	369	21.6
	中　级	696	40.7
	高　级	497	29.1
职　务	校长及副校长	59	3.5
	中层领导	199	11.6
	普通教师	1451	84.9

　　确定了研究范畴之后，共开展了三轮研究。第一轮研究主要从"重要他人"的角度明确这些当事人选择成为教师的原因。"教师如何理解、解释并实践自己的教学工作，与其所处的社会文化大环境密切相关，各种结构性力量不仅会限制而且会促进他们对专业发展主动寻求或消极抗拒的态度。"[1]这些结构性力量尤其体现在身边的人身上。人有归属的需要，个人的发展与和他直接或间接进行交往的其他人都息息相关，家人、朋友、师长、同学等"重要他人"对职业选择会产生重要影响。南姆瑟通过研究指出，教师的社会化在相当大的程度上受到学生与教师以及其他重要的成人关系的影响，成为一名教师在某种程度上是一个尝试变成儿童时代重要他人的过程或者努力去复制早期童年关系的过程。[2] 这为我们从"重要他人"的角度确定学生时代选择成为教师的影响因素提供了借鉴。作为社会化的主要因素之一，吴康宁教授将"重要他人"分为两类：第一类是互动性"重要他人"，是学生在日常交往过程中认同的"重要他人"。第二类是偶像性"重要他人"，

---

①　陈向明.优秀教师在教学中的思维和行动特征探究[J].教育研究，2014(5)：128-138.

②　Feiman-Nemser S. From preparation to practice：Designing a continuum to strengthen and sustain teaching [J]. Teachers College Record，2001(6)：1013-1055.

是因受到学生特别喜爱、崇拜或敬佩而被学生视为学习榜样(或楷模)的具体人物。[①] 为此,在第一轮研究中,我们主要从"重要他人"的角度让这些当事人回答"选择教师职业的影响因素"这一问题。

　　第二轮研究主要探索学生时代受到教师影响而选择从教的原因以及心路历程。在第一轮研究的基础上,我们从"主要受到教师的影响"的选项中,根据职称这一变量,每个职称类别随机抽出男女教师各一名,兼顾了学科等变量,共选取了八名教师作为访谈对象(如表 2-2 所示)进行访谈。访谈的问题包括:(1)哪位(些)教师对您的从教选择产生了重要影响? (2)您眼中这位(些)影响过您从教选择的教师是怎样的? (3)这位(些)教师是怎样影响到您的职业选择的? (4)回头看,您对这一现象有怎样的思考? 通过这些问题,笔者尝试分析学生时代教师影响从教选择是如何发生作用的,试图揭示背后的规律。

表 2-2　受访教师基本信息

职称类别	性　别	学　科	受访教师编码
未评级	男	语　文	H^1-1-1-Y
未评级	女	体　育	Z^1-2-1-T
初　级	男	英　语	W-1-2-Y
初　级	女	科　学	L-2-2-K
中　级	男	数　学	H^2-1-3-S
中　级	女	语　文	Z^2-2-3-Y
高　级	男	数　学	C-1-4-S
高　级	女	英　语	F-2-4-Y

　　注:编码方式为受访者姓氏首字母-性别-职称-学科;若受访者姓氏首字母相同,则用上标的方式区别。

　　第三轮研究在第二轮对八位个案教师进行访谈的基础上,对所选

[①]　吴康宁.教育社会学[M].北京:人民教育出版社,1998:244-247.

择访谈个案教师的学生、学生家长、同事、领导等相关人员进行随机访谈，以期尽可能全面地反映出个案教师的工作情况。

这三轮研究环环相扣，第一轮研究对选择从教原因的回答，为后续分析受到学生时代教师影响而选择从教的那些研究对象提供了抽样的范围，第二轮研究又与第三轮研究共同为全面反映个案教师的工作情况提供了资料，而对这些个案教师当前工作情况的调查又反过来为分析学生时代教师的影响机制提供了新的角度。需要交代的是，该研究访谈资料处理主要通过结构图、表格等各种分析手段，将原始资料不断浓缩为一个有一定结构、条理和内在联系的意义系统。[1]

(二)学生时代教师影响机制透视

1. 学生时代教师的影响是选择从教的重要因素

针对第一轮研究，对研究对象的回答进行分析整理，结果如表 2-3 所示。

表 2-3　选择教师职业的影响因素分析

影响因素	人数/人	比例/%
主要受到家人的影响	370	21.65
主要受到同伴的影响	142	8.30
主要受到教师的影响	426	24.92
主要受到榜样人物的影响	107	6.26
其他(自然而然地选择了当教师等)	664	38.87

统计结果显示，相较于"其他"这一选项，主要受到"重要他人"的影响而选择从教的占到 61.13%，这表明"重要他人"确实是这些研究

---

① 陈向明.质的研究方法与社会科学研究[M].北京：教育科学出版社,2003：273.

对象选择从教的重要影响因素。就"重要他人"的细分而言,可以发现,"主要受到教师的影响"比重最大,占到了 24.92%,紧接着就是"主要受到家人的影响",占到了 21.65%。同伴和榜样人物的影响也占到了一定的比例。由此可知,教师对学生的职业选择会产生一定的影响,尤其体现在从教方面。

需要指出的是,在现实情况中,这些因素可能会共同起作用,只是有些因素可能属主导性的。有个个案教师的故事就很典型:

> 我在三年级开始就确定了当老师的志向。这与我当时遇到赵老师是不分开的。赵老师教我们语文,她人很温和,书教得也好,朗读字正腔圆,极具感染力。在她的课堂上,我学习得很开心。那时候我们开始写小作文了,可能我的文字表达还不错,记得第一次作文课,这位老师就把我的作文作为范文在全班同学面前朗读,表扬我字词用得好、主题很突出之类的。这让我有点受宠若惊,也沾沾自喜。那时候,有一次周末,我在我姐姐工作的工厂待了一天,目睹了姐姐一天的工作经历。看着姐姐一直重复着和机器打交道,我觉得这种工作太枯燥、太可怕了。我觉得学校的生活可有趣了,每天的生活多姿多彩,富有变化,还有寒暑假,和姐姐的工作形成鲜明的反差。应该就是那次经历,让我一下子萌生了未来当老师的念头。记得当时有一次写一篇"我的理想"作文时,我就毫不犹豫地写了长大了要做一个好老师,像我的语文老师那样。(H^2-1-3-S)

在这个个案中,赵老师和姐姐都对个案教师从教选择产生了影响,因为赵老师书教得好、表扬个案教师,让个案教师对校园生活产生了浓厚的兴趣;而目睹姐姐工作的情形,则强化了个案教师从教的决心。

2.这种影响作用发挥背后有一定的规律可循

通过对八名个案教师访谈资料的系统分析可知，主要受到学生时代教师的影响而选择从教，这种影响作用发挥并非不可捉摸，而有一定的规律可循。

如图 2-1 所示，首先，能够给学生的职业选择产生影响且指向教师职业的教师，往往都是"我"心目中的好教师，这是影响产生的前提。具体而言，"我"会对这些教师产生明确的"对我好"或（和）"我喜欢"的感受。其次，通过一定的契机，这些"我"心目中的好教师让"我"对教师职业产生了积极的认知，主要体现在职业认知和个人认知两个方面。这是影响产生的关键一环。最后，积极的教师职业认知，触发了"我"的从教动机，坚定了"我"的从教信念，使得影响得以真正发生。

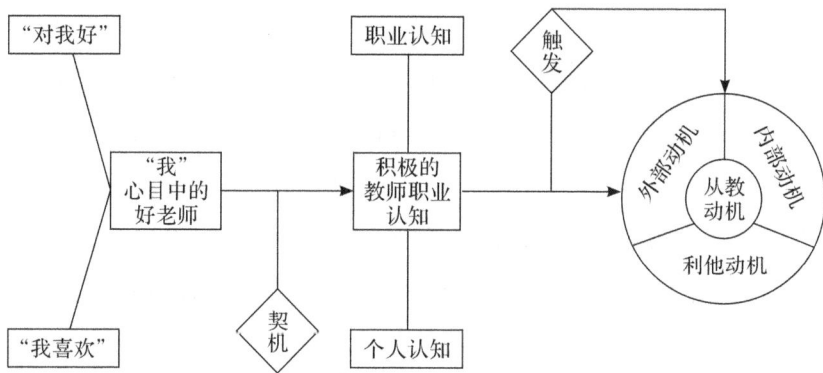

图 2-1　学生时代教师影响下选择从教的机制

对学生从教产生影响的教师大多是学生心目中的好教师，这是影响发生的前提。在这八位受访者看来，能够对自己从教产生影响的教师身上各有各的优点，都是自己心目中的好教师。谈及对影响自己选择从教教师的印象时，访谈整理如表 2-4。

表 2-4　受访教师谈及影响自己选择从教教师的印象汇总

受访教师	影响自己选择从教教师的印象
H[1]-1-1-Y	胡老师上课总是充满激情,让我们深受感染
Z[1]-2-1-T	我六年级的李老师人非常好,很风趣,我们都很喜欢他
W-1-2-Y	王老师教学很有一套,在他的课堂上,他能够将语文知识与我们的生活联系起来,我们都觉得很有趣。正是在王老师的教导下,我逐步对语文产生了浓厚的兴趣
L-2-2-K	吴老师对教学工作非常热爱……能够平等公平对待学生,我们很喜欢他
H[2]-1-3-S	我们小学语文老师赵老师朗读字正腔圆,极具感染力
Z[2]-2-3-Y	曹老师的人格、迷人的教学风格,让我萌发了做他那样教师的愿望
C-1-4-S	我的班主任老师真是特别好、特别关心我们的一个好老师,让我真的感受到了温暖
F-2-4-Y	张老师的学识、人品、人格魅力,成为我心目中永远亮丽的风景线

具体分析可知,在这些访谈资料的背后,隐含着这些教师的两个基本特点:一方面,人很好,平等对待每一个学生,有人格魅力,善良、幽默、有才华、温文尔雅,等等;另一方面,这些教师对所教学科的积极态度,以及对学科教学的方法,让学生深受感染。需要指出的是,"重要他人"对教师从教的影响存在"理性和非理性的同构现象"[1]。学生对教学工作的了解是直觉的、模拟的,而不是明确的和分析性的,他们更多关注教师对学生的关心与热爱、耐心与热情等,而极力降低教师的学术性维度。"师范生认为好的老师是那些讲课风趣、联系实际且对学生关爱有加的老师……学生认为最有效的教师是那些热情友善、英俊风度、能激发学生兴趣的老师。"[2]可以说,这样的好教师,才有可能触发学生从教的动机。正如有研究所指出的那样:"记得上小学时,我们学校有一位女老师非常有魅力。她很漂亮,很优雅,也很有个性,

① 何大安.选择行为的理性与非理性融合[M].上海:上海人民出版社,2006:前言.
② Holt-Reynolds D. Personal history-based beliefs as relevant prior knowledge in course work[J]. American Educational Research Journal,1992(2):325-349.

同学们都很喜欢她。有时候，我们会偷偷模仿她，学着她说话的语气、走路的样子。"①

　　进一步分析可知，能够对学生从教产生影响的教师，还不止这些一般意义上的好，还要体现在与自己的联结上，让当事学生有了明确的"对我好""我喜欢"的感受。这种感受往往来自某些关键事件，比如对当事学生额外的关心和帮助："我二年级的张老师非常和善……我是插班生，她明显感受到我的不安和担心，经常花时间和我谈心，给我更多的关照，让我逐渐适应了新班级。"（F-2-4-Y）"我性格比较内向，但是吴老师比较喜欢我，在上课时总是对我投来鼓励的目光。"（L-2-2-K）比如对当事学生的肯定与赏识："有一次，我写的一篇作文被赵老师作为一个范本，当着同学们的面大声朗读，并告诉同学们这篇文章为什么好，让我受宠若惊。"（H²-1-3-S）比如让当事学生有了更多的成长："胡老师把自己的藏书借给我们回家阅读，还和我们分享他在大学里的故事，让我们看到了一个完全不一样的世界。"（H¹-1-1-Y）"我不是淘气包，成绩也不错，但就是没什么目标。王老师让我意识到，我可以成为一个独一无二的人。来自王老师的鼓励，让我找到了新的方向。"（W-1-2-Y）这些关键事件让个案教师因为相关教师而对整个教师工作产生了积极的情绪。

　　通过一定的契机，这些教师让当事学生对教师职业有了积极的认知，这是影响发生的关键一环。教师对学生产生触动，并不必然指向学生的职业选择，更不必然指向将来选择教师作为职业。通过访谈显示，之所以受到学生时代教师的影响而坚定从教的信念，萌生了要成为像教师一样的人的想法，关键在于这些教师让当事学生对教师职业有了积极的认知，进而触发了他们的从教动机。从教动机反映了其对

---

① 谭静.好教师是什么样子[J].中小学管理,2012(8):32-34.

教师职业的认同程度,是支配一个人从教的"深层指令"和关键一环。具体而言,对教师职业的积极认知,主要表现在两个方面。

一方面在于对教师职业的认知,在自己教师的影响下认识到教师职业的积极方面。不少教师表明认识到教师职业能够改变很多人,很崇高:"受到胡老师的感染,我就觉得教师职业很高尚。"(H[1]-1-1-Y)"我也想像吴老师那样,能够改变很多人。我不单单是要给学生讲知识,也要关心他们的生活。"(L-2-2-K)"我经常问自己,怎样才能以同样的方式改变其他人? 我发现,教书成了我回报我的老师,并使更多的学生发生改变的重要方式。"(Z[1]-2-1-T)也有部分教师认识到成为教师是不错的选择:"曹老师很优雅,每天工作都很从容,让我很羡慕。"(Z[2]-2-3-Y)"看着李老师工作的状态,我特别向往。"(Z[1]-2-1-T)进一步追问可知,当事学生认识到当教师是不错的选择,背后与教师工作的稳定、福利等因素相关:"我父母为了谋生,要到很远的地方务工,还挣不了多少钱,我觉得当老师是一个不错的选择。"(Z[1]-2-1-T)这一发现与国际上的一些研究不谋而合。相关研究发现,工资、工作安全、职业地位等外部动机是发展中国家职前教师的主要入职动机,如文莱、津巴布韦、斯洛文尼亚、牙买加等国。[①]

另一方面在于对个人的认知,感受到自己与教师职业的某种联结。有的重塑了自我认同:"遇到王老师后,他发现我演讲很有天赋,就推荐我到学校的演讲队。这给我打开了一扇窗。在演讲队里,我挖掘了自己的演讲天分,也开始萌生了以后当一名教师的想法。"(W-1-2-Y)有的发现自己某些特长适合做教师:"六年级的数学课上,让我第一次对未来的职业有了自己的想法。事情是这样的,在掌握了基础知

---

① Watt H M G, Richardson P W. Motivations, perceptions, and aspirations concerning teaching as a career for different types of beginning teachers [J]. Learning and Instruction,2008(5):408-428.

识之后,上课就让我觉得索然无味。这时候,班主任和我商量,让我帮助一名处在苦苦挣扎处境的学生。接受了这个任务后,我逐渐发现帮助别人真的让人感到很满足。"(C-1-4-S)有的对教师职业有了期待:"在胡老师的影响下,我就萌生了当老师的想法,希望自己成为老师以后,不单单是要给学生讲知识,也要让他们感受到生活的阳光。"(H[1]-1-1-Y)

　　对教师职业产生了积极的认知,进而触发了他们的从教动机,使得影响得以真正发生。动机(motivation)是指引起个体活动,维持已引起的活动,并且引导该活动朝向某一目标的内在历程。[①] 教师的从教动机反映了其对教师职业的认同程度,这是教师能够持续终身发展的主要动力来源。荷兰学者博斯蒂克(Bastick)曾对选择当教师背后的动机进行分析。在他看来,内在动机、外在动机和利他动机是影响教师职业选择的最重要的三组原因。[②] 布鲁克哈特(Brookhart)和弗里曼(Freeman)则指出,尽管 20 世纪 90 年代以前的研究者所采用的测量工具有所不同,但研究结果均表明,利他动机和内部动机一直都是教师的主要入职动机。[③] 在研究中发现,这些教师从教动机具有显著的多重性特征,内在动机、外在动机和利他动机或多或少都存在。与上述有关教师职业认知一脉相承,有的受访者通过与教师的互动,认识到自己身上的某些特质与教师职业相契合,这一点体现了内在动机;有的受访者认为做教师是一件幸福的事情,这一点显然受到了外在动机的影响;还有的受访者意识到教师是一份崇高的职业,能够改变很多人,将教师当作一种有社会价值的职业,这无疑是利他动机的

---

① 田里. 发展中国家教师动机研究现状与策略推荐[J].外国教育研究,2014(4):30-40.

② Bastick T. Why teacher trainees choose the teaching profession: Comparing trainees in metropolitan and developing countries [J]. International Review of Education,2000(3-4):343-349.

③ Brookhart S M, Freeman D J. Characteristics of entering teacher candidates [J]. Review of Educational Research,1992(1):37-60.

体现。这也与上海教师教学国际调查结果一致：对上海教师而言，稳定的职业发展道路、影响儿童和年轻人、工作稳定以及为社会做贡献是教师从教四个最为重要的原因。[①]

3. 受这种影响而选择从教的教师更受学生欢迎

结合个案教师以及相关人员的访谈资料可知，受到学生时代老师的影响而选择从教的那些教师，大多能够薪火相传，在后续的教学工作当中表现优异，普遍受到学生的欢迎，又成为自己学生心目中的好教师。透过资料分析，可以发现主要有以下两方面的因素起作用。

一方面，这些教师在工作过程中往往有更多的投入。教师积极投入工作是保障教育教学质量的重要前提。研究表明，受到学生时代老师的影响而选择从教的那些教师，大多愿意花更多的时间和精力琢磨教学。有学者研究认为，工作投入表现为活力、奉献和专注三个层面，活力是指个体在工作中具有较高的能量和复原力水平、愿意付出努力、不易疲惫、面对困难时能够坚持；奉献是指一个人从工作中获得意义感、对工作富有热情并感到自豪、被工作激励与挑战；专注是指个体完全地、快乐地投入工作，以至于没有感到时间飞逝并忘记了周围的一切。[②] 在访谈中，经常听到受访者对个案教师做出如下的描述："L老师经常琢磨教学……""Z老师工作非常认真负责。""F老师经常加班加点，并且乐此不疲。""W老师是一个有办法的好教师，不管遇到什么困难和挫折，都能够想出解决问题的办法。"有一个案教师的说法比较典型：

我之所以成为一名教师，是因为在我的成长过程中遇到了非

---

① 朱小虎，张民选.教师作为终身学习的专业——上海教师教学国际调查结果及启示[J].教育研究，2019(7):138-149.

② Maslach C, Schaufeli W. Job burnout [J]. Annual Review of Psychology, 2001(1):397-422.

常出色的教师，是他们把希望照进了我灰暗的人生。因此，对我来说，教书就是一种责任、一份传承的职业，我要尽力帮助我的学生实现他们的人生理想。这种使命感让我的职业生涯变得有意义。（C-1-4-S）

可以发现，教师的工作投入与教师从教动机有密切的关系。教师动机除了能够激励教师从事教学工作，还能够激励教师终身致力于教学事业。事实上，这样的态度和做法在其他教师身上也得到了印证。最美乡村教师郁雪群在解释自己每天放学后主动用 40 分钟辅导留守儿童作业这一行为时这样说道："很庆幸当年能遇到黄之山、郁仁鸿老师，他们像家人一样陪伴在我身边，我也决心像他们一样，给留守儿童更多关爱。"[1]

另一方面，这些教师更容易站在学生的立场反思如何当老师。教师的职责是教书育人。"教师育人能力是综合性、统整性的能力，其指向学习者完整生命的成长与发展，是教师能力的硬核、灵魂和基石。"[2]可以说，如何对待学生进而如何育人，是评判教师好坏的重要依据。"早期受教育经验不仅影响着教学实践中的思考和行为，还影响他们如何诠释教师。"[3]罗斯（Ross）的研究也发现，职前教师会以其所经历的某位教师的品性与实践特点为榜样，作为自己想要达成的理想形象或模型。[4] 资料显示，受到学生时代教师的影响而选择从教的那些教师，也更容易站在学生的立场反思如何当教师。正如有个案教师所

[1] 郑晋鸣，范雪强."拼命三娘"的"向日葵梦想"[N].光明日报，2013-07-12(4).

[2] 刘鹏，陈晓端，李佳宁.教师育人能力的理论逻辑与价值澄明[J].教育研究，2020(6)：153-159.

[3] Pajares F M. Teachers' beliefs and educational research：Cleaning up a messy construct[J]. Review of Educational Reseach，1992(3)：307-332.

[4] Ross E W. Teacher perspective development：A study of preservice social studies teachers[J]. Theory and Research in Social Education，1987(4)：225-243.

说:"在张老师的鞭策和鼓励下,我逐渐适应了新的学习环境,并逐渐坚定了从教的信念。如今,在自己的课堂里,就像那些支持过、鼓励过我的老师一样,我也一直努力给学生们以知识、热情、信心和希望。"(F-2-4-Y)进一步分析,一种做法是从教育观念上站在学生的立场反刍如何当教师:"读书的时候,相较于我的语文,我的数学并不好。我的班主任对此并不在意,而是鼓励我。后来自己当老师了,我也并不刻意要求每个学生都喜欢语文,都要成为文学家,而是理解、鼓励和尊重学生的个性发展,让学生知道语文有用。"(C-1-4-S)另一种做法是从具体做法上站在学生的立场反刍如何当教师:"在教学的过程中,我也会不自觉地模仿自己老师的做法,比如学生上课打瞌睡,我会下意识地去想'这个学生为什么上课没精神,是不是遇到什么问题了'。实践证明,这样的做法让我的师生关系融洽很多。"(W-1-2-Y)

(三)学生时代教师影响机制对教师择业的启示

"深受学生欢迎是好教师的重要指标。"[①]基于从教动机的考察为培养更多深受学生欢迎的好教师提供了另一种可能。要提升教师队伍的质量,吸引高水平人才进入教师队伍是第一步。为了培养更多受到学生爱戴的好教师,我们尤为需要审慎对待教师成长过程中学生时代教师对学生入职动机的影响,因为这是教师基于个人成长经历对外部培养进行"内化"的必然媒介。为此,我们特别需要重视学生时代教师的影响对教师择业的积极作用。

教师角色的社会化过程并不是从师范生接受教师教育开始,而是从其踏入校门成为学生的第一天便已经发生。教师的学生经历对于

---

① 汪明帅.好教师的关键特征——2003—2012 美国年度教师解读[J].教育发展研究,2012(24):4-53.

怎样当教师这一问题已经形成了丰富的经验体认，对以后的专业发展有重要影响。"基于对过去教师的记忆，师范生在接受教师教育之前，头脑中已经具备了非常具体的、立志成为的理想教师影像。"[①]问题在于，长期以来，教师教育工作者、政策制定者和用人机构普遍忽视中小学教育为人们提供就业准备的可能，这种忽视对于公立学校教师的影响尤为严重，因为对于那些走向讲桌另一边的人来说，求学时代的参与对其职业生涯有着不可替代的影响。可以说，在很大程度上，作为一名学生就像在教学工作中当学徒，学生和教师进行着长时间的面对面而且是具有重要影响的互动。因此，我们尤为需要正视曾经做学生的经验，重视早期受教育经验及其影响。对早期学生的学习经历进行探查是教师教育的重要起点，他们业已形成了有关教育、学校、教师和教学的假设，以一种特殊的方式开启了教师角色的社会化进程。教师作为学生多年的受教育体验使得其对教师职业非常熟悉，这些体验会持续地对其将来的工作产生影响。教师的教学常常受教师自身的经历影响，尤其是他们求学时代的经历影响。易言之，教师自身及其专业成长经历是非常重要的有待开发的教师培训课程资源。正如斯蒂尔瓦贡（Stillwaggon）和耶利内克（Jelinek）指出的，对教师的理解，是可以通过对我们自己所经历的老师的整体经验进行理解的。[②]当然，在这个过程中，我们需要对早期受教育经验进行批判性的利用。"如何分析并辨别早期受教育经验正向和负向功效，是化解长期困扰教师教育理论与实践关系难题的关键。"[③]

---

① Calderhead J. Knowledge structures in learning to teach[M]//Calderhead J. Teachers' Professional Learning. London: Falmer Press,1988:51-64.

② Stillwaggon J, Jelinek D. Legal, tender: The deferred romance of pedagogical relation in the paper chase [J]. Studies in Philosophy and Education, 2011(1):3-4.

③ 苗学杰. 学徒观察与学习教学——"先入之见"对师范生学习教学影响研究的三十年异域检视[J]. 外国教育研究,2014(7):36-46.

　　此外,该研究告诉我们,对学生从教产生影响的教师大多是学生心目中的好教师,而这些教师的"好"主要表现为具有高尚的道德情操,为人善良、真诚,富有个性,有人格魅力,温文尔雅。"学高为师,身正为范。"教师传递的不仅仅是知识,更是学生的人生导师。习近平总书记指出:"好老师应该是仁师,没有爱心的人不可能成为好老师。教育风格可以各显身手,但爱是永恒的主题。"①"做老师就要执着于教书育人,有热爱教育的定力、淡泊名利的坚守。"②因此,为了从根本上提升教师队伍质量,尤为需要注重师德,并为教师个性发展搭建平台。

　　① 习近平.做党和人民满意的好老师[N].人民日报,2014-09-10(2).
　　② 习近平.坚持中国特色社会主义教育发展道路 培养德智体美劳全面发展的社会主义建设者和接班人[N].人民日报,2018-09-11(1).

第三章 渗透机制：从日常实践中找到成长的助力

教师的行动与个人过去的生活历史密不可分，教师过去所发生的一切生活历史内容，都会慢慢发展成为足以支配教师日后思考与行动的"影响史"，对教师后续的经验选择与重组具有重要的影响。

——艾沃·古德森

　　无论是国外的研究还是国内的观点，大家越来越认同一个基本的观念：学校既是培养学生的场所，也是教师专业发展的基地。首先，教师专业发展需要拥有本专业共同的价值和经验。这些价值和经验包括对学生、对教师、对知识和实践的反思。因此，教师专业发展无法脱离具体的实践场景。在古斯基看来，教师专业发展秉承的是"实践优先"的原则：教师只有确定自己的教育教学实践是有效的，才会逐渐将其内化为自己的教育教学信念。[①]　其次，一个教师从不成熟的"新手"发展为一个成熟的"能手"，乃至成为"反映的实践者"，这一过程绝大多数是在实践中"在事上磨炼"而完成的。"教师的专业能力是在教学实践岗位中逐步形成并提高的，教师正是在学校环境中并与环境的相互作用中走向成熟的，这些环境为教师专业发展提供了土壤。学校作为教师主要的活动场所，具备切实了解教师个体发展需求的优势。"[②]因此，本章主要从师徒结对、日常生活中的"诱变事件"以及教研员对教师成长的影响这三个方面，进一步讨论教师成长的渗透机制，分析教师如何从日常实践中找到成长的助力。

---

　　① Guskey T R. Staff development and the process of teacher change [J]. Education Researcher，1986(5)：5-12.

　　② 胡惠闵.走向学校本位的教师专业发展：问题与思路[J].开放教育研究，2007(3)：51-55.

一、师徒结对与新手教师实践性知识生成研究

新手教师专业发展一直是教师专业发展领域的热门话题。"新手教师处于职业生涯的起始阶段,是教师专业发展过程中最具可塑性的阶段,因而也是教师专业发展的关键时期。"[①]与此同时,实践性知识是"教师专业发展的主要知识基础"[②],"影响着教师在教学实践中的个人判断、行为决策能力"[③],"能更好地反映教学的复杂性和教育实践中真正重要的事情"[④],"不仅指导着教师的日常行动,还影响着教师对理论性知识的学习和运用"[⑤],"其重要性甚至超过教师的学科知识"[⑥]。值得注意的是,"新手教师与成熟教师的知识差异主要在于实践性知识"[⑦]。因此,不断促进实践性知识生成,不断丰富实践性知识,是新手教师专业发展的重要诉求。

"理论知识的传播一直是教育事业的核心,人类对于理论知识的构建形式和传播方式都相对成熟。然而,对于实践性知识的传承和发

---

① Mintz J, Hick P, Solomon Y, et al. The reality of reality shock for inclusion: How does teacher attitude, perceived knowledge and self-efficacy in relation to effective inclusionin the classroom change from the pre-service to novice teacher year[J]. Teaching and Teacher Education, 2020(91):1-11.

② 陈向明,等.搭建实践与理论之桥:教师实践性知识研究[M].北京:教育科学出版社,2011:2-3.

③ 陈群波.专业发展视角下新教师的知识构成与生成[J].全球教育展望,2016(5):112-123.

④ Beijaard D, Verloop N. Assessing teachers' practical knowledge[J]. Studies in Educational Evaluation,1996(3):275-286.

⑤ 魏戈,陈向明.如何捕捉教师的实践性知识——"两难空间"中的路径探索与实践论证[J].教育科学研究,2017(2):82-88.

⑥ 陈洪捷.关于教师实践性知识研究的三点疑问[J].北京大学教育评论,2018(4):11-18.

⑦ 陈向明.实践性知识:教师专业发展的知识基础[J].北京大学教育评论,2003(1):105-108.

展，却鲜见有固定可行的模式。"[①]因此，有关"教师的实践性知识是如何在实际情境中获得的"以及"如何在实际情境中生成的"等问题有待深入探讨。[②]在为数不多的研究中，荷兰学者德瑞尔（Driel）、贝加德（Beijacrd）和沃勒普（Verloop）把提升教师实践性知识的途径概括为四个方面：（1）在"网络"中学习和发展（learning and professional development in network）；（2）同伴指导（peer coaching）；（3）合作的行动研究（collaborative action research）；（4）案例的使用（the use of cases）。[③]我国的陈向明教授基于教师主体、问题情境、行动中反思、信念这四个要素，构建了实践性知识的动态生成模型。[④]基于这些研究可知，一方面，实践共同体是教师实践性知识生成的重要土壤，在"网络"中学习和发展、同伴指导以及合作的行动研究，无不表明实践共同体是实践性知识生成的重要依托（媒介）。这一判断也得到相关研究的佐证："实践共同体作为教师专业发展的主要路径成为教师教育领域的强势话语之一，对于发展教师的实践性知识，提升实践智慧，培育教师合作文化等具有重要的价值。"[⑤]另一方面，实践性知识生成是一个在具体实践情境中不断建构的过程，陈向明教授的"实践性知识动态生成模型"就对这一属性进行了强调。师徒结对既暗合了实践共同体的要义，又对实践情境这一属性予以特别强调。据此，如何发挥师徒结对在新手教师实践性知识生成中的作用，就成了本节研究关

----

① 程乐华,黄俊维,谢扬帆.直通道模型——实践知识的提炼、共享和升华[J].自然辩证法研究,2010(10):101-107.

② 魏戈.西方教师实践性知识研究的旨趣变迁[J].比较教育研究,2019(10):45-51.

③ Driel J, Beijacrd D, Verloop N. Professional development and reform in science education: The role of teachers' practical knowledge[J]. Journal of Research in Science Teaching, 2001(2):137-158.

④ 陈向明,等.搭建实践与理论之桥:教师实践性知识研究[M].北京:教育科学出版社,2011:150-151.

⑤ 李子建,邱德峰.实践共同体:迈向教师专业身份认同新视野[J].全球教育展望,2016(5):102-111.

注的焦点问题。

师徒结对是我国中小学较为常规的一种校本教师培训模式,通常由学校安排经验丰富的优秀教师来担任新手教师的指导老师(师傅),与新手教师结对成子,通过传帮带,帮助新手教师适应学校教育教学工作,尽快成长起来。人们对师徒结对在促进新手教师专业发展中的作用都表示认可。帕尔默指出,基于实践的教师成长,一个不可或缺的去处就是"由教师同行所组成的实践共同体,从同事那里教师可以更多地了解我们自己和我们的教学"①。更重要的是,师徒结对在实践性知识生成中的重要性也逐渐被提及。格罗斯曼就曾明确指出,学徒观察(apprenticeship of observation)是教师实践性知识的重要来源。②问题在于,众多研究也指出,师徒结对的实际效果受师徒双方的教学水平、教学方式、个人性格影响,存在很大差异。更重要的是,作为教师实践性知识生成的重要媒介,师徒结对中新手教师实践性知识的生成路径到底是怎样的,鲜有深入而系统的探讨。基于此,本节研究聚焦师徒结对中新手教师实践性知识生成的来龙去脉,以期充分发挥实践性知识生成过程中师徒结对的重要作用。

(一)师徒结对促进教师专业发展的研究思路

1. 研究取向的确定

如上所述,师徒结对在教师实践性知识生成中的重要依据一方面在于其实践共同体的属性,另一方面在于师徒结对为教师实践性知识生成提供了具体实践情境。因此,为了考察师徒结对中新手教师实践

---

① 帕尔默.教学勇气:漫步教师心灵[M].吴国珍,等译.上海:华东师范大学出版社,2005:142-144.

② Grossman P. The Making of a Teacher: Teacher Knowledge and Teacher Education[M]. New York: Teachers College Press,1991.

性知识的生成,本节研究采取质性研究中的个案研究取向,拟以一所学校师徒结对的实际运作情况为个案予以展开,试图在自然情境中对新手教师如何在社会生态系统的互动中得以发展实践性知识进行描述和解释。

2.研究对象的选择

调查显示,"一对一"师徒结对是当前师徒结对的主要形式。不过,以"一对一"的形式确立的师徒关系存在一个很大的局限:常规的师徒关系潜在地增加了对新手教师的压力,师傅往往并不是新手教师在专业上的首选求助对象。相比之下,新手教师更乐意求助于与自己年龄相仿的教师、同一办公室距离相近的教师或其他在心理距离上更相近的教师。因此,"构建一种新型的师徒结对,以确保为新手教师的专业发展营造一个更有可能具有合作性,并更有可能进行专业上的交流也就十分必要了"①。这为我们选择研究对象提供了重要的启示。据此,本节研究中研究对象的选择主要遵循两条标准:(1)师徒结对是个案学校常规的教师专业发展途径;(2)所选择的个案学校不仅有常规的"一对一"师徒结对,还有师徒结对的创新形式。最终,我们所选择的个案学校是一所东部沿海城市的老牌重点小学,学校一直将师徒结对作为新手教师专业发展的重要抓手,形成了较为成熟的师徒结对模式;另外,学校不仅有常规的"一对一"师徒结对,还正在探索"多对多"师徒结对:聘请一些已经退休的特级教师、正高级教师,与学校其他教师一起,组成导师组,一起指导若干名新手教师。学校希望通过探索更多师徒结对的形式,更好地指导新手教师。

确定了个案学校之后,在对个案学校师徒结对的基本情况有了通盘了解的基础上,选择语文学科的两组师徒结对作为研究对象,一组

---

① 王建军.课程变革与教师专业发展[M].成都:四川教育出版社,2004:129.

常规的"一对一"师徒结对与一组由两名师傅(C 老师和 H 老师,C 老师是已经退休的特级教师,H 老师是该学校的语文高级教师)和四名徒弟(L、G、Z、S)组成的"多对多"师徒结对。研究主要以徒弟 L 为视角,以一个学年的师徒结对为单位,遵循师徒结对的内在逻辑,呈现了 L 所在的"多对多"师徒结对中,L 与师傅 C 老师、H 老师,以及同为新手教师的 G、Z、S 之间关于"课堂管理"这一实践性知识的生成过程。

3.资料的收集与分析

本节研究主要运用访谈、观察和实物分析的方式收集研究资料。访谈对象包括参与研究的两组师徒结对的所有成员。就观察而言,主要观察师徒结对相关的活动,包括与之相关的课堂教学。至于实物分析,主要是听课笔记、教案、教学反思,以及学校师徒结对的相关政策文本。实物的收集与分析可以为研究手段和分析视角的多样化提供可能性,同时还可与从其他渠道获得的材料相互补充和检验,提高研究的可靠性。

在资料的整理和分析的过程中,采用持续比较方法。[①] 首先,对资料内容进行系统梳理,提炼出与实践性知识生成有关的信息;其次,对提炼出的信息进行系统化、条理化处理,整合成几个核心主题;再次,将归属于同一个核心主题的信息进行概括,梳理成几个主要的核心观点;最后,将所有归属于同一个核心观点的信息聚合到一起进行分析整理,整合成不同的类别,对资料进行意义解释。

(二)师徒结对促进教师实践性知识生成的机制透视

研究显示,实践性知识生成一般都源于教师所遭遇的问题,在对

---

① Corbin J, Strauss A. Basics of Qualitative Research: Techniques and Procedures for Developing Grounded Theory [M]. Thousand Oaks: Sage Publications,2015.

具体问题解决的过程中实践性知识得以逐步生成。本案例中的 L 在教学过程中,也遭遇了一个棘手的问题,并在解决的过程中逐步生成实践性知识。

1.教师所遭遇的问题是实践性知识生成的源头

L 刚毕业不久,承担四年级两个班级(2 班和 4 班)的语文教学工作,由于是语文老师,学校还安排她做 2 班的班主任①。四年级 2 班是整个年级十个班当中比较差的班级,不仅成绩不好,纪律也十分糟糕。这样的班级让作为班主任和语文老师的 L 措手不及、一筹莫展:

> 读书的时候,我一直在努力提升自己的教学能力,觉得课堂教学才是硬道理,自己只要把教学这一块做好了,就能顺利站稳讲台。但没想到真正进入教室之后,最让我头疼的却是课堂管理问题。我在上面讲课,学生在下面开小差,有的学生还在我面前明目张胆地扔纸团玩闹……为了维护正常的教学秩序,我不得不中断教学。由于没什么经验,效果并不好。另外,一节课的不少时间都浪费在课堂管理上,没有办法完成自己预定的教学任务。这让我一筹莫展。(L 访谈)

与传统的"一对一"师徒结对不同,由于 L 处于"多对多"师徒结对之中,徒弟之间自然而然就有了交流的机会。为了解决这个问题,L 就主动向同为新手教师的 G、Z 和 S 求助。针对 L 的描述,G 对此很有同感,他强调教师一定要"镇得住"学生:

> 这些小孩子很调皮的,你首先要镇得住他们。我们都是新手老师,还不够有威信。你是女老师,性格温和,加上这个班本来纪

---

① 该小学的班主任安排采取一年级至三年级一循环,四年级至六年级一循环,四年级是重新安排班主任的节点。

律就不好,学生当然会"挑衅"你了。(观察记录)

G的话引起了大家的共鸣。为了"镇得住"学生,大家七嘴八舌讨论起来,S想起以前学过类似的知识——"冷处理"。有些学生上课捣乱是因为他们在寻求注意,对于这些学生采取"冷处理"的方式,让他们的"捣乱"行为失去"市场",一段时间以后,他们会觉得没意思,也就安静下来了。G和Z也根据自己的经验给L支招,比如对某些小问题就睁一只眼闭一只眼,比如边照常上课边用眼神、表情、手势等方式提醒违规的同学,等等。同伴提供的策略和情感上的支持让L逐渐找到了课堂管理的节奏。但好景不长,班上发生的一件事让L快崩溃了:

小Q是班上经常惹事的学生之一。这天上课的时候我问了一个问题,小Q很热情地举起了手并说道:"老师,我来我来。"小Q主动的态度让我很高兴:"好的,小Q你来回答问题。""我不会,哈哈哈……"其他同学被这突如其来的整蛊逗得跟着大笑起来,整个课堂一下子乱成一锅粥。这让我相当难堪。虽然我采取了"冷处理"措施,没有理会,而是让其他同学继续回答问题,但这件事情带来的冲击太大了,学生很难安静下来,课堂完全乱套了……(L教学反思)

小Q的例子在课堂教学中属于少发事件,但性质恶劣,影响深远,给L带来了极大的困扰,心态有点崩了:

这件事之后,从学生若无其事的眼神中,我感觉到班上的氛围更糟了。以前,他们还有所顾忌,给我这个班主任一点面子,但现在他们更加肆无忌惮了,看着我束手无策的样子他们就很开心。我每天进入课室都会有一种不安的情绪,不知道今天他们又会做出什么样的事来捉弄我,我甚至开始怀疑自己是不是适合做一名老师。好在有小伙伴们的支持,否则更难坚持了。(L教学

反思)

教师实践性知识是教师在对具体的教育情境的回应中发展起来的,通常起因于现实问题困境,由现实问题困境所触发。"教师在经历某些重要事件(特别是令他们困惑的问题情境)的过程中,会进行积极的'行动中反映'。"[①]L所遭遇的课堂管理问题虽然让其对自己是否适合做教师产生了怀疑,但是工作还得继续开展,L也得继续寻求解决问题的办法。需要指出的是,在这个阶段,"多对多"师徒结对中同伴对L给予的情感支持和策略供给是L得以继续寻求问题解决办法的动力之一。

2.在"多对多"师徒结对中生成聚焦课堂管理策略的实践性知识

就在这时,每隔一周周三下午的"多对多"师徒结对例会开始了。在例会上,L将这段时间自己在班级管理上遇到的问题、自己和小伙伴尝试的解决办法以及当下遇到的窘境和盘托出,向大家尤其是师傅们寻求帮助。经过讨论,两位师傅最终决定,四位新手教师不妨将困扰自己的问题变成研究的课题,比如L的课堂管理困扰,然后围绕这些问题,通过定期听课、评课、写反思日记以及读相关文献的方式开展带教活动,希望最终能够有效解决这些问题。师傅H老师解释道:

> L遇到的这种情况很普遍,我刚入职的时候也是这样过来的。不过,不同班级的学生是不一样的,不能一概而论,而且有些管理措施又是"可意会不可言传"的,比如他们所说的"镇得住",就过于笼统,也因人而异,因此这个阶段我们也无法给出明确的指导。若是我们现在就给出明确的操作步骤,很有可能出现生搬硬套的情况。这急不得。另外,因为我们"多对多"师徒结对也是

---

① 陈向明,等.搭建实践与理论之桥:教师实践性知识研究[M].北京:教育科学出版社,2011:63.

一种新的尝试,L遇到的问题倒是给我们的师徒结对工作开展提供了一个思路——基于问题解决的师徒结对,我们将徒弟遇到的问题转变成研究的课题,通过听课、研讨、讲座等方式,摸索出问题解决的办法。这样一来,每个徒弟各自研究各自的问题,然后我们在一起讨论交流,形成共享局面,说不定还能够产生"1+1+1+1>4"的效果。(H访谈)

波兰尼强调,与显性知识相比,缄默知识具有一个重要特征就是"不能以规则的形式加以传递"①。实践性知识一个重要属性就是缄默性,主要是在特定情境下通过正式和非正式的学习而实现的,传授无益于教师教学实践知识的生成。因此,师徒结对这一校本教师专业发展举措通过听课的方式,让新手教师在具体的情境中观察、体悟,反而有助于新手教师实践性知识的生成。在接下来的听课和研讨中,受到师徒结对的启发,L主要从以下两个方面开始着手课堂管理的改革。

一方面,调整学生座位,形成"作用区域"。在听课的过程中,L有了一个发现。在听课笔记中,L这样写道:

> 经过多次听课,我发现H老师的课堂上,那些调皮的学生往往都坐在教室的前面或者靠近老师的讲台。我就在想,这是H老师有意为之的吗?学生座位排列与课堂管理是不是有一定的关联呢?(L听课笔记)

"教师行动录像、录音、观察记录、个案、教案等都是一面面镜子,可以充分利用这样的资料树立多面镜子。只有这样,教师才能不断发现或看到自己在教育教学活动中存在的问题,这为进一步的行为改善

---

① Polanyi M. Personal Knowledge: Toward a Post-critical Philosophy[M]. London, Henley: Routledge & Kegan Paul,1958.

打下了基础。"①课后，L 向 H 老师请教座位排列的"奥秘"。H 老师说："比起坐在教室前面或靠近讲桌的学生，坐在教室后排或角落的学生更少机会与教师互动，因而这些学生上课更容易分心、捣乱。所以，我有时候会将那些平时比较容易捣乱的学生放在眼皮底下。"这番话给了 L 很大的启发。事实上，H 老师的这番话与 L 以前读过的与座位排列有关的"作用区域"理论不谋而合，但是当时并没有留意。H 老师的这番话，一下子激活了"作用区域"理论："秧田型"的座位排列，会形成师生交流的一个"作用区域"，这个作用区域从前排沿中间向后延伸，构成一个三角形区域。教师与这个区域里的学生距离较近，交流较为频繁、积极。② 因此，对教师而言，可以把有纪律问题的学生调整到这一特定区域内，以此来改善班级纪律问题。"在师徒带教前，师徒双方各有自己的实践性知识。这些知识分别来自教师各自以往的学习和经验，大部分是缄默的，即便可以明言，但也处于闲置状态。因此，需要帮助教师'看到'自己的实践性知识。"③听课就是帮助新手教师"看到"自己实践性知识的一种途径。于是，在师徒结对例会上，大家就座位排列与"作用区域"进行了研讨，并最终形成了这样的座位排列方案：以成绩与遵守纪律情况作为座位调整的主要因素，把平时成绩好、守纪律的学生安排在了前两排，而成绩中等的学生安排在后排，至于平时最喜欢捣蛋的学生，则将他们安排在教室中间的位置，方便自己时刻关注。此外，考虑到学生身高等因素，L 将调皮的学生和成绩好、守纪律的学生进行交叉排列，具体如图 3-1 所示。

这样排列座位就对课堂管理形成了一个"作用区域"。当然，这些

---

① 胡惠闵.如何在教研组活动中运用教师反思机制[J].全球教育展望,2003(2):60-62.

② 克里克山克,贝勒尔,梅特卡夫.教学行为指导[M].时琦,等译.北京:中国轻工业出版社,2003:351.

③ 陈向明.教师如何创生自己独特的知识[N].中国教育报,2010-01-22(3).

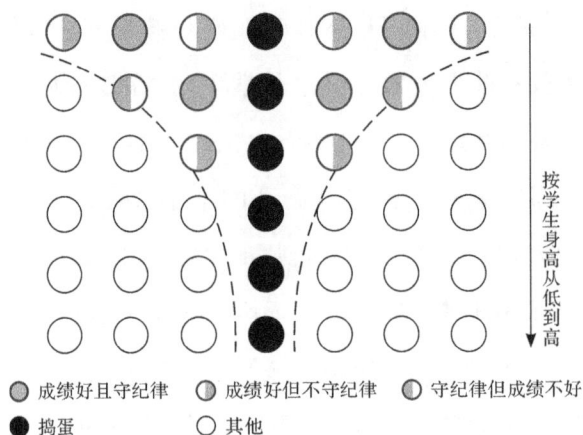

按学生身高从低到高

- ◓ 成绩好且守纪律　◒ 成绩好但不守纪律　◔ 守纪律但成绩不好
- ● 捣蛋　　　　　　○ 其他

图 3-1　调整后的班级学生座位

座位并非固定不变,L会根据学生的成绩和课堂表现,每两周做一次调整,形成新的"作用区域"。由于处于教师重点关注之下,个别出现轻微课堂违规行为的学生也能从教师的眼神和身体语言中体察到教师的用意,从而快速改正过来。这样的座位调整,逐渐对课堂管理产生了积极的效果。与此同时,交叉排列的方式,也产生了意外的收获:这些成绩好、守纪律的学生不仅成为课堂纪律问题的一道屏障,而且也给调皮的学生树立了榜样。这种意外的收获,让L意识到"榜样"在班级管理中的力量。

另一方面,表扬模范学生,发挥榜样力量。在后续的听课中,L有意观察师傅和其他新手教师如何在课堂管理中运用榜样。有一次,L听了Z的一堂家常课,这堂课给L留下了深刻的印象:

　　这次听课的时候,离我不远的地方有一个小姑娘,很文静,整堂课都很乖巧。好几次Z提问的时候,这个小姑娘都举手示意,但是Z可能是为了通过让开小差的学生回答问题来达到课堂管理的目的,而没有回应这个小姑娘。我注意到这个小姑娘的心情逐渐低落起来,看得我很不是滋味。这件事给我很大的震撼。Z

和我一样,关注的重点都放在不遵守纪律的学生身上,而对遵守纪律的学生关注不多。我是不是应该把一定的注意力放到表现良好的同学身上,表扬那些做得好的和遵守纪律的学生?（L听课笔记）

在"多对多"师徒结对中,徒弟大都处于同一个发展水平,听其他新手教师的课,犹如在看另一个自己,使得听课与评课具有了"反射"的功能,便于提高新手教师的自我认识与自我改进。听了Z的课,结合前段时间对于榜样的认识,L在后续的评课中,将自己上述反思说了出来。L的反思得到了C老师的回应：

> 这个想法挺棒的,我也经常借助给遵守纪律、表现良好的学生更多的机会,以此达到课堂管理的效果。这说的就是班杜拉的"替代强化"理论,大家都可以试试。（观察记录）

班杜拉的替代强化理论认为,"当老师对一个或一部分学生进行表扬时,其他同学就会增强自己出现理想课堂行为的频率或强度"[①]。通过后续观察师傅的课堂,L发现,在师傅的课堂上,与批评学生错误行为相比,表扬学生规范做法的效果往往更明显。于是,L开始在课堂管理中有意识地使用表扬的方法,几次尝试的效果都很不错。这让L很受鼓舞。

有了问题困境之后,实践性知识生成离不开当事人的行动中反映。"多对多"师徒结对为新手教师行动中反映提供了良好的平台：师傅和其他新手教师通过共情、示范、解释、点拨等诸多方式,不仅能够为L进一步框定问题,帮助L沿着正确的轨道前进,不断解决所面临的问题困境,还能够为L提供心理支持。这些帮助和支持,可以在极

---

① 江路华.新课程理念与课堂管理重构——基于一所小学的课堂观察分析[J].全球教育展望,2005(9):42-46.

大程度上帮助新手教师通过观察、反思、模仿以及在实践中进行试验，逐步生成阶段性实践性知识。值得一提的是，"教师行动中反映的一个关键点是教师能够在教学实践情境中激活原有的实践性知识"[①]。在本案例中，受惠于"多对多"师徒结对，师傅上示范课，加之指导、点拨，不断唤醒了L沉睡的"作用区域"理论知识，并在实践中加以检验。这些都有助于新手教师实践性知识的生成。

3. 从聚焦课堂管理策略走向追求契合学生心理特征的实践性知识

持续了一段时间以后，L的课堂逐渐规范起来，从最初的"无措"逐渐走向了"有序"的状态。不过，通过与师傅的课堂相比，L总觉得自己课堂上学生课堂纪律的遵守或是因为忌惮，或是为了表扬，流于表面。这种课堂一个重要的表征就是学生遵守规矩，上课的时候教室很安静，但学习积极性不高。这让L隐隐觉得不安。

随着"多对多"师徒结对活动的不断深入，C老师和H老师通过商量，决定结合徒弟们所研究的问题，在师徒结对活动中，加入专题讲座，让徒弟们在前期探索的基础上，对所研究的问题有一个系统的认识和升华。讲座由C老师和H老师担任主讲人。于是，C老师的讲座"班级管理漫谈"就诞生了。在讲座中，C老师围绕班级管理这个主题讲了很多自己的亲身经历，包括自己的做法、反思与改进。其中，C老师讲到"班级管理要与学生的实际情况结合起来"，让L印象尤为深刻：

> 课堂管理说到底还是为课堂教学服务的，课堂管理所期望的不是教师约束下学生遵守纪律，而是学生发自内心地认真听讲。只有学生上课认真听讲，课堂管理才算到位。（讲座录音整理）

---

① 陈群波.专业发展视角下新教师的知识构成与生成[J].全球教育展望,2016(5):112-123.

　　研究者也参加了这个讲座，L对讲座上这段话的复述一字不差，这表明这段话对L来说格外重要。"师徒制以转移隐性知识为主，师徒间的知识转移效果受师徒间的知识势差、师徒的知识收发能力等因素影响。"[①]这段时间以来，L的课堂管理主要关注学生在课堂上的纪律行为或秩序表现。问题在于，"课堂真正需要的是自觉的纪律，即儿童自觉自愿地遵守规则与权威而非强制性服从"[②]。赫尔巴特也说，"满足于管理本身而不顾及教育，这种管理乃是对心灵的压迫，而不注意儿童不守秩序行为的教育，连儿童也不认为它是教育"[③]。如何让课堂管理服务于课堂教学和学生学习，成为当下L重点关注的方向。在接下来的时间里，受到C老师讲座的启发，L主要做了两个方面的努力。

　　一方面，L认识到班级管理需要更多了解学生的实际情况，在充分了解学生的基础上进行班级管理。L这样说道：

　　　　师傅们对学生的情况如数家珍，包括他们的学习情况，性格喜好，因而在课堂上，不管是批评还是表扬，都能让学生心服口服，而我根本不了解这些孩子。（L访谈）

　　于是借助班主任身份的便利，L在家访的时候，将提前准备好的《学生情况调查表》委托家长完成，并将班上所有学生的《学生情况调查表》汇总起来，形成班上学生的大数据，加深对学生的了解。L还利用各种场合，向前任班主任讨教这个班的情况。随着对学生情况的日益了解，L在班级管理的过程中也逐渐有了预判。"及时预见并排除各种干扰课堂活动的不利因素，有效维持正常的课堂活动秩序，对于

---

　　① 李南，王晓蓉.企业师徒制隐性知识转移的影响因素研究[J].软科学，2013(2):113-117.
　　② 高洁.课堂教学组织管理行为中蕴含的价值教育及实践——以挑选学生举手发言为例[J].教育研究，2015(8):12-21.
　　③ 赫尔巴特.普通教育学、教育学讲授纲要[M].李其龙，译.北京：人民教育出版社，2002:17.

课堂活动的进行具有重要意义。"①

另一方面,L努力提升自己的课堂教学水平,让有趣的课堂成为课堂管理的撒手锏。L一直记得课堂管理的基本真理——有趣的课堂,只有课堂有趣,学生才能沉浸其中。H老师的一次公开课,让L更加坚定了这一信念:

> H老师的一堂课,节奏很流畅,学生听得津津有味,几乎不需要班级管理。与H老师相比,我的课堂教学还差得很远。这也在一定程度上影响了课堂管理。课堂管理与课堂教学犹如双螺旋齐头并进,这才是课堂管理的要义。我将注意力都放在学生身上,只关注学生的行为和表现,却很少反思自己教的行为和教的过程是否恰当。(L反思笔记)

正是聚焦于教学活动本身,才使得课堂管理的价值实现超越:超越了课堂管理对纪律、秩序、预设、进程的管控功能,拓展了管理对于教学予以服务支持的辅助功能,使得管理真正成为教学活动本体的有机构成,从而实现了教学活动与管理活动的合二为一。这与L一直以来信奉的"课堂教学是硬道理"不谋而合,是L关于课堂教学认识的再次回归,也是L关于课堂管理与课堂教学关系认识的不断深化。

实践性知识生成的深入程度,本质上取决于当事人对具体问题的认识水平。在"多对多"师徒结对中,多次听课、研讨、讲座以及阅读,不断丰富了L对课堂管理的认识和实践。L从起初对班级管理感到不知所措,到后来在师徒结对的帮助下,逐渐摸索出让课堂安静下来的办法,再到后来将班级管理作为课堂教学的有机组成部分,让学生发自内心地喜欢课堂。调整学生座位,表扬模范学生,这些措施之所

---

① 江路华.新课程理念与课堂管理重构——基于一所小学的课堂观察分析[J].全球教育展望,2005(9):42-46.

以会起到一定的作用,也是因为某种程度上契合了学生的心理特征,但远远不够。"作为一种科学管理方式,它一定是在学生个性充分发展的基础上寻求其高位平衡点与最大公约数,而非取其底线或基线来约束学生个性发展的上限。"①因此,如何寻求"在学生个性充分发展的基础上寻求其高位平衡点与最大公约数"成为 L 后来努力的方向。在"多对多"师徒结对的帮助下,L 逐渐摸索出在充分了解学生情况的基础上进行班级管理,让有吸引力的教学成为课堂管理的撒手锏。这些更契合学生心理特征的措施,不断改善 L 的课堂氛围,使 L 的课堂管理逐步走向成熟。

(三)师徒结对促进教师实践性知识的改进举措

本节研究围绕师徒结对中实践性知识生成这一问题展开。研究显示,通过"多对多"师徒结对,在师傅和其他新手教师的帮助、支持和鼓励下,L 逐渐加深了对课堂管理的认识,摸索出班级管理的门道。这项研究给我们带来了如下三个方面的启示。

1. 师徒结对是实践性知识生成的重要媒介

"教师实践性知识生成发展的关键和难点在于如何将内隐的行动中认识借助一定的工具和媒介外显、映射出来。"②师徒结对的优势在于基于教学实际情境,通过师徒相互听课、师傅带着徒弟一起听其他教师的课、师徒共同参与专业活动等诸多形式,帮助新教师在解决真实的教育教学问题中生成实践性知识。通过师徒结对,能更精准地发现新教师的问题和需求,也就能够更有针对性地提供指导,进而促进新手教师实践性知识的生成,成为新手教师实践性知识生成的重要

---

① 龙宝新.助推式课堂:课堂管理方式变革的新路径[J].教育发展研究,2018(18):37-44.
② 陈群波.专业发展视角下新教师的知识构成与生成[J].全球教育展望,2016(5):112-123.

媒介。

需要指出的是,师徒结对要发挥良好的作用,其前提是师徒双方都要有积极参与结对的意愿。坦申恩-莫兰等指出:"没有信任,一个老师可能更倾向于自我保护而不是为了更好地教学而创设和其他教师之间的关系。相反,彼此信任的教师更可能建立有效的合作,并对学生的学习产生真正的影响。"[①]对师傅来说,要将指导徒弟当作自己的责任,新手教师能否从这种合作关系中确有所获,以及能够有多大的收获,受到师傅个人因素的很大影响。不少师徒结对流于形式,很大程度上与师傅的指导意愿有关。本案例中,作为师傅的C老师和H老师,不但具备相当扎实的班级管理知识、丰富的师徒结对经验,并且基于实际情况构建了一种可行的"多对多"师徒结对的模式,而且对待徒弟更是知无不言,通过各种言述和非言述的手段(如示范、身体力行、口头讲解)对徒弟进行口耳相传、言传身教,对徒弟所取得点滴进步予以肯定和鼓励,这是新手教师实践性知识生成的重要前提。与此同时,"师傅领进门,修行看个人",徒弟要善于学习,善于反思,在实践中学会"悟"。波兰尼通过对师徒结对展开研究,对徒弟提出了这样的忠告:"好的学习就是服从权威。你听从你导师的指导,因为你相信他做事的方式,尽管你并不能分析和解释其实际效果。通过观察自己的导师,通过与他竞争,科研新手就能不知不觉地掌握科研技巧,包括那些连导师也不是非常清楚的技巧。"[②]实践性知识是在一定的语境中,行动者通过亲身实践来领悟缄默的群体或社会文化规则而逐步获得的。本案例中,L善于发现师傅的长处,虚心学习,细细地揣摩,并且

① Tschannen-Moran M, Hoy W K. A multidisciplinary analysis of the nature, meaning, and measurement of trust[J]. Review of Educational Research,2000(4):547-593.

② Polanyi M. Personal Knowledge: Toward a Post-critical Philosophy[M]. London, Henley: Routledge & Kegan Paul,1958.

将从师傅、同伴和书籍中学到的知识移植到自己的教学实践中来，为自己所用，这是 L 实践性知识生成的重要凭借。

2."多对多"师徒结对是师徒结对的创新形式

此外，研究发现，相较于常规的"一对一"师徒结对，作为创新形式的"多对多"师徒结对在很多方面更有助于新手教师实践性知识生成。这主要体现在这样两个方面：

一方面，"多对多"师徒结对给新手教师提供了更多交流与沟通的机会，尤其是非正式交流与沟通。国际知名的科学知识社会学家柯林斯甚至指出："知识只在与成功的实践者有私人联系的地方传播。"[①]在"多对多"师徒结对中可以发生各种非正式的交流与沟通，交流与沟通的对象既可以是师傅，也可以是同为新手教师的伙伴，而这些非正式交流与沟通对于实践性知识生成来说都极为重要。同时，多向度的互动也减少了"一对一"师徒结对给徒弟带来的心理压力，更有可能营造某种亲和的、合作的氛围，使徒弟更为主动地向师傅求教。

另一方面，"多对多"师徒结对也天然具备了相互学习、互相借鉴的机制。在"多对多"师徒结对活动过程中，可以发现师傅总会有意引导大家相互学习，相互借鉴。正如 C 老师所言："因为大家都是新手教师，遇到的问题有很多是共性的，只是程度不同而已。更重要的是，由于我们一起经历了探索的全过程，大家学起来就更加容易。基于这种考虑，我才会有意识地引导他们相互学习。"某一个个体的探索与成功，很容易迁移到其他老师身上，让学习和成长有了更多的可能性，有助于让师徒结对变成一个研究型、学习型的组织，不但促进了徒弟的专业发展，也利于促进师傅的专业发展，是一种真正意义上的实践共同体。

---

① Collins H M. Changing Order[M]. Chicago：University of Chicago Press，1992.

从这个意义上说,本节研究从"多对多"这一新型师徒结对入手,为师徒结对的创新形式提供了新的视角,为如何更好地发展师徒结对这一常规教师专业发展模式提供了新的可能。

3. 课堂管理的实践性知识及其生成机制

如上所述,L 最终形成了追求契合学生心理特征的课堂管理的实践性知识:在通过调整座位和表扬模范等多种策略让课堂逐渐安静下来的基础上,追求契合学生心理特征的课堂管理,把课堂管理建立在充分了解学生的基础上,让课堂管理与课堂教学相互促进。基于研究可知,L 有关课堂管理实践性知识的生成大体经历了如图 3-2 所示的几个阶段。

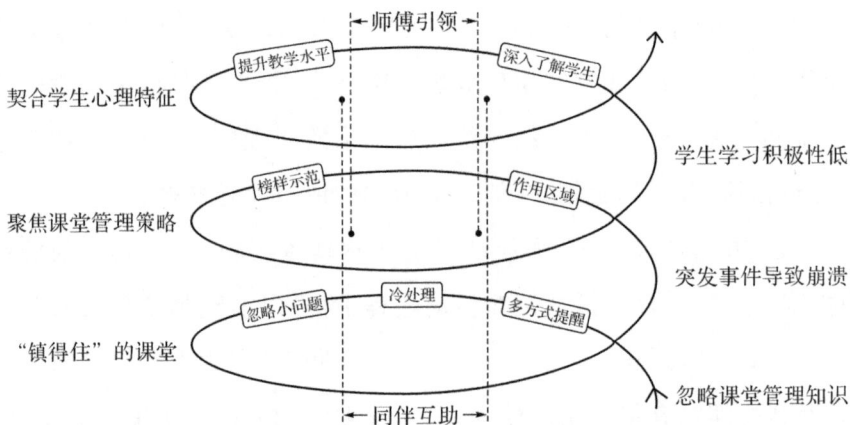

图 3-2　基于"多对多"师徒结对的有关课堂管理的实践性知识生成机制

首先,L 在课堂管理上遭遇了难题,形成了意识上的困惑和冲突。虽然"多对多"师徒结对中其他新手教师为 L"支招",但一件突发事件加剧了这一难题,让 L 不知所措,"快崩溃了"。

其次,随着"多对多"师徒结对中师傅的介入,以课堂管理这一问题为导向,L 在"多对多"师徒结对的帮助下,通过与情境对话以及在实践中摸索,形成多种课堂管理的策略,包括调整学生座位,形成"作用区域";表扬表现良好的学生,发挥榜样的力量,这些策略起到了显著的效果,课堂逐渐规范起来。

最后,L通过比较认识到,课堂管理的目的不是打造一个规范的课堂,而是营造良好学习氛围的手段。基于"多对多"师徒结对,L在实践中不断摸索,逐渐认识到要从学生的实际情况着手进行班级管理,将课堂管理与学生的品格教育结合起来,让有吸引力的课堂教学成为课堂管理的撒手锏。这些观念在实践中得到了确认,让L进一步确信了课堂管理的知识。在这一实践性知识生成过程中,L的情感体验、认知感受与实践经验都发生了积极的改变。至此,L关于追求契合学生心理特征的课堂管理的实践性知识得以形成。

二、基于"诱变事件"的教师实践性知识生成机制研究

"实践性知识是教师专业发展的主要知识基础,在教师的工作中发挥着不可替代的作用。"①很多人相信,拥有丰富的教师实践性知识"是优秀教师专业成熟的重要标准之一"②。在当前教育改革迈入核心素养的语境下,教师实践性知识的重要性因其整合属性契合了核心素养改革而更为凸显。因此,相较于灌输学科知识、教育理论及模仿教学技艺,"不断促进实践性知识生成,不断丰富实践性知识"③,是教师专业发展的重要诉求。更重要的是,实践性知识的生成既是教师发展

---

① 陈向明,等.搭建实践与理论之桥:教师实践性知识研究[M].北京:教育科学出版社,2011:2-3.

② 赵鑫,谢小蓉.优秀教师实践性知识的构成逻辑与显化路径[J].教师发展研究.2018(3):59-65.

③ 汪明帅,王亚君,赵婵.新手教师实践性知识生成机制研究——以"多对多"师徒结对为分析对象[J].教育发展研究,2021(12):37-44.

的重要标志,也影响着教师的进一步发展,成为教师继续进行专业发展的"过滤器":"每个教师的实践性知识多由其个人经验、经历(包括学习过程)、个性特征、学科知识等决定,并'染上'了这些个人性色彩。这些个人知识基础在解释新的经验或选择新知识中的作用就像过滤器一样。"①

"教师不仅具有主动学习的愿望和动力,而且有自己独特的学习方式和学习机制,并最终创生了教师独有的知识类型——实践性知识。"②对教师实践性知识的生成机制进行探索,有助于深化一线教师对自身实践性知识的认识,加速教师实践性知识的生成。问题在于,教师实践性知识生成机制的研究至关重要但颇具难度。"实践性知识不能像理论知识那样脱离具体情境、行动和直接经验,以纯命题、纯逻辑的方式呈现,教师必须基于实践情境加以获得。"③这一论断得到越来越多研究者的支持,最新的研究就表明,"教师的实践性知识与具体的内容息息相关,具有个人性、情境性、反思性和缄默性,是教师在行动中提炼出来并进一步指导教学实践的知识"④。易言之,由于实践性知识本身所具有的独特性,难以被概念化、显性化、系统化,因而实践性知识的生成有其特殊规定性,"需要结合教师所处的实践环境、所经历的关键事件、所遭遇的相关重要他人、教师个人的反思和教师与他人的对话,整体地提取和理解其实践性知识的发生和演变过程"⑤。不过,在当前的现实语境中,"偏重理论的内容特征、集中的授课方式以

---

① Pajares M F. Teachers' beliefs and educational research: Cleaning up a messy construct[J]. Review of Educational Research,1992(3):307-332.

② 陈向明.从教师"专业发展"到教师"专业学习"[J].教育发展研究,2013(8):1-7.

③ 陈向明.对教师实践性知识构成要素的探讨[J].教育研究,2009(10):66-73.

④ Chaharbashloo H, Gholami K, Aliasgari M, et al. Analytical reflection on teachers' practical knowledge: A case study of exemplary teachers in an educational reform context [J]. Teaching and Teacher Education,2020(1):1-15.

⑤ 陈向明,等.搭建实践与理论之桥:教师实践性知识研究[M].北京:教育科学出版社,2011:181.

及自上而下的开展路径"①是教师专业发展的主流方式,这些主流方式与教师实践性知识生成内在的背离和张力,使得实践性知识生成成为一个难题。有研究就明确指出,有关"教师的实践性知识是如何在实际情境中获得的"以及"如何在实际情境中生成的"②等问题仍有待深入探讨。

因此,必须另辟蹊径,找到与主流方式异趣的促进教师实践性知识生成的视角。作为教育人类学的杰出代表,德国教育哲学家、教育人类学家博尔诺夫(Bollnow)经历了两次世界大战的洗礼,目睹了大量生存世界的无奈、失序与不确定,基于存在主义哲学,创造性地提出了教育学的人类学研究方式,其中最有代表性的就是"非连续性教育"思想,这一思想为思考人的发展提供了新的角度,也为分析教师实践性知识生成打开了另一扇窗。博尔诺夫指出,由于人的存在或生存的丰富性、复杂性与社会生活的多变性,人并非总是按照预定的路线或规律发展,而是连续性与非连续性的统一。连续性意味着生命进程的平静、稳定状态,个体通过这种教育循序渐进,不断趋向完善,这一过程通常称为塑造过程。非连续性则是连续性的中断,是生命进程中的动荡、波折状态。这些非连续性事件包括较大的、威胁生命的危机,对全新的更高级的生活向往的突然唤醒、号召,使人摆脱无所事事状态的告诫和对今后生活举足轻重的遭遇,等等。③博尔诺夫特别重视非连续性成分之于人的发展的重要性:"在人的生活中总会有一些突然出现的、非连续性的事情,无论如何不能把这些事件纯粹地视为外来干扰。相反,这些事件具有重要的积极作用……如果人们深入研究这些事件的各个方面,它对人的一生具有决定性意义,而揭示与不断进

①　魏戈.教师实践性知识的生成[M].北京:教育科学出版社,2020:1.
②　魏戈.西方教师实践性知识研究的旨趣变迁[J].比较教育研究,2019(10):45-51.
③　博尔诺夫.教育人类学[M].李其龙,等译.上海:华东师范大学出版社,1999:1-7.

步的教育观念相对的非连续性的教育形式,是存在主义哲学对教育的真正贡献。"①教师在日常学习和生活中也难免会遇到一些突如其来的和不可预测的非连续性事件等外在因素。基于此,有研究者这样说道:"这些看似无序、偶然发生的生活境遇,实际上恰恰预示了生命成长的关键性转折点,在大量平稳设计的连续性教育体验当中,推动个体内在成长的要素恰恰有可能是这些偶发性的非连续性教育要素的串联。"②可以发现,"非连续性教育"思想为个体基于实践情境、生活体验、动手操作与反思改进的成长提供了洞见。从这个意义上,博尔诺夫"非连续性教育"思想为透视教师实践性知识生成提供了新的角度。作为一种特定的存在,教师专业发展也存在连续性与非连续性两种形式。教师专业发展的主流方式更多指向连续性一端,而无助于非连续性,比如教师实践性知识的生成。结合博尔诺夫的观点,非连续性是由遭遇、危机、唤醒、告诫等力量引发的,这些力量引入教师发展领域,与教师专业发展的主流方式大异其趣,与基于实践情境、生活体验、动手操作与反思改进的成长紧密相关,直指教师实践性知识生成。需要强调的是,博尔诺夫"非连续性教育"思想与教师专业发展领域中的"诱变事件"这一概念不谋而合。有研究者通过"诱变事件"这一概念指出教师专业发展中"一次记忆犹新的公开课,某个对教师的成长给予具体帮助和支持的人,某次给教师带来积极体验的阅读,这些体验或认识给教师带来了'不一样'的感受和体悟,常常都能促使教师产生'关键性一跃',或幡然悔悟,或柳暗花明,或水到渠成,或潜滋暗长"③。"诱变事件"这一概念突出强调交织了"生活体验、动作操作与反思改进"的特定事件对教师成长的重要性,清晰地呈现出一种教师非连续

---

① 博尔诺夫.教育人类学[M].李其龙,等译.上海:华东师范大学出版社,1999:56.
② 冯跃,刘谦.非连续性教育的人类学评析[J].教育研究,2014(1):35-40.
③ 汪明帅.教师专业发展中的"诱变事件"[J].教师教育研究,2012(6):1-6.

性发展的具象形式,对促进教师实践性知识生成具有重要的积极意义。正如有学者所言:"只有一些重要的事件才会对教师的实践性知识起重要影响,促使教师对个人的教育信念、行为进行反思、重组和改变。"①因此,本节研究期望基于博尔诺夫"非连续教育"思想,借助"诱变事件"这一载体,尝试对教师实践性知识的生成机制进行探析。

(一)"诱变事件"促进教师实践性知识生成的研究思路

　　基于上述分析,本节研究将研究的核心问题聚焦于:基于"诱变事件"这一载体,教师实践性知识是如何得到生成和发展的？围绕这样一个核心问题,研究将对以下三个相关问题进行探讨:(1)教师在成长过程中经历了怎样的"诱变事件"？(2)伴随着这些"诱变事件",教师经历了怎样的实践性知识生成？(3)所生成的实践性知识又是怎样的？

　　为了研究这些问题,结合教师实践性知识生成的特殊性,本节研究采取质性研究中的案例研究取向,通过选取典型案例来分析实践性知识的生成机制。在研究对象的确定上,为了使研究更具有代表性,参照叶澜教授"自我更新"视角下教师专业发展阶段的划分②,根据教师发展阶段,基于目的抽样和方便抽样,选择了六名教师作为研究对象("生存关注"阶段、"任务关注"阶段、"自我更新关注"阶段各两名),具体如表 3-1 所示。

---

① 邵光华.教师专业知识发展研究[M].杭州:浙江大学出版社,2011:303-304.
② 叶澜,等.教师角色与教师发展新探[M].北京:教育科学出版社,2001:3.

表 3-1　访谈对象基本信息一览

受访者编码	性　别	教　龄	学　段	自我阶段定位
W-2-2-P-A	女	2 年	小　学	"生存关注"阶段
H-2-3-P-A	女	3 年	小　学	"生存关注"阶段
L-2-7-P-B	女	7 年	小　学	"任务关注"阶段
C-1-9-S-B	男	9 年	中　学	"任务关注"阶段
G-1-23-S-C	男	23 年	中　学	"自我更新关注"阶段
P-2-26-P-C	女	26 年	小　学	"自我更新关注"阶段

　　为了尽可能地对教师经历的"诱变事件"以及相伴的实践性知识生成进行充分挖掘，研究采用刺激访谈法，对六位研究对象进行两轮访谈。"刺激回忆法鼓励教师和学习者在认知和反思中重新审视自己的教学或学习行为，这是一个对认识再认知的元认知过程。"①"诱变事件"往往是教师的过往经历，有些过去的时间可能较为长久，需要结合一些抓手对教师的回忆形成一定的刺激。每一次访谈结束后，研究者及时将访谈录音整理成文本资料，作为后续研究的基础。此外，研究者通过实物分析的方式，获取了更多的丰富信息。在征得研究对象的同意后，研究员收集整理了一些教师的教学日记、教学随笔、著作、论文等相关实物资料，将其作为访谈资料的补充，与访谈资料相结合进行一定的研究和分析，从而更全面、客观地了解"诱变事件"中教师实践性知识的生成过程。

　　"分析资料的思路主要为类属分析和情境分析。"②前者是对原始资料进行编码和归类，形成基本主题，并探讨各个主题之间的关系。后者是将主题下面有关的故事片段放回具体的时空情境，对其来龙去

---

　　① Lyle J. Stimulated recall：A report on its use in naturalistic research[J]. British Educational Research Journal，2003(6)：861-878.

　　② 陈向明. 质的研究方法与社会科学研究[M]. 北京：教育科学出版社，2000：290-294.

脉进行历时性、情景化勾勒。结合对资料的分析,在各自经历的"诱变事件"中,受访老师的实践性知识都得到了一定程度的生成,其中 H 老师和 C 老师经历的"诱变事件"以及相伴的实践性知识生成轨迹较为清晰,具有一定的代表性,因此下文将重点分析这两位教师,其他四位教师提供的资料将作为补充材料予以佐证。

(二)"诱变事件"促进教师实践性知识生成的机制透视

1."实践—认识"基础从源头上影响着教师实践性知识生成

"教育生活体验是教师教育智慧形成的基础与源泉。"①研究发现,在实践性知识生成机制启动之初,教师对类似事件往往有着一定的实践和认识,正是这些已有的"实践—认识"基础,决定了"诱变事件"是否可能,也决定了基于"诱变事件"的实践性知识生成是否发生,从源头上影响着教师性知识生成。

这些"实践—认识"可能来自教师的教育教学工作实践。在实际的教育教学工作中,教师往往形成了一套独立的实践性判断标准,并以这一套判断标准处理自身在教育教学中遇到的一些问题。

> 刚做教师的那会儿,参加了学校组织的期中考试。在我所监考的三年级语文考场中,我注意到有一个孩子在考试的时候查字典。我经常在我所带的班级里强调"考试时候不能翻阅字典"这一考场纪律,看到考场上孩子翻字典的这一行为,我第一反应就是把这一行为定性为作弊,在考场上对这个学生进行了严厉的批评教育。这个学生已经三年级了,不是第一次考试,应该清楚考场的基本规定。(L-2-7-P-B)

---

① 汪明帅.教师专业发展中的"诱变事件"[J].教师教育研究,2012(6):1-6.

案例中,L老师发现学生在考试中翻字典,结合自身在班级里多次对学生们强调的考场纪律,已有的"实践—认识"基础让她下意识地将这一行为判定为作弊行为,进而对学生进行批评教育。从L老师向我们分享的经历中不难看出,在对学生考场翻字典这一行为定性的过程中,已有的"实践—认识"基础往往起到决定性的作用。

这种"实践—认识"基础并不完全局限于教师从教以来的工作生活,也可能潜伏于教师工作之前的学习与生活之中。受自己中学时期班主任唐老师的影响,H老师在中学时就志愿做一名教师,而且要成为像唐老师那样的教师:

> 读书的时候,我的高中班主任唐老师给我留下了深刻的印象。唐老师待学生特别好,即使是班里一些调皮捣蛋的学生,唐老师也很耐心,这些学生也很服唐老师的管教。那时班里有一位和我关系很不错的男同学小C,他人很善良,也很聪明,就是脾气有点急躁。有一次,因为他跟其他班同学打架造成了很恶劣的影响,根据校规,学校建议开除他。当时,作为班主任,唐老师坚持再给他一次机会。唐老师的执着起作用了,小C得以继续留在学校学习。在唐老师耐心的指导下,从那以后,他一改以前急躁的脾气,将全部精力都投入学习。这件事让我印象深刻,觉得一名教师在学生成长中的作用太重要了。从那个时候,我就立志当一名像唐老师那样的教师,也能够帮助更多的学生。(H-2-3-P-A)

"基于对过去教师的记忆,师范生在接受教师教育之前,头脑中已经具备非常具体的、立志成为的理想教师影像。"[①]教师在学生阶段,就可能对"怎样当老师"这一问题有了一定的思考,这些思考往往构成了

---

① Calderhead J. Knowledge structures in learning to teach[M]// Calderhead J. Teachers' Professional Learning. London: Falmer Press,1988:51-64.

教师的"实践—认识"基础，如同案例中 H 老师一样。

"实习是教师教育的一个重要环节，通过实习，师范生开始真实感知教师工作，获得对在师范大学所学知识的新理解和对教师职业的再认识。"[①]教师在师范阶段的实习经历往往也会对教师"实践—认识"基础的形成产生影响。在实习期间，G 老师经历的一件事让他对教师如何与家长打交道形成了一定的认识：

> 实习的这段经历让我很难忘。在实习的阶段，我遇到了一位很有魅力的指导老师李老师，他对我们这帮实习生都很友善，我们遇到什么不懂的问题，他都很乐于给予帮助。渐渐地，我们的关系就处得特别好，有时候放学了我们还一起约饭。有一次，李老师和我们谈到现在家校关系越来越难处理了。清楚地记得他当时这样语重心长地告诫我们：你们以后走上工作岗位，要更加谨慎。（G-1-23-S-C）

这番话对当时的 G 老师冲击很大，使 G 老师入职后一直谨慎处理与家长的关系。

这种"实践—认识"基础往往具有一定的缄默性，但当教师遭遇与已有"实践—认识"基础相关的情境，这种"实践—认识"基础就会激活，对教师的教育行为产生影响。C 老师一直比较喜欢成绩优秀的学生，对这些学生青睐有加。追问这一观念形成的原因，C 老师最终发现这一观念与其学习经历有关：

> 我在读中学的时候，成绩不错，经常排年级前三名，老师们都非常喜欢我，经常拿我作为班级同学们学习的榜样。从那时候我就认识到作为一名学生，只要你努力学习，学习好，老师都会喜欢

① 江淑玲，陈向明.师徒互动对师范实习生专业观念的影响——交换理论的视角[J].华东师范大学学报（教育科学版），2017(6)：126-136,157.

你的。(C-1-9-S-B)

在 C 老师向我们分享的经历中可以发现,C 老师在从事教师工作之前,便有了对好学生的基本评判标准,即学习成绩足够优秀。这一标准对 C 老师从事教育教学工作也产生了重要影响。

总而言之,在"诱变事件"中,教师的实践性知识能否取得一定的发展和生成,往往先决于教师是否具有相关的"实践—认识"基础。没有一定的"实践—认识"基础,"诱变"将无从谈起。如果教师不具有相关的"实践—认识"基础,对教育教学中遇到的问题没有一定的事前思考,那么教师经历的将是一个"从无到有"的学习过程,而不是一个"从震撼到转变"的"诱变"过程。需要注意的是,资料显示,每一位教师都具有一定的"实践—认识"基础,但是由于经验上的差异、对教育教学不同层次的理解,其"基础"的站位、层级可能有所差距,从而致使其生成的实践性知识之间存在一定差异,经验更为丰富的教师生成的实践性知识往往更为深刻。

2. 实践性知识生成的契机蕴含于日常的问题情境之中

"在教育过程中不可避免地出现的各种困难和干扰常常给教育带来障碍。"[①]在博尔诺夫看来,这就是导致"非连续性教育"得以发生的"动荡、波折状态",危机就是其中一种。危机就是"突然出现的较大的且又令人忧虑的中断了连续生活进程的事件",但"危机具有重大的价值,向某个新的生命阶段的过渡只有通过危机才能得以实现。任何人只有坚定地度过困扰人的危机,才能获得内在的独立性。只有在危机中或经历过危机我们才能成熟起来"[②]。学习往往发生于学习者在与自身既有知识的紧张关系中自主地建构新知识。于教师实践性知识

---

① 博尔诺夫.教育人类学[M].李其龙,等译.上海:华东师范大学出版社,1999:8.
② 博尔诺夫.教育人类学[M].李其龙,等译.上海:华东师范大学出版社,1999:56-62.

生成而言,这种"动荡、波折状态"往往表现为教师在日常工作中遭遇的问题情境。"一些与常规相悖的问题情境往往更容易引发教师的自我反思。如果直觉的、自发的行为表现并没有带来意料之外的结果,那么我们通常不会花力气去思考它。但如果直觉的表现引发意外——不论是惊喜、惊讶,还是不想要的意外,我们都会进行行动中反映。"①无论教师经历怎样的"诱变事件",其实践性知识的生成都需要特定的问题情境来激活。

通过研究发现,根据教师自身知觉的程度,这些问题情境包含显性与隐性两个层面。显性层面的问题情境意味着教师能够明确感知自己所遭遇的问题情境。结合资料分析,主要表现为"不知所措"和"左右为难"两种。就"不知所措"而言,以 H 老师为例,学生时代形成的"实践—认识"基础让他决心成为一名关心学生的教师。不过,投身一线教学之后,"捣蛋鬼"的出现让 H 老师对"慈爱""宽容"这样关心学生的教师形象产生自我怀疑:

> 那时我所带的班级里有一个"捣蛋鬼",他三番五次违反课堂纪律,屡教不改。身为年轻班主任,我每次都苦口婆心地对他进行劝说,但总是收效甚微,让我感到身心俱疲。有一次,在我的课堂上,这个学生居然对同桌的女生大打出手,这让我感到非常愤怒,也对自己秉承的教育观念感到困惑。(H-2-3-P-A)

在教学过程中,教师往往有着自己的基本认知,当一些与自身原有认识发生冲突、违背其基本认知的情况出现时,往往让教师产生不知所措之感。

还有一种显性层面的问题情境表现为"左右为难"。以 G 老师为

---

① 舍恩.反映的实践者:专业工作者如何在行动中思考[M].夏林清,译.北京:教育科学出版社,2012:45.

例,就曾遇到让他左右为难的问题情境:

> 当时我担任八年级的班主任,有一次省里面组织作文比赛,学校规定每个班级有一个参赛名额。这次作文比赛规格很高,获得好名次对学生的中考加分包括优秀班集体评选都很重要,我也认真对待,结合他们以往的作文水平,对班级学生的参赛作品进行了认真筛选,最终选择了一位一直表现很好而且在班内选拔中也出类拔萃的学生,希望他能够为班级取得好名次。就在这时,教导主任突然找我,暗示我能否将名额给我们班另一位同学。这位同学的家长和教导主任关系很好,又在教育局工作。教导主任强调说,这位学生参赛,获奖的概率比较大。(G-1-23-S-C)

一面是自己所秉承的公平观念,以及为班级争光的想法,一面是教导主任的"施压",这让当时的 G 老师感到左右为难,不知道该怎么办。

教师在教育教学工作中遇到的问题情境还包括隐性层面的。对当事教师而言,他起初对这种问题情境并未察觉,而是在事情发展到一定阶段之后才引起反思,我们将其归纳为"隐性困境"。根据 C 老师的访谈资料,可以发现他就曾遭遇这一问题情境:

> 我一直相信,学习成绩优秀是好学生的标配,作为学生,连学习都学不好,什么全面发展更是无从谈起了。正因为如此,对于一些成绩差的学生,我有意无意抱着"哀其不幸怒其不争"的态度,也就少了应有的关心。有一次,有学生家长从外地务工回来,特意跑到学校找我了解孩子小 W 的学习情况。由于这个学生成绩不是很好,我平时关注也不多,对家长关心的一些问题,有些我并不清楚,使得整个交流过程气氛微妙。看到家长诚恳但略带失望的眼神,让我觉得有点羞愧。这让我开始认识到自己的观念是

不是有些问题。(C-1-9-S-B)

可以发现,受学生时代自身成长的影响,C 老师将学生取得优异的成绩当作理所当然,并对那些成绩不好的学生区别对待,这让 C 老师在学生评价方面身处一种缄默的偏见困境之中。直到一次偶然的家校沟通,让 C 老师开始对自己的学生观展开了反思。

通过对资料的分析发现,"在问题情境中摸索"是教师"诱变事件"中实践性知识生成必不可少的一环,无论是显性还是隐性的问题情境,往往能够为教师的行动中反映提供能动性,是教师实践性知识生成发展的重要契机。杜威提出:"知识是通过操作把一个困境改变成一个解决了的情境的结果。"①对教师所遇到的问题情境进行探讨,需要对教师在实践工作中遇到的困境进行重点关照。"教师在日常的教育教学工作中时常会处于两难困境(dilemma),需要不断做出决策;而教师做决策的过程,则集中体现了他们的实践性知识。"②当教师对一个问题茫然无措、不知从何下手即面临僵局时,就进入了酝酿阶段。此时教师会同时发生认知与情感图式的重构,由此对行动的理解与处理方法会产生一种质的变化。需要强调的是,契机的效用能否实现,最终取决于教师自身的主观能动性。一些教师在遇到问题情境后并没有从自身的角度去主动反思,而是倾向于以搁置的方式处理,随着时间的推移将问题抛之脑后。而对于一些喜欢刨根问底、自我发展主观能动性强的教师来说,"在问题情境中摸索"往往能够成为其成长的重要机会。尤其是那些"隐性困境",更需要教师不断反思才能触发实践性知识生成。

---

①　杜威.确定性的寻求:关于知行关系的研究[M].傅统先,译.上海:上海世纪出版集团,2005:188.

②　魏戈,陈向明.如何捕捉教师的实践性知识——"两难空间"中的路径探索与实践论证[J].教育科学研究,2017(2):82-88.

3."唤醒"与"告诫"是触发实践性知识生成的主要形式

"发挥'诱变事件'之于教师专业发展的意义,就需要重视际遇的意义,让教师对'诱变事件'中所隐含的深刻的教育教学意义进行分析和挖掘,从而让教师获得心灵的成长。"①问题情境给教师带来了"心结",而要解开这个"心结",往往需要通过一次深刻的际遇获得心灵上的震撼,体验醍醐灌顶的感受,产生顿悟的效果。格式塔心理学家提出的顿悟理论是教育心理学中一个重要的学习理论,该理论认为,学习是一种智慧行为,是一种顿悟的过程,问题解决的关键是对情境和刺激间整体关系的顿悟。② 研究显示,对教师实践性知识生成而言,这种顿悟感受主要来源于"唤醒"与"告诫"两种形式。

一方面,它可能是一次触及内心的"唤醒"。唤醒能消除教师的僵化、无知、偏见和自以为是,启迪教师被蒙蔽的心灵,使教师觉悟。"问题学生"让 H 老师不知所措,对自己秉持的教育理念产生了怀疑。为了解决这一困惑,H 老师最终决定向唐老师请教。面对曾经学生的到访,已经退休的唐老师格外高兴。得知学生的困惑后,唐老师这样开解道:

> 老师关心学生这肯定是没有错的。不过,关心学生也得有法,需要做更多细致的工作。就拿小 C 为例,因为我一直是你们班的班主任,我对小 C 的脾气秉性是比较了解的,他很善良,就是脾气急躁了点,需要耐心地提醒。和学校领导沟通后,我其实想了很多办法更多地提醒小 C,拜托其他课任老师更多留意他,还和他私下签订了"军令状"。你现在刚刚步入教师行列,经验相对欠缺,一时遇到这些困惑都很正常,这些随着时间的推移都能够

---

① 汪明帅.教师专业发展中的"诱变事件"[J].教师教育研究,2012(6):1-6.
② 陈琦,刘儒德.当代教育心理学[M].北京:北京师范大学出版社,2011:157.

解决。我特别欣慰你能够葆有关心学生的初心。以后遇到类似的问题，你尽管和我说，我现在退休了，时间很充裕，说不定还能够给你支支招。（教师日记）

H 老师对这一次的师生交流记忆犹新：

> 唐老师的话更坚定了我关心学生的主张，但也给了我更多关心学生背后的启迪，让我知道关心学生需要背后做更多细致的工作，关心也要得法。我意识到自己以前只是在效仿唐老师关爱学生的形式，对于唐老师关爱学生背后的方法并未进行过思考。在唐老师的启发和支招儿下，我很快就从困惑中走出来了。（H-2-3-P-A）

"唤醒常以对话的形式呈现，与资深教师或权威专家的对话，更易于收到'一语惊醒梦中人'的效果。"[1]唐老师的言传身教，让 H 老师获得了一种顿悟式的成长，对关心学生有了新的思考。

另一方面，它可能是一番当头棒喝的"告诫"。博尔诺夫指出："人的发展经常会由于障碍和偏离中断或误入歧途，这时就要借助外部的推动，使中断的发展重新走上正轨。一个人借助自然的力量很少能做到这一点，所以，只要一有衰退的危险，就需要他人不断地给予告诫。"[2] 对于教师而言，"唤醒"并不能解决所有教师遭遇的困惑，当教师处于一种"走偏"的状态中，一番"当头棒喝"的告诫或许是更加有力的一种形式，推进教师"诱变"，触发教师实践性知识生成。发生在 C 老师身上的"震撼"就来自这样一次"告诫"：

> 当我开始站在成绩普通的学生诸如小 W 的角度反思我对待

---

[1]　周成海.教师成长的非连续性——基于博尔诺夫"非连续性教育"思想的分析[J].教育理论与实践,2015(28):32-35.

[2]　博尔诺夫.教育人类学[M].李其龙,等译.上海:华东师范大学出版社,1999:65.

他们的言行举止时，我逐渐意识到自己是在给学生"贴标签"，区别对待学生。就在后续的周一，我发现小 W 的状态不太对劲。原来，小 W 周五回家后，与家长久别重逢本来很开心，但他父亲却狠狠地批评了他一顿。在我的询问下，小 W 同学终于将积攒的委屈爆发出来，哭着对我说："老师，我们都知道你瞧不起成绩差的学生，我成绩是很差，难道成绩差就该死吗？我也一直很努力啊，这些努力你都认为不重要吗……"听了小 W 的哭诉，我如梦初醒：是啊，我确实不太喜欢这些学生，对他们的关心远远不够。在某种程度上，我也在推波助澜啊！这不应该是一名教师应有的做派啊！(C-1-9-S-B)

结合小 W 父亲的所作所为，这次告诫让 C 老师产生了顿悟式的思考：

> 小 W 的父亲就像给我立了一面镜子，因为小 W 成绩不好而迁怒于他，和我因为小 W 成绩不好而忽视他，并没有本质的区别。作为第三方，我清楚地知道小 W 父亲的行为是不对的，那么，我的行为也存在很大的问题，而且我还是一名教师。作为教师，我应该更多地关心而不是忽视和区别对待。(C-1-9-S-B)

在教师实践性知识生成的过程中，"告诫"往往是对教师"走偏"时的强力纠正，对发展陷入停滞的教师的用力一推，这些"告诫"能够中断教师连续性的成长，给教师成长带来新的可能性。对 G 老师而言，最终还是听从了教导主任的意见，由家长在教育局工作的学生代表班级参赛。结果，这位学生临场表现平平，没有取得为中考加分的名次，教导主任的态度也很冷漠。而原本应该参赛的学生也因为没有公平获得这次机会而对 G 老师心生怨恨，这让 G 老师感到里外不是人。这件事使 G 老师产生了极大的触动，联想起"教书是一门良心活"这一内心深处的警言,意识到凭良心做教育才是最心安理得的。

4.实践性知识生成表现为观念和行为的共同改进

"当一个活动继续深入承受的结果,当行动所造成的变化回过头来反映在我们自身所发生的变化中时,这样的变化就具有了意义,我们就学到了一点东西。"[①]"诱变事件"之所以对教师实践性知识生成能够产生重要作用,主要是因为它能够触动教师对以往相关经历的深刻反思,使教师在不断反思的过程中发生具有突破性意义的转变。正如陈向明教授所指出的那样,实践性知识蕴含在整体的经验中,可以被提升为一种信念,通过教师的后续行动被验证为"真"(可以不断视情况而调整),并指导教师的后续行动。[②] 经历"诱变事件"之后,教师在观念与行为上的共同改进标志着教师实践性知识的最终生成,诠释了"诱变事件"对教师专业发展尤其是教师实践性生成的重要意义。研究发现,受访教师选择讲述的事件往往对他们的教育观念产生了极为有力的冲击,促使他们突破自身惯性思维,进而发生行为转变。教师观念与行为的共同改进标志着教师新的实践性知识得以生成。

在唐老师的帮助下,H老师对"关心学生"这一问题有了更多的认识。H老师这样说道:"从那以后,我更坚定教师就应该关心学生,但关心学生需要结合学生的实际情况,想出有针对性的举措,并通过更多耐心的工作加以辅助。"(H-2-3-P-A)在此基础上,H老师也想出了针对该"捣蛋鬼"的具体办法:"我开始尝试追溯'问题学生'出现问题的根源,探寻合适的方法,从根源上解决学生'问题'。一番寻根问底之后,我发现该'问题学生'的问题与他所成长的充满溺爱的家庭氛围密切相关,围绕这一点,我想出了各种办法,最终让该生有了明显的进

---

① 杜威.民主主义与教育[M].王承绪,译.北京:人民教育出版社,2005:153.
② 陈向明.对教师实践性知识构成要素的探讨[J].教育研究,2009(10):66-73.

步。"(H-2-3-P-A)实践的改进进一步强化了 H 老师的观念,进而形成了一套比较稳固而有效的做法。至此,H 老师"关心学生需要结合学生的实际情况,想出有针对性的举措,并通过更多耐心的工作加以辅助"这一实践性知识得以生成。

来自学生的哭诉促使 C 老师开展了深刻的自我反思:"我觉得成绩差的学生不是好学生,可能这些学生也觉得我不是一个好老师。作为教育工作者,我们都知道要平等地对待每一位学生,但在实际教育教学过程中,往往就将这一观念抛诸脑后而不自知。好的老师应该是能够帮助成绩差的学生取得进步的老师,而不是依据成绩区别对待学生的老师。相对学生现有成绩而言,学生的学习态度、在学习中遇到的困难是更值得关注的要素。"(C-1-9-S-B)借此契机,C 老师开始转变自己的教育观念:"这一事件之后,我开始每天抽出时间与班级里的成绩一般的学生谈话,听他们说出自己的真实感受,帮助他们想办法。一段时间之后,这些学生也都取得了一些进步。更重要的是,我感到自己跟学生关系更加亲近了,我的成就感也更强了。"(C-1-9-S-B)实践中取得的成效让 C 老师摒弃了自己之前的区别对待,更深刻地领悟了"平等对待每一位学生"背后的深重意味。

只有从独特的路径进入,才能最大限度地挖掘教师的实践性知识。结合案例可以发现,基于"诱变事件"的教师实践性知识生成,主要经历如下历程:已有"实践—认识"基础从源头上影响着教师实践性知识生成;教师在"实践—认识"基础上遭遇的问题情境,是实践性知识得以生成的重要契机;面对问题情境,触动教师产生顿悟的"唤醒"与"告诫"是实践性知识生成的主要形式;教师实践性知识的生成最终落脚于教师观念与行为的共同改进。据此,基于"诱变事件"的教师实践性知识生成机制得以明晰,如图 3-3 所示。

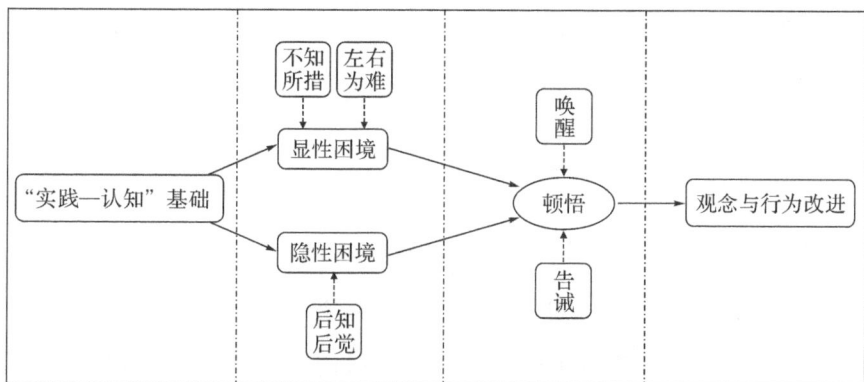

图 3-3 基于"诱变事件"的教师实践性知识生成机制

（三）"诱变事件"促进教师实践性知识生成的改进举措

本节研究聚焦于"诱变事件"这一教师"非连续性发展"的具象形式，对教师实践性知识的生成进行了探讨。结合研究可以发现，实践性知识在教师专业发展中具有不可替代的作用，"诱变事件"是促进教师实践性知识生成的重要抓手，能够充分结合教师生活与工作的具体情境，帮助教师找到实践性知识生成的契机。从这个意义上说，如何让"诱变事件"帮助更多教师生成实践性知识，显得尤为重要。对此，教师教育研究者需要更加认识到，教师工作突出强调生活体验、动作操作与反思改进的属性，关注教师专业发展的本质，侧重教师专业发展非连续性这一形式，挖掘教师专业发展中的"诱变事件"，更好地促进教师实践性知识生成。学校作为教师专业发展的基地，要突破常规的教师培训方式，充分利用学校各方面的资源，为教师搭建合适的平台，力促教师整体水平提升。此外，对教师这一当事人来说，如何运用"诱变事件"促进自身实践性知识生成就更为紧要。在教师经历"诱变事件"的过程中，实践性知识的生成有赖于教师自主发展意识的发挥。

"只有当教育者自觉地完善自己时,才能更有利于学生的完善与发展。"①结合研究,我们认为,对教师自身而言,促进教师实践性知识生成,需进一步培养自身的问题意识、反思意识,不断突破习惯壁垒。

首先,应关注问题意识的培养。教师教学经验的不断积累并不能自动引发实践性知识的生成。"教师若要从自己的教学体验中生产出实践性知识,首先要有问题意识,要能看清楚自己面临的问题在哪里,问题的性质是什么。"②教师要从基于自身日常的教学行动,想得更多,走得更远,更多采用研究者的视角来分析和反思自己过去的工作经验、平时工作中遇到的问题,并以问题为出发点,汲取专业发展的积极养分。在日常的工作生活中,教师所遇到的问题一般是琐碎的、杂乱无章的,这就需要教师充分发挥自身能动性,培养问题意识,在对日常工作中的问题进行充分思考的基础上清晰地厘定问题,明晰自身遇到的问题情境,积极探索找出解决问题的恰当方式方法。

其次,应对反思意识予以重视。反思是一个思考和认知的过程,能够使我们理解发生事件的意义,帮助教师解决"发生了什么""还需要做什么"的问题。随着时代的不断发展,当今教育对教师的自主发展提出了进一步的要求。面对教育发展新的呼唤,在形成问题意识之外,教师亟须发挥主观能动性,增强自身的反思意识。

最后,不断突破自身习惯壁垒。"一个人的日常生活有很大一部分是靠本能和习惯进行的。"③包括教师在内,一旦建立起某种稳定的行为惯例,就会产生一种抗拒改变的倾向,他们更愿意停留在自己熟悉的"舒适地带"(comfort zone),更倾向于延续其固有的套路。在这

---

① 叶澜,等.教师角色与教师发展新探[M].北京:教育科学出版社,2001:3.
② 钟启泉.为了"实践性知识"的创造——日本梶田正已教授访谈[J].全球教育展望,2005(9):3-4.
③ 库利.社会过程[M].洪小良,等译.北京:华夏出版社,1999:322.

样一种现实语境下，教师在日常反思的过程中需要更多地对自己习惯的认知发出挑战，勇于突破自身的习惯壁垒，更为深刻地实现"诱变"。

三、指向教师专业发展的教研员"桥梁"隐喻研究

好教师的养成既是一个永恒的命题，又具有显著的时代烙印。不同时代对好教师形象有着特定的勾勒，在"反映的实践者"日益成为新的好教师形象之际，好教师逐渐从关注教师教学技艺的打磨转向主张教师通过行动中反思，把自己的过往经验、理论知识与当下情境结合起来，不断发展实践性知识。[①] 这使得助力好教师养成的相关人员所采取的举措也因而有所差异。作为"教师的教师"，教研员是中国特色的促进教师专业发展的"重要他人"[②]"核心力量"[③]"主要指导力量"[④]，因应好教师形象的时代转向，助力"反映的实践者"这一新型好教师形象的实现。如何更好地发挥教研员的作用，这就需要透视教研员促进教师专业发展的机制，并在此基础上因应好教师形象转变做出跟进。

已有研究不断表明，教研员之于教师专业发展的促进机制主要体现在"桥梁"隐喻上。有研究指出，教研员通过沟通理论与实践，为教师专业发展架起了"桥梁"："教研员通过加强与高等师范院校、教育科研机构、教师培训部门等的交流与合作，将最鲜活的课程改革信息、最先进的教育理论动态及时传递给一线教师，成为构架理论与实践的

---

① 汪明帅，张帅.好教师形象的百年变迁——基于课程价值观念变迁的考察[J].教育发展研究，2020(2)：76-84.

② 丛立新.沉默的权威：中国基础教育教研组织[M].北京：北京师范大学出版社，2011：11.

③ 卢立涛，沈茜，梁威.试论区县级教研员实践性知识的构成及特征——以北京市区县级教研员为例[J].教师教育研究，2018(6)：112-118.

④ 梁威，李小红，卢立涛.新时期我国基础教育教学研究制度：作用、挑战及展望[J].课程·教材·教法，2016(2)：11-16.

'桥梁'。"①也有研究特别强调教研员通过架构政策与实践的"桥梁"，帮助教师更好地领会政策精神："作为国家教育改革政策与中小学改革实践的中介者，教研员需要将两者有机关联，使国家政策落实为生动有效的教学实践。"②还有一些研究表明，教研员的"桥梁"功能具有多重意蕴，不仅是理论与实践、政策与实践的"桥梁"，还担起了连接实践与实践的职责："沟通教育行政人员与一线教师，教育教学政策和方针得以贯彻落实；沟通高等院校（科研机构）与中小学，理论与实践得以真正结合；沟通新手教师与优秀教师，教育智慧和经验得以传承。"③

　　不难发现，"'桥梁'是描述教研员角色的一个重要隐喻"④。教研员之于教师专业发展的促进机制即是"桥梁"功能的体现。不过，已有研究大多止步于此，对于"桥梁"隐喻的具体含义、"桥梁"隐喻作用发挥的基础，以及"桥梁"隐喻如何促进教师专业发展，则少有涉及，使得这一隐喻在揭示教研员促进教师专业发展的机制方面显得力不从心。这在很大程度上阻碍了教研员促进教师专业发展这一作用的充分发挥。作为教师专业发展的促进机制，教研员的"桥梁"隐喻究竟指的是什么？有哪些不同形态的"桥梁"？"桥梁"隐喻背后蕴含的促进教师专业发展的基础是什么？又是如何促进了教师专业发展的？在好教师形象转型的当下，又应该如何重新定位"桥梁"隐喻？这些都是本节研究试图回答的问题。对这些问题的回答，有助于从"桥梁"隐喻角度揭示教师专业发展的促进机制，助力"反映的实践者"这一新型好教师形象早日实现。

　　① 梁威，卢立涛，黄冬芳.撬动中国基础教育的支点：中国特色教研制度发展研究[M].北京：教育科学出版社，2011：序.
　　② 赵虹元.我国教研员角色的变迁与展望[J].课程·教材·教法，2018(10)：111-116.
　　③ 卢立涛，沈茜，梁威.试论区县级教研员实践性知识的构成及特征——以北京市区县级教研员为例[J].教师教育研究，2018(6)：112-118.
　　④ 沈伟.教研员作为边界工作者：意涵与能力建构[J].教育发展研究，2013(10)：64-68.

（一）教研员促进教师专业发展的研究思路

本节研究主要通过对教研员促进教师专业的"桥梁"隐喻进行深入分析，进而探究教师专业发展的促进机制。基于此，整个的研究设计主要回答这样几个问题。

1.隐喻这一研究视角的提出

隐喻在本质上是一种认知方式，以形象的方式将一个事物与另一个事物进行比照，从而认识和理解不熟悉的事物。"它（隐喻）常常通过人们较为熟悉的某一领域的事物来认识和理解另一领域不熟悉的事物。"[①]事实上，隐喻也是一种重要的研究工具，研究者通过隐喻，借助一个熟悉的事物或事件，以类比的方式来分析人们关于某些事物的观念，理解一个复杂的事物或情形。"当一个人想要探索和理解一些深奥、抽象、新奇或高度思辨的事物时，就会使用隐喻。"[②]就教师研究而言，"隐喻广泛运用于教师教学信念、专业知识、身份认同等主题的研究，是理解教师的重要工具，为改善教师工作提供了重要的启示"[③]。就本节研究来说，如上所述，由于现实中"桥梁"隐喻已广为接受，因此，借助隐喻这一研究工具，分析教研员促进教师专业发展的机制，就显得水到渠成。"隐喻分析，就是要揭示出一个隐喻所蕴含的相关性、所体现的价值偏好、所建构的更大图景以及所隐含的意义。通过这样的分析，我们才能对一个隐喻有更深的理解，才能对其所揭示的与所掩盖的有一个清醒的认识。"[④]用隐喻来分析教研员促进教师专业发展

---

①　高维.隐喻的认知功能及其教育学意蕴[J].教育学报，2015(1):21-27.

②　Yob I M. Thinking constructively with metaphors[J]. Studies in Philosophy and Education，2003(2):127-138.

③　Nguyen C D. Metaphors as a window into identity：A study of teachers of English to young learners in Vietnam[J]. System，2016(6):66-78.

④　高德胜."核心素养"的隐喻分析：意义与局限[J].教育发展研究，2018(6):31-39.

的工作机制，可以利用隐喻在语言和形象方面的强大能力，以一种生动而富有洞察力的方式，透视教研员促进教师专业发展的具体所为，进而为改善教研员工作提供思考。

2.资料来源与收集

2017 年，笔者参与了"全国基础教育教研工作现状调研"，本次调研主要通过资料分析、问卷、访谈等方式，"旨在了解各级教研工作开展现状，提炼我国教研工作经验"①。其中，一个很重要的调研问题就是"教研员如何促进教师专业发展"。通过资料分析可知，与当前的研究现状相呼应，不少受访对象都不约而同采用"桥梁"这一隐喻来描述教研员对教师专业发展的影响。这一现象引起了笔者的兴趣。为了进一步分析"桥梁"隐喻具体所指，研究者通过目的抽样，在这些受访者中选择了 3 名教研机构领导（省级、地市级、区县级各 1 名）、12 名教研员（省级、地市级、区县级各 4 名，分属不同学科）、3 名校长以及 12 名教师，作为本节研究的研究对象。受到达尔格克（Dalgic）等通过"大学像……因为……"调查大学生关于大学概念的启发②，本节研究主要通过"教研员的'桥梁'作用是怎么理解的？让您想到了什么？是因为?"来进一步收集资料。在资料收集的过程中，研究者根据不同受访者，所提出的问题也有所侧重，并要求受访者从应然和实然两个层面展开阐述，尽可能详细地表明自己的想法，从而全面地了解教研员的"桥梁"隐喻。

3.资料分析与处理

在资料分析过程中，研究者遵循以下三个指导性问题：(1)受访者

---

① 2017 年，教育部基础教育课程教材发展中心和华东师范大学课程与教材研究开展了"全国基础教育教研工作调研"，基于此，2019 年教育部颁发了《关于加强和改进新时代基础教育教研工作的意见》。

② Dalgic G, et al. Towards a new understanding of university through metaphors[J]. Educational Administration：Theory and Practice,2012(3):377-398.

都用了哪些隐喻?具体指什么?(2)这些隐喻如果可以的话怎样归类?(3)这些不同类型的隐喻背后的价值取向是怎样的?和其他基于隐喻的定性研究一样,基于归纳逻辑的主题分析是研究资料分析处理的基础。奥克兰大学的布朗(Braun)教授和西英格兰大学的克拉克(Clarke)教授将主题分析的具体实施过程归纳为熟悉资料、生成初始编码、形成主题、审核主题、定义并命名主题这五个步骤。[①] 基于此,笔者从以下几个方面进行资料分析和处理。

首先,熟悉资料,生成初始编码。主题分析这一方法建基于研究者对资料的熟悉。笔者对访谈录音整理文本进行反复阅读,尤为关注每个受访者对教研员促进教师专业发展的隐喻(比如"教研员起到一个政策与实践之间沟通的桥梁")以及相关表达(比如"教研员给中小学做讲座,都是结合具体的案例,按照实践逻辑展开")。

其次,在熟悉资料的基础上,笔者对资料进行编码,生成初始代码,尝试找出文本中的"潜在主题"(potential themes)。比如,将"因为咱们教师队伍比较大,参差不齐,国家教育政策的落实需要借助一个中间力量来完成"编码为"教师队伍参差不齐""政策落实""中间力量""政策与实践的桥梁",因为这句话表明教研员作为中间力量,搭建了政策与实践的桥梁,以帮助人数众多、参差不齐的教师队伍落实政策。

再次,形成并审核主题。一方面,以资料驱动与理论驱动相结合的方式,根据各编码之间的逻辑关系和出现频率,对编码进行组合,将内容相似的初始编码进行归类,将一些难以归类的编码进行合并、拆分或删减,将编码分属到不同层次潜在主题中;另一方面,对所生成的主题进行审核与完善,使所形成的主题达到内部同质性和外部异质性的标准,并确定子主题。

---

① Braun V, Clarke V. Using thematic analysis in psychology [J]. Qualitative Research in Psychology, 2006(2):77-101.

最后，定义并命名主题。分析每个主题的内容，定义和命名最终使用的主题，确定每一个主题的本质及其所包含的方面，最终形成"政策与实践之间的桥梁""理论与实践之间的桥梁""实践与实践之间的桥梁"三大主题。

(二)教研员促进教师专业发展的机制分析

基于访谈资料可知，受访者从不同角度指出教研员在教师专业发展中发挥了不可或缺的作用，包括指导教师研读课标、教材，帮助教师将理论转化为具有可操作性的实践，甚至是营造学科氛围，让教师在成长过程中相互促进，加强身份认同。访谈中，"桥梁"作用屡被强调，"政策与实践""理论与实践"，乃至"实践与实践"的桥梁都多有提及，与之相关的词语诸如"转化""中介""转译""穿针引线""转换""中间人""沟通"也是访谈中的高频词。具体研究结果主要体现在以下三个方面。

1.教研员为教师专业发展搭建了三重桥梁

调查显示，受访者提及的"桥梁"主要可以归为三类：政策与实践之间的桥梁、理论与实践之间的桥梁以及实践与实践之间的桥梁，如表 3-2 所示。

表 3-2　桥梁类型以及提及者的人数分布

桥梁类型	提及者/人				合　计/人
	教研机构领导	教研员	校　长	教　师	
政策与实践	3	12	3	5	23
理论与实践	2	10	2	8	22
实践与实践	0	8	2	10	20

首先，政策与实践之间的桥梁。所谓政策与实践之间的桥梁，主要是指国家相关教育政策落实需要经历从上级规范到实际运作、从学

校外部设计到学校内部实施等诸多转化环节，需要借助中间力量实现转换。强调教研员是政策与实践之间的桥梁，就是强调教研员是教育政策与教师之间的"中间人"，在国家教育政策"落地"、政策实施效果反馈等方面发挥着重要的作用。在课程改革语境下，国家政策主要是指与课程相关的政策。有受访者以课程政策为例，对政策与实践之间的桥梁做了这样的解释："由于新课程改革乃至其他教育改革的理念、做法与教师实际工作存在一定距离，教师在领会政策方面也存在困难。因此，教师迫切需要有人帮助他们领会政策精神，尤其是帮助他们将政策精神转化为实践行为。对我国而言，历史将这一重要任务交付给了教研员。"

　　调研表明，在保障国家教育政策尤其是课程政策落实、帮助教师将课程观念转化为行为等方面，教研员发挥着不可替代的作用，各地各级教研员也摸索和总结出一套具体可行的经验和做法。如表 3-2 所示，在 30 位受访者中，有 23 位受访者对政策与实践之间的桥梁进行了阐述。值得注意的是，教研机构领导、教研员、校长这三类受访群体，无一例外都提及了这一桥梁隐喻。有教研机构领导受访者这样说道："教研员现在做的工作，无论是指导教师，还是指导课堂，其实肩负的责任就是贯彻落实国家的相关政策要求。从这个意义上说，教研员主要起到了政策与实践之间的桥梁作用。"为了胜任政策与实践之间的"桥梁"，有教研员受访者这样表示："有时候，我们只是去完成行政交代给我们的任务，但对于所完成任务的了解还是不够的。所以我认为我们还需要更多了解政策理念的精髓在哪里，好在什么地方。"

　　受访者还从不同角度论证了政策与实践之间的"桥梁"。有受访者从历史的角度进行了论证："历史地说，教研员本身应该是一个业务工作者，但是在发展过程中，逐渐与行政资源挂钩，日益变成政策与实践的桥梁。国家关于课程教学改革的新要求，关于提高教育质量的新主张，往往首先通过教研员群体的消化吸收，将其与学科教学和学校其他育人活动相结合，然后组织开展各种类型的教研活动，通过培训宣讲、亲身示范、咨询指导、诊断反馈等举措，将国家对课程政策的指导思想和相关要求传达给教师，内化到课堂，落实到学生身上。"有受访者从教研员工作重心的转变来强调政策与实践这一桥梁："（教研员）以前围绕一节课，或者一个活动（而展开）。现在教研室一直强调整体课程观，整体思考课程的各个要素，每个要素的特质是什么，各个要素之间的关系是怎样的。工作重心的转变，其实就是为了更好地落实课程政策，不走样。"有教研员受访者将沟通政策与实践作为自己工作最主要的方面："从国家推出课改，从课标到教材，一系列的变化，从我个人切身感受来说，作为一名教研员，实际上就是把这种课改的思想、课标的意图，以及整套的课程要求，从理论层面帮助教师将其转化为实践操作层面。我们工作的最主要方面和最显著的成效，都体现在这方面。"

与此同时，由于教研员长期深入学校，接触教师，熟悉学校内部的工作，因而还担负着为政府提供教育决策咨询建议的职责。教育政策在实施过程中出现的问题、学校和教师的呼声与反馈，往往也是通过教研员传达给教育行政部门。"教研员每年要开展大量的调研，比如说学校教学现状、学校教师评价、教师工资待遇等方面的调研，在调研的基础上会形成相关的调研报告，这些调研报告递交给教育行政部门，可以为教育行政部门的决策提供参考。"另外，教师在贯彻落实教育政策的过程中，难免会出现偏差，也需要有人予以纠偏；在纠偏的过程中，也体现了教研员在政策与实践之间的桥梁作用："在贯彻落实教育政策的过程中，有时候会出现走样的情况，怎么办？谁来帮助教师纠偏？比方说，现在有些学校为了提高升学率，对国家政策所强调的育人功能落实不到位。这时候，教研员是我们主要的求助对象。"

可以发现,在基础教育课程改革背景下,如何贯彻落实课程政策成为教研员的核心工作,这是"政策与实践之间的桥梁"的题中应有之义。受访者充分认可教研员在沟通国家政策与教师实践中所发挥的作用,尤其是对自上而下国家政策(主要指课程教学相关政策)落实的保障功能。

其次,理论与实践之间的桥梁。理论与实践之间的桥梁,主要是指教研员在沟通教育理论与教育实践中所发挥的作用。教研员,顾名思义就是"教"与"研"的结合,既要关注教学,关注课堂,还要关注研究,关注理论。理论与实践之间的桥梁,就是强调教研员为教师架起理论学习的一个渠道,助力教师学习理论,从事研究,改进教学。如表3-2所示,共有22位受访者提及了理论与实践之间的桥梁,分属于四类受访群体。不过,基于隐喻的视角进行具体分析可以发现,受访者一般都站在各自的角度赋予理论以不同的理解,使得理论与实践之间的桥梁有着丰富的内涵。

很大一部分受访者将理论理解为与政策有关的理论乃至政策本身,指出教研员为了更好地贯彻落实教育政策,需要学习政策,了解政策动向,并让教师知晓并予以落实,这就是他们所理解的理论与实践之间的桥梁:"教研员通过对新课程改革重点、热点和难点的追踪、研究和攻关,然后走进学校,深入课堂,传递给一线教师,与他们共同探讨新的教学理念,帮助教师沟通了理论与实践。"可见,虽然受访者说的是"沟通了理论与实践",但本质上依然着眼于政策的贯彻与落实,意味着教研员通过借助理论加深对政策的解读,从而帮助教师领会、内化相关政策举措,这就为教师架起了理论与实践之间的桥梁。

也有一部分受访者将理论理解为理论工作者的理论,理论与实践之间的桥梁就是理论工作者与教师之间的中介:"如果一线教师是在课堂上做具体的教育教学工作,那么教研员就是理论工作者与一线教师的桥梁。纯粹搞理论研究的人和纯粹在一线进行教育教学的人,他们之间的中介就是教研员。""我们区的英语教研员,为我们牵线搭桥,联系有专长的专家,帮助我们成为全区最早的英语特色学校。可以说,我们学校英语特色的形成跟教研员的努力是分不开的。"教研员受访者也这样说道:"我们有更多机会听到专家的讲座、报告,我们会将其中认为不错的信息传达给教师。这样就搭建了理论和实践之间的桥梁。"在这些受访者看来,搭建理论与实践之间的桥梁,就是帮助教师领会专家的讲座、报告。还有受访者将教研员与大学工作者进行比较,凸显教研员理论与实践之间的桥梁功能:"香港没有教研员,只有高校研究者下学校和中小学教师一起做课题,搞研究。我深入了解之后发现,高校研究者和教研员下学校的侧重点很不相同。高校研究者更关心资料收集,而对教师最为关心的教学中的实际问题则兴趣不多。教研员更像理论工作者和中小学教师之间的桥梁,由于教研员更加了解中小学教师,更偏向于解决实际问题,反而和教师的沟通更加顺畅,也更为中小学教师所欢迎。"需要指出的是,有时候教研员也被当作理论工作者,有教研员受访者这样说道:"我们思考理论与实践都比较多,很容易拿一个生动的例子去诠释理论。相较而言,一线教师没有时间去思考理论,他们很难将理论与实践结合起来。"

还有很少的一部分受访者将理论定位在教师实践的提炼和凝结,这部分受访者主要是教师群体。有受访者这样说道:"教研员就应该深入一线,与教师一起实践,总结教师经验,提炼教师经验,把这个团队中优秀教师的经验提炼出来,上升为理论,并通过宣传,让所有参与的教师都能得到成长。"教研员提炼和凝结"教师的理论"成为很多教师的共同期待,有教师受访者这样说道:"我们有经验,但是我们不知道怎么去提炼、去总结。教研员比我们站得高,我们希望教研员能够从这些方面给我们提供帮助。""我是高中语文老师,我需要有人能对

我的教学实践进行理论分析与提炼，进而改进我的教学。在一定程度
上，教研员起到了这个作用。"有教研员受访者对于自己提炼"教师的
理论"这一工作很有成就感："目前我们做的主要是把一线当中有代表
性的课堂形态呈现出来。比如某一所学校，在课堂形态上、课堂流程
上有自己显著的特点，或者是某一个学科甚至是某一位老师，他的课
堂非常有特色，我们挖掘他的课堂，流程是什么，背后反映的教与学的
关系到底是什么。"

　　最后，实践与实践之间的桥梁。至于实践与实践之间的桥梁，主
要是指为了促进教师之间相互学习、相互交流，尤其是优秀经验的传
播与分享，教研员所搭建的各种平台。这种桥梁功能意味着教研员需
要发挥了解实践、见多识广的优势；有了信息资源的优势，才能够为教
师搭建经验交流、分享与传播的平台。比如，从某一个教师那里看到
一个很好的做法，教研员就可以将其推广到其他教师身上，从而在不
同教师之间搭建了经验交流、传播与分享的桥梁。如表 3-2 所示，在
30 位受访者中，有 20 位受访者提及了这一桥梁隐喻，其中有 10 位教
师受访者，8 位教研员受访者，2 位校长受访者。根据访谈可知，教研
员所搭建的实践交流平台类型多样。

　　有的是大型学科观摩研讨："在我们区域，大型学科观摩研讨，每
个学科都有，一般每个学期一次，影响面比较大。每个学科人数不一
样，像小学语文和小学数学基本上都是四五百人，分几场，低段一场、
高段一场，能够使教师的参与面大一些。在活动中，主要是教师分享
自己好的经验和做法，让全区相同学科的教师都有启发。"进一步调查
可知，这样的大型学科观摩研讨，主要是以课例的方式予以推进："我
们主要以课例的方式，将课标、教材、教学三个方面结合起来进行展
示。这就是所谓的'面上推广'。"不少受访者都谈及了大型学科观摩
研讨，做法基本类似，有些地区还会有所创新："近几年，我们还增加了

'教研活动展示'环节,通过浓缩的方式,将教师的磨课、说课完整地展示出来,将我们思考、改进、再思考的过程完整地呈现出来。之所以安排这样的环节,是因为我们考虑到教师有必要知道好的课例是怎么出来的,有助于教师更好地学习、迁移。"

有的是连片教研:"以连片教研为例,我们教研员邀请了市区先进学校和我们学校进行同课异构。这让我们开阔了眼界,学习了好的做法,受益匪浅。"访谈表明,连片教研对农村学校尤为重要:"由于生源流失、班额减少,我们很难开展正常的教研活动,连片教研改变了这一现状,让我们能够相互学习,共同进步。"此外,还有指向问题解决的日常教研活动,针对教学难点、试卷分析、作文讲评,通过组织有想法的教师上专题课,为教师相互研讨搭建了平台,等等。这些平台的搭建,从不同方面让教师感受到实践共同体的氛围,形成相互交流、相互学习的常规,为教师搭建了实践与实践的桥梁。

综上,教研员被认定或者被期待成为促进政策与实践之间、理论与实践之间以及实践与实践之间沟通的重要渠道、转化的重要力量,教研员群体也普遍认同自己这种上传下达、沟通交流的"中间人"的身份。对不同受访群体而言,教研员的"桥梁"功能有着不同的意蕴。对教研机构领导而言,更为强调政策与实践、理论与实践之间的桥梁;而对于教师来说,实践与实践之间的桥梁更为他们所欢迎,并对此有更多的期许。

2.桥梁的搭建与教研员的角色定位密切相关

为了能够沟通政策与实践、理论与实践以及实践与实践,使得教师不仅从观念上认同课程政策、相关理论、好的做法,而且能够在日常教学活动中予以贯彻落实,促进自身不断发展,教研员就需要承担相应的职能。研究发现,教研员之所以能够承担"桥梁"功能,与教研员的角色定位息息相关。教研员是边界工作者,熟悉双边的情况,能够履行"中介"这一职能。另外,教研员与教师的日常教学建立了经常、直接、实质的联系,为沟通转化提供了扎实的实践基础。

首先,教研员是边界工作者,熟悉双边的情况。承担"桥梁"功能,关键在于对双边都比较熟悉,突破边界,才能做好转化,让"桥梁"名副其实。"以往,边界被视为一种消极的存在,阻碍了双方的沟通与学习,但今天人们逐渐认识到,边界隐含着学习的资源。"[1]有研究者明确提出教研员"边界工作者"的角色定位,并指出作为边界工作者的教研员的内涵"不是追求具有排他性的专业地位,而是要实现边界组织的特定功能:满足不同组织的需求,促进不同组织的合作"[2]。这就需要作为"边界工作者"的教研员,既要对"桥梁"的一方——政策、理论以及好的做法——有相当的了解,也要对"桥梁"的另一方——教师——有密切的关注。调研显示,正是教研员或多或少具备这样的角色定位,才能够在教师专业发展中发挥"桥梁"作用。以理论与实践之间的桥梁为例,有受访者指出:"教研员是把高深的理论和一线的实践结合起来最合适的一个桥梁。他可以敏锐地捕捉到外界的前沿理论,这些是普通教师难以企及的;他还可以对前沿理论进行转化,以普通教师能够理解的方式传达给普通教师,这又是理论工作者很难具备的。"

进一步研究指出,教研员作为边界工作者的角色定位,与教研员产生方式有直接的关联。教研员一般都是从一线优秀教师中选拔出来的,这让教研员对实践有了更多的了解;与此同时,相较普通中小学教师,教研员又有更多机会接触理论。"现在的教研员大体有两种来源,一种来源于优秀的教师,占绝大多数;还有一种新的来源,就是高校的研究生、博士生,理论方面比较擅长。这两种来源的教研员,各有优劣。来源于优秀的教师,他们主要凭借自身经验对教师进行指导,

---

① 郑鑫,尹弘飚,王晓芳.跨越教师学习的边界[J].教育发展研究,2015(10):59-65.
② 沈伟.教研员作为边界工作者:意涵与能力建构[J].教育发展研究,2013(10):64-68.

理论功底有所欠缺。理论方面比较擅长的教研员，对实践又缺少了解。正因为如此，我们一方面让优秀教师来源的教研员参与理论学习和培训，一方面让研究生、博士生来源的教研员到中小学教一个循环，丰富其实践经历。"

　　另外，教研员的工作性质也决定了教研员"边界工作者"的角色定位。"教研员一般是从优秀教师中选拔出来，主要从事学科教学研究和教师业务指导的专门力量。教研员职业角色的独特性主要在于其角色的复合性。"①一方面，教研员有更多的机会了解政策、理论，也有更多机会接触好的做法。以政策为例，与教师相比，教研员在领会课程标准思想、教材编写意图等方面具有天然的优势："教研员有更多渠道洞悉国家政策的导向，更容易掌握改革背后的深意，更容易将课程改革的理念转换为实践的话语和做法，这是中小学教师所不具备的。"在将课程政策转为教学实践方面也有更多的办法："教研员要眼界开阔、见多识广，通过参观、考察、学习，有更多机会留意好的做法。普通教师一般少有这样的机会。"可以说，教研员是沟通教师与外界的不二人选。另一方面，教研员也特别强调自身理论与实践之间的桥梁作用："可以说，教研员为课程改革的落实提供了一个可靠的保障，没有比我们更清楚教师和国家的双边需要的。"正是对教研员"边界工作者"身份的认同，有受访者呼吁不要对教研员有不切实际的期待："作为理论与实践的桥梁，不是说要让我们的教研员专注理论研究，这本身就有点强人所难，教研员再优秀，实践再丰富，与理论工作者的理论研究还是有距离的。这就是为什么定位在'桥梁'上的缘故，主要是将先进的理论转化为教师的实践，而不是自己去研究理论。"

　　与此同时，调研也发现，因为诸多原因，在相当程度上教研员"边

---

① 刘宝剑.教研员的职业角色与工作智慧[J].上海教育科研，2009(9)：14-15.

界工作者"的身份名不副实，局限了其"桥梁"作用的发挥。有教研机构领导受访者这样解释道："现在不少从一线选拔出来的教研员，可能教学工作做得很好，实践这一块没问题，但因为眼界、见识，在将新课程改革的相关理念转化为教师的教学实践方面，还存在不少问题。"有教研员受访者也提到了这一点："我们教研员都是来自一线的教师，跟教师沟通没什么障碍，但是和专家和领导的沟通就存在问题。我们自身能力有局限，都是在吃老本……"当研究者追问"吃老本"具体所指时，受访者回答道："就是吃实践经验丰富的老本，喜欢听评课，发现教师身上做得好的地方，然后推广。"有教研员受访者将这个问题与教研员学习与培训联系起来了："我们学习培训的机会很少，专门针对教研员的专项培训几乎没有，都是边工作边摸索，自己'找草吃'，很难形成教研员应该具有的素养。"

其次，与教师的教学建立经常且实质的联系。不难发现，不论是政策与实践、理论与实践，还是实践与实践，最终都指向实践，指向教师，指向教师的教学。易言之，与教师的教学建立经常且实质的联系，这是转化的关键一环。访谈表明，教研员也都认识到这一点："我们教研员的工作一定要与实践有关，服务好教师。"在这个过程中，教研员也摸索和总结出一些具体的经验和做法。

一是教研员开展工作，通常都是以教师的需求为导向，致力于解决教师教学中遇到的难题。"在统编教材的背景下，教师对新教材比较迷茫。我们以课程标准为培训内容，以学校教师为培训对象，就新旧课程文本有什么样的变化、具体增删了什么内容进行培训、研讨，帮助教师领会统编教材的精神。"教研员经常深入一线，与教师打成一片，对区域内的教师以及教师的学科教学情况都比较熟悉，能够以教师易于接受的方式对教师进行培训。传统的在职教师教育（教师进修学校、教育学院）主要以教育学学科知识体系为内容基础开展培训，唯有教研员承担的教师培训，更多立足课堂、立足教学。也正因为如此，教研员的培训普遍受教师欢迎："与专家不同，教研员给老师的，是理论和实践有机整合起来的东西，更易于被教师所接受。"事实也证明，与专家讲座相比，一线教师更喜欢听教研员的讲座，普遍欢迎教研员这种"理论联系实践"的做法："教研员更了解教师，不会直接将理论搬给教师，而是经过转化，转化的依据就是和中小学教师经验结合起来。而且教研员的要求也不像专家那么高，制定的目标比较有弹性，让教师每一步都有收获。"

　　二是教研员一般都以案例的方式，结合具体的教学问题展开工作："我们教研员给中小学教师做讲座，都是结合具体的案例，按照实践逻辑展开。可操作性更强，教师就更愿意听。"有受访者以培养学生的数学素养为例予以说明："如何培养学生的数学素养是当前一个很重要的问题。不过，你笼统地与教师说数学素养的重要性，这是不够的。教师会觉得你在弄一个新名词、新花样。但是若能结合教学、结合考试，让教师明白学生应该具备哪些素养，要培养这些素养，课堂上又应该做什么，考试当中是如何考查的，效果就完全不一样了，就会让教师觉得数学素养是与自己的工作息息相关。"有教师受访者也这样说道："教研员主要不是通过讲大道理，而是以示范引领的方式，将政策导向说清楚。"

　　三是为了发挥辐射引领作用，教研员也总结出一套基于教研共同体的推广机制："我们会'抓骨干'，就是抓具体学科市级或省级教学能手，也包括区县教研员，一般都有40人左右，以课例的方式进行专题研究，将政策话语转化为实践话语。"需要指出的是，以课例的方式进行专题研究，是教研员区分其他研究人员的重要方面。接下来，发挥这些骨干教师的辐射引领作用，让他们将研究的成果扩散到全体教师中。至于如何发现这些骨干，受访者这样说道："这种人确实有，虽然是少数。但是我相信,这些人就是火种,只要有,就能带动一批。"以教研共同体为视角审视整个教研系统的系统结构时,就会发现在教研机构长期经营下,教研共同体已经形成了一种上下沟通、错落有致、三级联动推动教育发展的系统结构。在这个自上而下的系统中,不同层级的教研共同体有明确的教研分工、负责不同层级的教研事务,让高质量的教研成果能够逐级推广至学校实践。形成了一个完整的教研生态发展系统。

3.三重桥梁指向教师专业发展的诸多面向

如上所述,与教研员的角色定位密切相关,教研员之于教师专业发展促进机制的作用主要体现在三重桥梁的搭建上。进一步分析可知,这三重桥梁指向了教师专业发展的诸多面向,既指向教师专业素质结构,也指向教师专业发展的途径与方式。

一方面,教师的专业素质实际上要回答的是教师专业发展应"发展什么"的问题。胡惠闵教授指出,教师需要在"专业精神或信念""专业知识""专业技能"等方面进行素质提升。[①] 陈向明教授也强调,教师专业发展是指"教师不断提升自己的专业意识、发掘自己已有知识、建构新知识,并不断增长专业能力的过程"[②]。而在教研员促进教师专业发展过程中,这些方面都不同程度有所涉及。

热爱教学工作,有归属感,这是专业精神或信念的题中应有之义。通过访谈显示,教研员通过为教师架起多重桥梁,有助于教师尤其是青年教师、小学科教师培养学科归属感,进而更好地从事教学工作。有受访者坦言:"对某些小学科比如信息技术的教师而言,因为是小学科的缘故,这些教师在各自的学校不怎么受重视,也缺少交流的同行。

---

① 胡惠闵.校本管理[M].成都:四川教育出版社,2005:5-64.
② 陈向明,等.搭建实践与理论之桥:教师实践性知识研究[M].北京:教育科学出版社,2011:12,65-66.

但是在教研员搭建的学科团队里,只要他做得好,一般都能被挖掘出来,给他提供专业发展的机会。"教研员通过搭建平台,能够让不同学校的教师迅速找到志同道合的伙伴:"教研员通过搭平台,营造氛围,找到志同道合的伙伴,发现一些教师。"有教师受访者对此感同身受:"教研员通过组建学科团队,给了教师一个归属,否则就有点孤立无援。尤其是青年教师,如何培养这些青年教师的认同感,学科团队就起到了重要的作用。相当于教师的一个避风港,你有什么事情可以来这边诉诉苦,我们可以给你指导一下,也是个加油站。"

教师专业发展离不开专业知识不断地加深、拓宽与升华。在这个过程中,教研员搭建的桥梁就发挥了作用:"比如某教师设计了一堂课,效果很好。通过教研员主持的教研活动,我们教研共同体就会思考这堂课到底好在哪里,将其之所以好的背后因素挖掘出来,显性化,这样就有可能影响到更多教师。这就是一种独特的教师成长机制。"专业技能的提升对教师而言至关重要。能力表现在教师的具体做法、策略和手段中。"能力展现的是教师职业作为'技术'的一面,是教师具体实施教育教学活动所必须掌握的素质。"[①]就研究能力提升而言,在提升研究能力的道路上,就离不开教研员的引领和帮扶:"在这个转化的过程中,我们不仅是为了解决问题,更重要的是为了培养一大批研究型的教师,让他们进入这种行动研究的状态中去。"

另一方面,谈论教师专业发展,就绕不开途径与方式问题。教师专业发展离不开外部的支持,如名师的专业引领、互助合作的团队、进行教学实践与反思的平台。关于教师专业发展的途径与方式,哈格里夫斯和富兰以教师专业发展取向的方式呈现了一个广为接受的分析框架:理智取向的教师专业发展可以通过各种形式的知识分享或传授

---

① 陈向明,等.搭建实践与理论之桥——教师实践性知识研究[M].北京:教育科学出版社,2011:12,65-66.

（如讲演、展示、分析、讨论、阅读等）帮助教师丰富和重组专业知识，提高基于专业知识的"实践推理"的能力；实践—反思取向的教师专业发展主要通过基于情境的反思的方式，让教师改进自己的教学；生态取向的教师专业发展主要强调教师团队建设，通过营造团结互助的氛围，强调学科教师之间的交流与分享。[①] 调研显示，教研员所组织的活动与这三大取向都有千丝万缕的关联，这些都在访谈中不同程度被提及。

有受访者指出，教研员组织的培训活动，主要通过知识分享和传授的方式促进教师专业发展："我们通过集体培训，宣传国家的课程教学改革政策，有助于教师领会课改精神。""课程标准属于顶层设计，相对抽象，教研员需要在基层学校，结合具体情况，对课程标准进行研讨和分析，帮助教师更好地领会课程标准的精神。在这个过程中，就架起了政策与实践的桥梁。"有的教研员通过开发"边界物"，帮助教师领会政策精神："比方说，为了贯彻核心素养精神，让教师在课堂上落实渗透核心素养，我们研制了新的教学设计标准、课堂教学评价标准以及作业评价标准，并及时和一线教师沟通，让一线教师明确课程改革方向。"这主要以理智取向的方式促进教师专业发展，通过知识分享或传授的方式丰富和重组教师专业知识，提高教师基于专业知识的"实践推理"的能力。

有受访者指出，教研员主导的听评课活动为教师的反思提供了契机，有助于教师在反思中认识自己教学的实际情况，进而改进教学。有时候，教师能够从观念上认同相关政策、相关理论、好的做法，但是落实到具体课堂教学实践中，会力不从心。如何帮助教师改进课堂教学实践，促进教师观念和行为发生改变，教研员的"桥梁"作用不可或

---

① Hargreaves A, Fullan M G. Understanding Teacher Development[M]. London: Cassell, 1992.

缺。有受访者以政策与实践之间的桥梁为例进行了说明:"教研员对教师的影响,很多时候通过日常教研活动,诸如听评课、集体备课、讲座等形式,首先从行为上对教师产生影响,进而影响到教师的观念。教师观念和行为都发生改变,才意味着真正的成长。"这与实践—反思取向的教师专业发展不谋而合。

也有受访者指出,教研员领衔的学科团队建设与学科氛围营造有助于促进学科教师之间的交流与分享。"我们是出于这样的三个考虑:第一,规模要相近。大学校和大学校之间会结对子。第二,教学风格要相似。如果这个学校做教学评价,另一个学校也做教学评价,我们就会把他们放在一起结对子。第三,地域要就近。我们县区偏远的学校特别多,如果让相互离得特别远的学校结对子,这也不现实。因为我们不是做一次结对子就结束了,而是要通过我们牵的这条线,让他们以后能够在各个学科之间展开交流,这就相当于给他们建一座桥梁。"这些做法充分体现了生态取向教师专业发展的要义。

(三)教研员何以促进教师专业发展

由上述分析可知,"桥梁"是教研员促进教师专业发展的重要隐喻,教研员之于教师专业发展的促进机制主要在于"桥梁"功能的发挥。他们不但了解国家教育政策方针、教育改革政策和教育理论,同时还具备丰富的一线教育经验,沟通理论与实践、政策与实践、实践与实践,就成了教研员工作的应然诉求和优势所在。正是教研员发挥了独特的"桥梁"作用,才能在促进教师专业发展中起到不可替代的作用。与此同时,调研也表明,教研员在发挥"桥梁"作用的过程中,由于诸多原因,也在相当程度上限制了教研员"桥梁"作用的发挥。比如,"桥梁"的单向度问题,在沟通"政策与实践之间的桥梁"中,教研员主要发挥了上传下达的功能,而对自下而上的功能涉及不多;比如,相较政策与实践之间的桥梁，理论与实践、实践与实践之间的桥梁则提及不多，而这恰恰是一线教师所迫切需要的；再比如，教研员作为"边界工作者"的素养问题，有些教研员实践经验丰富，但理论素养不足，或者相反，这些都阻碍了"桥梁"作用的充分发挥；等等。在"反映的实践者"成为好教师形象的当下，如何在现状基础上做出改进，成为我们需要思考的问题。为了更好地服务教师专业发展，提升教师的反思能力和研究思维，不断更新实践性知识，让"反映的实践者"这一好教师形象早日成为现实，结合当前教研员"桥梁"作用的实际发挥，以下几个方面值得关注。

一方面，全面认识"桥梁"隐喻，充分挖掘"桥梁"隐喻背后的促进机制。从教师专业发展的角度而言，成为胜任教学的好教师，需要体察政策精神、懂得理论，并见多识广。这些恰恰是教研员"桥梁"隐喻的三个重要方面。可以说，教师专业发展离不开相关的支持力量。作为"边界工作者"，教研员见多识广，是中国特色的教师专业发展支持力量，是"教师的教师"，能够给教师专业发展的诸多方面带来帮助。研究显示，教研员对教师专业发展的支持主要体现在"桥梁"隐喻上，这一隐喻对教师专业发展的助力值得分析。教研员数量不多，本身能解决的问题有限，但是可以利用职务优势，将各方面的力量结合起来，发挥集体的力量，形成集体的智慧，并在其中穿针引线，共同服务于中小学教师。

另一方面，尤为重视"实践到理论之间的桥梁"和"实践与实践之间的桥梁"，帮助教师基于教学实践，反思、研究自己的教学，突破"理论"与"实践"的区分，获得在"理论"与"实践"间切换的能力，不断生成和丰富实践性知识，助力"反映的实践者"早日实现。不断发展和丰富实践性知识,是"反映的实践者"的重要标志。① 教师的工作,每一天都不断地做无数次、实实在在的"小"决定,对学生都会产生重大的影响。这些决定通常都没有清晰的规律可循,没有程序可依,也不能从一个情境照样搬到另一个情境。而许多决定都要在复杂变化中的课室情境中立刻做出,这需要教师有丰富的经验、技巧、智慧和专业知识。这些就是教师专业角色的主要内容——教师需要有能力在课室瞬息万变的教学情境中做出酌情判断。"实践性知识即教师通过对自己教育教学经验的反思和提炼所形成的对教育教学的认识。"②因此,教研员作为教师实践性知识生成的重要媒介,通过"实践与理论之间的桥梁"和"实践与实践之间的桥梁"的建构,可以基于教师的实践经验,为教师行动中反思提供契机和平台。

---

① 董江华,陈向明.镜室的映照——对合作探究群体生成实践性知识的探析[J].教育学报,2013(4):72-82.

② 陈向明.教师如何创生自己独特的知识[N].中国教育报,2010-01-22(3).

第四章　动力机制：激活教师专业发展的内在需求

从前，我也到过什么讲习会，演讲会，讨论会，千篇一律的，一二位享鼎鼎大名的人，滔滔不绝地讲述他的种种意见；有时还要奚落别人。唯有这一回的暑期学校，却别开生面。第一，是完全没有人讲。第二，完全要我们自己研究，共同讨论。第三，并且还要我们做。第四，要我们负了完全的责任做。第五，还要不守陈规，日日革新地做。

——俞子夷

随着基础教育课程改革的逐步深入,教师专业发展日益成为课程改革的关键所在;各种关于教师专业发展的理论层出不穷,促进教师专业发展的途径和措施也不断涌现。问题在于,形形色色促进教师专业发展的举措,有些似乎并没有取得预期的效果,有些甚至引起了一线教师的反感和抵触。教师改变的基本动力来自教师内部。只有当一个教师愿意做出改变时,根本性的改变才会发生,教师改变应首先被视为发生在教师内部的事件。正如吴康宁教授所言:"对许多教师而言,便存在着一个自身专业发展的动力转换问题,即从'外压'转变为'内驱'。"①如何让教师愿意并乐意追求自身素质的提升,从而更好地促进自身的专业发展,是摆在我们面前的一个现实难题,这是动力机制着力探讨的问题。

一、教师"被发展"何以成为问题

有研究者指出,由于理论的困境和传统文化的影响,教师专业发展这一倾向于"内求"的路径义无反顾地为我国教育学者和教育工作

---

① 吴康宁.教师应成为自身专业发展的主人[J].南京师大学报(社会科学版),2015(5):80-86.

者所接受。[①] 教师专业发展的"内求"路径主要是指教师通过探求教学工作自身的独特性,谋求个体的、内在的专业性提高,并希望借此最终获取社会对其专业地位的认可。笔者对这种事实提出担忧,认为这种忽视或片面否定"专业"这一向度不利于教学专业化的发展。

目前我国实施的、主流的教师专业发展模式还是由地方政府发起的、指令性的教师发展模式和由大学提供课程、工作坊、研讨会和讲座等的发展模式,主要依托刚性推进的政策体系和外部形塑的培训体系,本质上都是一种外在于教师的、自上而下的模式。这种自上而下的教师专业发展模式,有两个明显的特征。其一,教育行政部门和大学形成一套相对独立的教育培训体系,以此开展常规的教学研究和教师培养工作;其二,教育行政部门和大学通过一套甄别、评价与认定机制最终评判教师专业发展的情况。从中不难发现,在有关教师自身专业发展的事体上,教师依然处于弱势地位。在这样的境遇下,一方面,教师的专业发展空间被挤压,教师的专业发展能力被"肢解"。另一方面,由于管理部门实行"一刀切"的评价标准,试图通过统一的细化和量化的考评来提升教师发展动力,这不仅未能衡量教师专业的真实水平,还成为限制和控制教师自由探寻真理和学术的"藩篱"。结果造成教师在不知不觉中屈从于外部的规约和控制,压抑了教师"自为"发展的精神需求和选择行为,从而丧失了职业发展的自主性和积极性。在这种特定的背景下,本书认为,较之忽视或片面否定"专业"这一向度的"内求"路径的教师专业发展,这种忽视教师"内驱力"的教师"被发展"的普遍遭遇更令人担忧。事实上,随着教师专业化的逐步深入,教师缺乏专业发展自主性的"被发展"问题在专业发展中越来越突出,严重制约了教师的持续专业发展。

---

① 卢乃桂,王晓莉.析教师专业发展理论之"专业"维度[J].教师教育研究,2008(6):1-6.

　　20 世纪中叶尤其是 1966 年联合国通过《关于教师地位的建议》以来，教师专业发展浪潮逐渐席卷整个西方。"伴随着全球政治、经济与文化的急剧变化，社会对人才的发展提出了更高的要求。为了回应时代和社会的要求，教育改革成为关注的焦点。而在诸多涉及教育改革的政策与实践中，教师专业发展（teacher professional development）因其被当作教育改革成败关键而格外引人注目。"[①]在西方世界的推动下，我国学者于 20 世纪 90 年代也开始涉足这一领域。不过，在我国，教师专业发展真正成为研究的热点，与新一轮课程改革的推动密不可分。这一特殊的时代背景，使得我国对教师专业发展这一问题的研究走上了一条自己的道路。起初，我们的关注点主要落在教师专业发展这一问题的重要性上（尤其是对课程改革的支持作用）。为了回答这一问题，研究者们主要从介绍国外相关理论及具体做法入手，指出教师专业发展之于课程改革的重要意义，涌现出一系列从外围的角度对教师专业发展进行研究的成果。[②] 随着研究的不断深入，更重要的问题摆在了人们的面前："如何使教师具备合格的专业素养？ 如何提高教师的专业素养？"[③]人们开始把研究的重心转向如何促进教师专业发展。越来越多的研究者认识到，要真正促进教师专业发展，还得回到教师自身，从教师这一主体出发，尊重教师已有的经验，给予教师一定的空间，遵循教师作为成人学习的特征，从而开启了教师专业发展研

　　① 　Hargreaves A. Changing Teachers, Changing Times: Teachers' Work and Culture in the Postmodern Age[M]. London: Cassell, 1994; Day C. Developing Teachers: The Challenges of Lifelong Learning[M]. London: Falmer, 1999.

　　② 　这类文献诸如：唐玉光. 教师专业发展的研究[J]. 外国教育资料, 1999(6): 39-43; 丁钢. 以教师专业发展为核心的校本课程开发[J]. 教育研究, 2001(2): 50-53; 张俐蓉. 中小学教师专业发展的国际实践[J]. 全球教育展望, 2001(7): 12-16; 张民选. 专业知识显性化与教师专业发展[J]. 教育研究, 2002(1): 14-18,31; 钟启泉, 杨明全, 花惠萍, 等. 课程改革促进教师专业发展的个案研究——以江西省临川二中为例[J]. 全球教育展望, 2002(8): 12-17; 操太圣, 卢乃桂. 教师专业发展新范式及其在中国的萌生[J]. 教育发展研究, 2002(11): 71-75; 等等。

　　③ 　胡惠闵. 校本管理[M]. 成都：四川教育出版社, 2005: 36.

究重心由"外"到"内"的转移。

二、教师"被发展"的可能表现形式

所谓"被",按照字典上的解释就是"用于被动句,引进动作的施事,前面的主语是动作的受事(施动者放在被字后,但有时省略)"。近年来,基于"被"字的本义,好事者将其引申、构造出一个极度流行的词语:"被××"。若从语法上分析,一个人"被××",却没有施动者出现,这种语法看似奇怪,但也恰恰以此嘲弄了"被时代"的荒谬——"被"一方一般都是弱势的一方,他们无法发出自己的声音,甚至连定义权也只能任由掌握权力的另一方拿去,于是,心智正常的被说成精神病,被强迫的被说成自愿;"被"方仿佛面对的不是一个具体的人,而是一种"深不可测的力量"。深入一线教师中间,我们似乎不难发现,有很多教师对各种名目的"专业发展"活动持有明显的爱恨参半的心态。一方面,他们发现上级行政部门提供的专业培训没有因人而异,教师缺乏自主选择,对他们的实际工作鲜有直接的指导作用,不是过于学术化,就是与教师实际工作情境相去甚远,另一方面,他们又不得不参加各种专业发展活动和培训。这就是典型的"被发展"心态。具体而言,教师"被发展"表现在以下几个方面。

(一)追求名师效应带来的利益和好处

在教育界,"教而优则仕、教而优则富"已是一种相当普遍的现象。[1] 一般来说,教师发展到一定阶段,获得诸如"名师"等头衔后,会给教师带来提升职务、增加工资、补助津贴等实际好处,甚至有的还能得到被邀请讲学、出版教材、担任行政职务、调往待遇和条件更好的学校等普通教师可望而不可即的诱人利益。因此,许多教师也渴望在专业上不断发展,成长为优秀教师。不过,在这种名师功用的导向下,不可否认有些教师与其说他们是在追求专业发展,毋宁说是在追求"专业发展"之后带来的外在的利益。由此,教师专业发展就成为谋利的工具,而不是发自教师内心的专业发展信念。这样一来,在教师身上所体现出来的专业进阶从根本上说就不是发展,而是一种精明。

在这种心态的驱使下,教师往往对于各种外在的促进教师专业发展的举措表面上十分认同,在某些方面和某种程度上也表现不错。不过,在其内心深处,根本不认可上述各种促进教师专业发展的举措,从而也很少甚至根本没有将上述各种举措落到实处。其主要追求的还是名师效应所带来的外在的利益和好处,致使其行为成为一种应付检查的摆设而很难成为其的常态生活。更可怕的是,它带给教师的除了外在的实惠,还有内心深处对于各种举措的鄙视、疏远和面对现实的无奈。以教师做研究为例,本来,"作为研究者"是教师专业发展的题中应有之义。不过,由于在很多地方科研成为评选晋职的重要指标,所以,有些教师并不是为了提升自己的专业品质,而是为了应付评选晋职而从事研究。所以,尽管有很多优秀教师"成果丰硕",甚至可以说"著作等身",但是看不到教师个性化的教育体验与感悟,而几乎都是空洞的政策解读、理念演绎和专家观点的演绎与实证。很多教师对各种新名词、时尚术语如数家珍,对各种理论、理念头头是道,但往往是知行分离,理论仅仅是装饰门面的点缀。"通过实际教学经验的检

---

① 李斌辉.教师假性成长及其克服:从教育行政角度的分析[J].课程·教材·教法,2010(6):85-91.

视,我们会发现许多教学实践者常常将接受师资培育得来的理论弃之不顾,而经验倒成为真正影响其专业发展和专业认知的最终权威。"[1]

(二)迫于外在压力勉强接受

每一个教师都是独特的,不可能依靠行政部门发展出一个适合所有的人的专业发展项目,这是显而易见的。面对上级部门的各种促进教师专业发展的举措,有些教师虽然迫于种种压力认可勉强接受,但敷衍了事;有些教师由于长期处于被控制、被管理的境地,被动性较强,因此不可能创造性地内化各种教师专业发展的途径。这些都在某种程度上导致了教师"无可奈何"的心态。

为了让教师抛除传统教学中落后的观念,促进教师专业发展,相关部门建立制定了"先培训、后上岗;不培训、不上岗"的教师培训原则。另外,许多地区实行了有计划、逐步提高的师资培训方案,让每一个教师或参加培训,或脱产进修学习。然而,从参加培训和进修学习的教师态度来看,部分教师只是迫于某种压力(如培训与评职称挂钩,不培训者不能晋级、晋职),被动地参与培训。这在很大程度上导致了教师对这些项目的抵触情绪。结果,他们的学习积极主动性低,不自觉、不认真的现象普遍存在。

另外,受科学管理的影响,教师的主要角色长期以来都是一个"执行者"——忠实地执行教育行政部门选定的教材,有效地贯彻教学研究部门提供的教学参考资料、介绍的教学方法和编制的考试试卷。至于为什么要教这些内容,为什么要这样教,教师不需要更多的思考,其创造性发挥受到限制。长期处于被控制、被管理的位置,受惯性影响,

---

① 卢乃桂,操太圣.立法者与阐释者:大学专家在"校院合作"中角色之嬗变[J].复旦教育论坛,2003(1):18-21.

教师被动性较强。具体表现就是，一说教师专业发展，他们回答都是"好啊，我该怎么做，我照着做就是了"，却不动脑筋去想想这是为什么，到底应该怎么做，表现为从众、随大流。

（三）认同教师专业发展举措，但很难落实于实践之中

教师对外部各种专业发展的举措表示理解和认可，也不能保证他们都可以自觉地将其内化成行为。教师在观念上认可这些举措是一回事，教师在实践中努力将其付诸实施又是另外一回事。大量研究表明，许多教师对各种专业发展举措有认同感，他们基于自身的教学经验和专业判断，认为举措有其合理性。问题在于，教师对这些举措的掌握更多情况下是以一种客观知识的形式存在于头脑之中，并没有与教师的实践理论产生真正意义上的联结和交融，没有成为支配教师专业发展的观念系统。因此，教师在言语上与改革倡导者保持高度一致，但在行为上并没有发生本质上的改变。"日常教育生活中人们经常可见的情况是，尽管一些教师在观念上能够认识到尊重、平等或公正等对于教师职业的重要性，但是在日常的师生互动和课堂教学过程中却不能表现出这些价值立场或遵循这些价值原则，不平等、不尊重、不宽容、不公正地对待学生和伤害学生的事情时有发生。"①从心理上而言，人们倾向于按个人的经验行事，"由于每一个人都有自己的舒适地带，有自己熟悉的活动范围和经验，在其中就会觉得安全、舒适和稳妥，一旦逾越，则可能会遇上困难、麻烦、危险和挑战。因此，一定意义上讲，大多数教师抵制变革是由于他们对未知的恐惧或对超越自我舒适地带的忧虑，他们本能地担心人际或组织的变革会给自己带来潜在

---

① 石中英.全球化时代的教师同情心及其培育[J].教育研究，2010(9)：52-59.

的威胁和影响"①。而且,一种举措从被理解和认可到在实践中被推行,是需要付出成本的。这种成本不仅是建立新行为的成本,还包括纠正固有行为的成本,这些都是阻碍教师落实上述举措的因素。

三、走向教师自主发展之路

前文从不同的角度分析了教师"被发展"所带来的可能表现形式。不管是哪一种"被发展"的表现,都极有可能会给整个教育带来消极的影响。而且教师"被发展"还具有一定的隐蔽性和欺骗性,给教师整体素质的提高带来了严重的隐患。更重要的是,"职业发展像是在热带雨林中寻找出路,而不是在高速公路上开快车,我们每个人都要努力发现一条合适自己的、能实现自身职业理想的道路"②。因此,必须采取有效的措施加以克服和解决。而克服教师"被发展",又要让教师保持不断追求自我实现和专业发展,教师就必须具备持续发展的内在动力,因此注重教师自主发展就是必然趋势。

本书认为,实现教师自主发展,需要在相信教师的前提下,给教师创造一种积极的自主发展氛围,通过让教师不断加强身份认同,发掘和提升教师自己的实践理论,从而促进自主发展。

(一)相信我们的教师

"我们必须承认教师的发展是自愿的——没人能强迫一个人学习、改变或成长。相比被迫参与某培训并无权决定时间、过程和目标,

---

① 卢乃桂,操太圣.论教师的内在改变与外在支持[J].教育研究,2002(12):55-59.
② 贾隆格,伊森伯格.是什么让教师不断进步——教师故事启示录[M].张涛,译.北京:中国青年出版社,2007:147.

当成人能自己选择某一变化，并能控制该变化，他们从中得到的会更多。"[1]事实上，教师从来不是因循守旧的群体，而是无时不在寻求改进的群体，他们会根据课堂中学生的不同而调整自己的教学行为，会尝试各种不同的教学方式以帮助学生更加投入学习，会选择各种途径提升自己的专业品质，而这些自愿的行为，明显会带来更积极的结果。"许多研究已经显示，让教师自我制定专业发展的目的和自我指导专业发展活动，对于促进教学实践之有意义的、持续的改变具有决定性的作用。"[2]这方面，芬兰给了我们很好的启示。

2000年以来，芬兰屡屡在国际教育测评中名列榜首，且是在学生没有额外的学习负担的前提下做到的，而在20世纪80年代，芬兰初中学生的学习成绩仅仅比全欧洲的平均成绩好一点点。更令人敬佩的是，他们的校级差异微乎其微，没有像其他国家那样出现"教育底层"。这一切是怎么做到的？芬兰教育成功的秘诀是什么？芬兰总统哈洛宁说："答案其实很简单，就是有好教师。"而芬兰好教师是如何造就的？在芬兰国家教育委员会任职达34年之久的劳卡伦博士给出的答案是：我们相信我们的教师。"我们完全相信教师是能够胜任的。"劳卡伦说，"他们知道该做什么"。这种"相信我们的教师"主要体现在两个方面。首先，教师在整个社会拥有很高的地位和期望。和世界上许多国家相比，芬兰教师的社会地位与影响力是很高的，其专业性足以与律师和医生相提并论。除此之外，社会对教师的期望很高，认为教师承担着重要的社会责任。其次，芬兰没有教师评估。芬兰教育的一项可贵之处在于尽可能地不比较、不评分，对教师也是如此。他们教育机构的官员们一致认为"我们的老师，都是一样好"。拉普兰大学教育系附属实验学校校长瓦拉能博士曾说："我不需要去管老师，老师

---

① 卢乃桂，陈峥.赋权予教师：教师专业发展中的教师领导[J].教师教育研究，2007(4)：1-5.

② 卢乃桂，操太圣.论教师的内在改变与外在支持[J].教育研究，2002(12)：55-59.

的教学如有任何的问题,最后一定都会反映到我这里来。如果我们去管老师,所有的表面功夫,又有谁不会做呢? 你要什么数据,人家就给什么。你一来,人家就做个标准模样给你看。可是那有意义吗?"①

需要指出的是,"相信我们的教师"需要依赖教师个体具备的能动性和自主学习的能力。事实上,在芬兰,中小学教师需要硕士研究生及以上学历,幼儿园教师需要本科及以上学历。教师是优秀青年的首选职业,十个申请者中,只有一人能够获得教职。也就是说,相信教师的前提是教师有足够的能力和担当。

(二)营造一种促进教师自主专业发展的氛围

"教师是有自主性的教育者,他们的成长不在外部,而来自内部。借助外部的培训机构的力量有时确实是有用的,但它们不能完全替代教师的自主性,自主性来自教师的内部生活。"②教师专业发展离不开政府的引导和介入,但行政力量过于强大,也会带来严重的等级化、功利化和短视化行为,非但无助于教师专业发展,反而会挤压教师专业自主的空间,甚至剥夺他们专业发展的自主权,造成教师"被发展"现象。而我们的改革长期以来重心太高,缺乏多元主体和多层次改革同步推进滚动向前的思维。我国的教师专业发展更多地表现为一种"追赶型"的政府行为。这种来自外部推动的改革使教师成为教育改革方案制定的局外人,教师个人掌控专业发展的空间受到了严重挤压,教师专业自主发展受到了钳制。③ 面对教师专业发展问题,基本的思路应该是从专业发展自身的逻辑出发来解决。过分迷信行政力量,不仅难以切实解决现实生活中的专业发展问题,反而有可能进一步恶化教

---

① 陈之华.芬兰教育全球第一的秘密[M].北京:中国青年出版社,2010:55.
② 姜勇,庞丽娟.论教师的意识唤醒[J].教育研究与实验,2006(5):38-40.
③ 郭元捷,鲍传友.实现教师专业自主发展的路径探讨[J].中国教育学刊,2006(12):61-63.

师专业发展的生态环境。因此，将管理重心下移，真正把教师专业发展的主动权还给教师，是教师专业实现内涵发展的重要保障。作为管理者，重在营造促进教师成长的物质环境、制度环境和文化环境。与其用工程化来催熟教师，不如把更多的人力和资金用于对教师的日常服务，为教师规划成长愿景提供指导帮助，提供理论和技术的支撑，提供经费和物质上的帮助；为教师解决教育教学实践中的各种困难，解除一些教师身上生存的枷锁，提供更多的选择、空间与支持，让教师能静下心来阅读、教学、反思、研究；唤醒教师职业的内在尊严与欢乐，置教师于乐为、能为、可为、作为的主客观良性成长环境之中。教育行政部门在教师专业发展中主要起引导、规范、激励、服务的作用，承认教师具有必要的专业能力，认识到作为教师发展主体的自身实践活动才是教师成长的根本动力，相信他们能够通过学习实现自我成长。

(三)加强教师身份认同，促进教师自主专业发展

身份认同就是关于"我是谁"和"我与世界是什么关系"的问题；也是关于"可能的自我"的问题，即"我会成为什么人""我想成为什么人""我怕成为什么人"等问题。教师身份认同还涉及教师对教师职业和教师生涯的看法、态度和观念等。[①] 教师工作的特点决定了教师不论是学习一种新的知识、接受一种新的观念，还是确立一种新的信念，都需通过自己的选择与认同，经过内心体验、思考与分析，在自我内化的基础上来完成的。也就是说，积极的教师身份认同能够让教师对所从事的工作产生一种内在的兴趣，并能够从中找到乐趣，是教师努力做好本职工作并不断开拓进取的心理基础。在获取身份认同后，教师才

---

① 黄景.教师身份·教师能动·教师自主:二十年从教经历的反思[J].教育学术月刊,2010
(8):27-31.

能实现自主成长,把成长当作个体内在的一种积极发展的历程,是其在追求人生的意义与价值的过程中自然生发的,而不是对外在压力或诱惑的迎合,此时,他就具有了自主成长的内在依据和动力,才会对自己的专业发展保持一种自觉的状态,主动寻找各种助力自身专业发展的资源,不断追求并及时调整自己的专业发展行为,从而最终达到理想的教师专业发展的境界。教师的发展需要实现一种内在转变,更需要把教师作为主体的自身实践活动看作是教师发展的根本动力,因为教师的实践活动包含了教师内在的需求、能动认识和选择。这也意味着教师的发展将不再仅仅是一种社会的要求,也是一种自我实现与超越。

(四)通过实践联系理论的路径促进教师专业发展

有关教师专业发展的研究和我们的日常观察都发现,中小学教师很难将学术界的教育学理论运用到自己的日常教育教学实践中。他们即使通过培训或读书,在概念上理解甚至在理念上认同了这些理论,但是在工作中通常还是不能运用。[1] 这主要是因为教师的工作具有自己的"实践的逻辑",不像建筑师、工程师、管理者等,他们能熟练地应用自己掌握的知识、技术解决当前的问题,好比在"干爽的高地"上行走。教师犹如在"湿软的低地"行走,他们不能应用已有的原理与技术直接解决问题,而是要在揣度情境、调整既定方案、不断探索中明确问题,找出解决问题的途径和方法。[2] 实际上,教师是在复杂情境中探求问题的"反思性实践者",他们通过自身的经验对实践中的问题不断反思与建构,形成自己的知识——实践性知识。教师通过反思教学

---

① 陈向明.理论在教师专业发展中的作用[J].北京大学教育评论,2008(1):39-50.

② 王艳玲.教师形象的内源性考察[J].中国教育学刊,2011(2):58-61.

活动以及根据实践情境重新解读理论、概念与原理,批判、检视与发展自身的实践性知识。可以说,教师的成长是一个长期而细致的过程,必须植根于日常的教育生活中,通过平常的实践实现不平常的理想。因此,为教师自主专业发展提供改进建议,应该将教师亲历的经验作为重要的出发点,发掘和提升教师自己的实践理论。这就意味着注重教师自己的实践和经验积淀,用教师自己的实践以及从中提炼出来的实践理论与已有的学术理论进行对话,从而拓展和提升教师专业品性,促进教师自主专业发展。

四、让教师成为自身发展的主人

教师是人类社会最古老的一种职业,自人类社会有教育活动以来,便有教师这一职业。人们对与教师相关的问题,包括其社会功能、性质特点、素质要求、职业地位等都有过很多讨论,其中不乏真知灼见。因此,有必要回到历史,从历史中得到某些启示。"旧事总能赋予现时的人或事以意义,乃至于能够昭示更美好的未来。"[1]

1966 年,在《关于教师地位的建议》中,国际劳工组织提出"把教育工作视为专业"后,教师专业发展这个问题在国际教育理论界引起了日益广泛的关注,并持续升温。到了 20 世纪八九十年代,在教师专业发展的呼声日益白热化的同时,也有学者对此热潮进行了冷静的思考,从作为"职业"的教育行业与作为"专业"的教育行业区分出发,谈到教育界在从教育作为文人谋生的一种"职业"到"专业"的转变历程中的种种努力;进而分析一般专业的基本标准;并从实际的具体情况

---

① 王建军."新数学":一个课程改革的故事及其启示[J]. 全球教育展望,2007(3):31-36.

出发,考察教育的专业化程度。最终得出这样的结论:"整体而言,教育行业目前尚未达到专业的高度,正在朝专业的高度攀登。尽管教育工作者已经开始称自己的工作为'专业',究其实尚属'半专业'或'准专业'。""随着教育专业建设的意识更加明朗化,在公众和全社会支持下,再经过几十年努力,教育可望建设成为一门名副其实的专业。"①那么,将时钟向后倒拨一个甲子乃至更长的时间,回到民国时期,教师这一行业的专业水平更为有限。因此可以断定,民国时期教师这一行业应该没有达到专业的高度,最多可以说"正在朝专业的高度攀登"的路上。故本节研究以"教师职业生活"展开。

(一)以《一个乡村小学教员的日记》为分析对象的理由

教师的职业生活是指教师教育教学实践中的生活经历。也就是说,判断"教师职业"有如下两条标准:一是从事教师这门职业。所谓的教师职业生活,是指那些以教师为专职,而非兼职的人的职业生活。二是围绕教育教学实践活动展开。职业生活体现在教师的本职工作——教育教学实践之中,一切围绕着教学实践、改善教学实践的活动,都可以归入教师职业生活。易言之,我们所研究的教师职业生活,正是一些在教师与学生之间、教师与他人之间正在发生的事情,它们就是教育的事情本身。

当这样理解教师职业生活的时候,我们感觉到叙事对研究教师职业生活的迫切性。教师职业生活因其发生性质而极具丰富性,欲把握此种丰富性,发掘教师职业生活中所蕴含的丰富意义,我们很难通过对一个科学的概念加以规定的方法实现,描述的方法则更能把握这种丰富的内涵。教育的叙事研究就是要通过叙事的方式来展现教育经

---

① 陈桂生.学校教育原理[M].长沙:湖南教育出版社,2000:389.

验的丰富内涵，寻求对于教育本身的理解。通过"阅读"教师的一个个职业生活故事，我们得以了解和接近教师的生活本身，教师职业的丰富内涵得以向我们展示。"教师叙事具有强烈的实践色彩和鲜明的实践指向，它关注教师自身教育实践的复杂性、丰富性、多样性，又对这些经验性的教育故事予以理论解释。它是教师以往教育经历的记录，是教师过去教育活动的描述，是教师原有教育实践的叙述。它以教师的实践为线索、为主干、为源头、为内核，将教师所经历的、所感悟的以文字的形式呈现出来。因此，教师叙事就是教师实践的固化和凝结。"①

基于此，本研究认为俞子夷的《一个乡村小学教员的日记》（以下简称《日记》）比较适合作为本研究的分析对象。

就内容而言，这本《日记》是虚构的，但是，其反映的却正是当时社会的具体情况。正如作者俞子夷本人所言："事实是设想的；但是大多数有根据。任务当然是假造的。不过所记的经过，或是我看见的，或是我自己经验的，或是和别人讨论过的。连贯起来，便好像是近乎理想。要晓得，合在一起的，固然是理想；倘散在各处，就大半变为事实了。"②郑宗海在《日记》的序言中进一步印证了作者的话："这本书里有很多意思，是从切实经验得来的。他的经验的来源是：（一）他最早曾在沪南一带亲自办过乡村小学。试举一例，本书里面为儿童天天梳头捉头虫的一事，也就是他自己经验哩！（二）他自十二年秋季后，曾受江苏义务教育期成会之委托，经江苏各部实地调查乡村小学。江南江北，所历各校，不可胜计，到处细心考究，所得宏多。（三）中外关于乡村教育的著作，其中有许多是著作人自己或他人切实经验之结晶。俞先生留心采择，当然有许多可资印证之处。把这种间接的经验和他自

---

① 王枬，王彦.教师叙事：在实践中体悟生命[J].教育研究，2005（2）：58-61.
② 俞子夷.一个乡村小学教员的日记（上册）[M].上海：商务印书馆，1929：自序.

己很富厚的直接经验相混合,自然蔚为大观了。所以本书能供给人以许多切实可行的方法:例如课表的制作,班次的分配,以及设备单的开列等,其他实例,尤难枚举。"①因此,我们可以相信,本研究所陈述的内容,基本上符合当时社会的实际情况。另外,该书以日记为载体,讲述一个个关于教育的小故事的呈现形式,也十分契合本研究所要求的叙事的风格。自编著教育书籍以来,其编著方式大致不外乎理论的叙述、小说或故事式、书信式、问答式、日记式这样五种。对于日记式,除裴斯泰洛齐的《一个父亲的日记》以外,很少有此体例。所以,俞子夷的《日记》,在体例上别具一格。更重要的是,"本书虽为日记式,其中仍有许多理论的评述;有时也建议谈话,通信,而全书仍似有一种故事的组织"②。这与本研究所倡导的叙事不谋而合。

因此,本研究希望以《日记》为分析对象来研究教师职业生活,逐步"敞亮"民国时期教师的职业生活,从而管窥民国时期教师成长的有效途径和措施,以期为当今教师专业发展提供借镜。

(二)民国时期教师职业生活的叙事分析

在《日记》中,俞子夷不但描述了很多教师职业生活的具体画面,而且直接提到主人翁杨老师的时间表。这个"时间表"能够很好地展现民国时期教师的职业生活的概貌。"初开学一星期忙得没有空。到夜才可以休养看书。后来想常次忙个不停,自己少修养,也不是个办法",所以,杨老师决定拟定一个"自己的时间表",希望这样"或者可以便利些"。"自己的时间表"虽不能和上课的时间表一样固定,但是有了一个范围,平时也可以少花些精力想什么事要做,什么事不必先做

---

① 俞子夷. 一个乡村小学教员的日记(上册)[M]. 上海:商务印书馆,1929:自序.
② 俞子夷. 一个乡村小学教员的日记(上册)[M]. 上海:商务印书馆,1929:自序.

了。这个"自己的时间表"分为两个部分:星期一到星期六是一致的,星期日有另一种作息方式:

> 每天早上六时起身,六时半早饭。七时到校,预备上课事。七时半和学生游戏。八时起上课。十一时半课完归家。十二时午膳。下午一时到校,准备上课。一时半上课。三时课完,和学生游戏。三时半放学,在校与被次日课。五时归家,散步,访问等。六时写信。六时半夜饭,看报。七时批改。八时半看书。九时做日记。九时半睡。
>
> 星期日。七时起身,七时半早饭。八时到十时补充准备功课或批改或看书。十时买物或出游访友等。十二时午饭。下午,做统计改进计划等,无事时看书。夜六时写信,六时半夜饭。七时看书。九时做日记。九时半睡。[①]

根据杨老师制定的"时间表",我们可以发现,杨老师职业生活的构成至少包括理论学习(比如"看书看报"等)、准备教学(比如"预备上课事""准备功课"等)、教学反思(比如"做统计改进计划"等)与同行交流(比如"写信""访友"等)这几个方面。围绕这样的教师职业生活,可能促进教师成长的途径又有哪些呢?透过教师的"时间表"安排,一个侧面也表明了教师职业生活的常规化,甚至是制度化、例行化,那么在这种背景下,教师怎么才能真正成长起来呢?以下试加以述之。

1. 暑期学校:让教师"负了完全的责任、不守陈规、日日革新地做"

民国时期,暑期学校是教师掌握教学知识、进行理论学习的绝好机会。"学校的暑假和寒假,是教师补习课业的绝好机会。几年各地常有暑期学校或者暑期讲习会的设立,这种办法,颇能适应在职教师

---

① 俞子夷.一个乡村小学教员的日记(上册)[M].上海:商务印书馆,1929:34.

的需要。"①一方面,当时的教师并不都是经过师范教育培养出来的,也有一些是通过自学等途径而成为教师的。他们在教学之前,并没有接受正规的师范教育,只是凭借些微个人化的经验来组织课堂教学。"从当时的中学语文教师来看,清末民初师范学堂国文科的毕业生大部分进入了初等和高等小学校,只有极少数的人才能挤入各地屈指可数的几所中学,所以,中学的语文教师几乎还是科举时代的产物。"②对于这部分教师而言,亟须通过参与暑期学校来获取一些理论指导,不断修正、改进自己的教学。另一方面,虽然当时有些教师毕业于正规师范学校,但是在师范学校学到的知识,有很多与教学实践中遇到的场景相距甚远,并不能有效地为之解释,这些教师经过了一定的教学实践的积累,也需要接受理论学习,来进一步深化认识。在《日记》中,作者向我们展示了杨老师在暑期学校学习的经历:

> 从昨天起,暑期学校结束了。距离开学,只有整整的一个星期。今天,充分休息一日。虽是休息,那暑期学校的影像,实在使我抛不开。从前,我也到过什么讲习会,演讲会,讨论会,千篇一律的,一二位享鼎鼎大名的人,滔滔不绝地讲述他的种种意见;有时还要奚落别人。唯有这一回的暑期学校,却别开生面。第一,是完全没有人讲。第二,完全要我们自己研究,共同讨论。第三,并且还要我们做。第四,要我们负了完全的责任做。第五,还要不守陈规,日日革新地做。③

通过暑期学校中"负了完全的责任、不守陈规、日日革新的做",极大地激发了杨老师对暑期学校中的教师培训的热情,认为这种做法

---

　　① 胡家健.乡村学校教师问题[J].教育杂志,1928(4):1-9.
　　② 郑国民.二十世纪二三十年代中学语文教学方法的变革[J].课程·教材·教法,2000(4):54-58.
　　③ 俞子夷.一个乡村小学教员的日记(上册)[M].上海:商务印书馆,1929:1.

"别开生面",并积极主动从中汲取了很多关于教学的新的理念和做法,从而加深了她对教育问题的认识和理解。

2.同行交流:"真正的生活是相遇"

在研究大学教授的学术生活的时候,有学者曾阐述道:"无论是大学外部的政治环境和经济支撑,还是大学内部的管理、学术与教学制度,实际上均是由凌乱动荡的人际事务关系组成的,因而积极争取稳定的外界政治环境与经济支持也好,努力维持良好的内部运行也好,本质上都是在处理一系列复杂紧张的人际关系。说到底,大学这一场所并不仅仅是由抽象的大学理念和透明的学术制度构成的,毋宁说大学的现实存在乃是它所涉及的一切人际事务关系的总和。"①毫无疑问,大学教师和中小学教师之间存在很大的不同。不过,教师并不是个体的存在,这是一个颠扑不破的真理。布伯也说过,真正的生活是相遇。所以,教师同事之间关系既是教师职业生活的重要组成部分,也是教师专业发展的重要影响因素。

在《日记》中,有一个非常明显的主线就是:杨老师一直主动和同行进行交流切磋,在不断地交流切磋的过程中,杨老师学到了很多知识,这些学到的知识,又应用到她的教学之中,最终让学生获得益处。

文中有多处这样的交流片段:

> 今天游西山……大哥提议,今天从出发起,到归家止,专心游玩,欣赏风景,大家不可以再谈"教育"。要是谁不留心,说到了教育的一句话,便要罚。每说一句,罚铜圆一枚,大家觉得别有一种乐趣,所以一一答应。哪知,我们做教员的,平日说惯了"教育"这句话,一时要想避掉不说,这习惯很难改变……四个人没有一个

---

① 周勇.大学教授的学术生活空间——以蔡元培、胡适与顾颉刚为例[J].北京大学教育评论,2007(2):16-25.

人不受罚的……一天里共罚三十七次。①

今日又有了一件快活事。大哥来复信,知我偶然尝试设计教法,很是欣慰。在大哥处同事的张彭二同学,也来信报告了他校实验设计教法的种种。他们人多,设备好,有许多是我们单级小学校里不能模仿的。②

我又重提批评前日参观事。他们都是称许我的话,说单级小学能如此,已是不容易多得的了。后来讲到读法教学的普遍弊病,和小学校读法教学的目标等。③

通过和同行交流,或者就某个教育问题进行交流,引发思考;或者就某个教育创意进行探讨,启迪智慧;或者就某本教育书籍进行分析,深化认识,从而让杨老师和她的同事都对教学问题有了更深入的认识。更重要的是,这种交流,完全是自发进行的,也是"衷心喜悦"的。

3.教学准备:"我们平时上课,太不顾儿童了"

进行教学准备,是教师职业生活一个重要的组成部分,通过对教师教学准备的研究,可以看出教师专业发展的可能途径。

在《日记》中,有一个场景描写了杨教师为了上课是否要做教案的心理活动。"明天上课,要不要做教案?在暑校实习是用教案的。从前在师范实习也用教案的。不过师范里的教案,变成苦工,依样葫芦地写写;写出来又是千篇一律。不但没有用,还空耗了许多时间。因此,我任了事以后,便不做教案了。有教授书看,还用什么自己的教案?哪知一到暑校的小学,情景却大不同了。没有两课可以用统一的方法教的;不好的预备,容易生混乱的。这种种需要教案的理由,我不

① 俞子夷.一个乡村小学教员的日记(下册)[M].上海:商务印书馆,1929:25.
② 俞子夷.一个乡村小学教员的日记(上册)[M].上海:商务印书馆,1929:38.
③ 俞子夷.一个乡村小学教员的日记(上册)[M].上海:商务印书馆,1929:60-61.

到暑校,便不觉得。我们平时上课,太不顾儿童了。我们自己照了习惯的办法做去就是了。我们若以'进步'存在心里,天天要做教案,课课要做教案。"[①]后来,她联系自己的实际情况,"此刻不比署校的小学,一天的课,完全由我一个人教的。恐怕决不能课课都做教案罢",于是决定"凡是试新方法的,一定要做教案的。别的暂不改变,那么仍旧",并就教案的形式,结合学校的实际情况,做了修正:

> 教员的目的:普通的……特殊的……
>
> 学生的目的……
>
> 上半段记教材。注重组织与功用。下半段记方法。
>
> 附注重要教具,用具,参考书等。注重重要的问句,接句,转换处等。[②]

通过对教学准备的反思,结合自己对教育的理解,让杨老师明白"我们平时的上课,太不顾儿童了",从而为改进教学准备打下基础,也为自身教学水平的提升提供了契机。

4.教学反思:"且等将来,不要性急"

教学反思指教师为了实现有效的教育、教学,在教师教学反思倾向的支持下,对已经发生或正在发生的教育、教学活动以及这些活动背后的理论、假设,进行积极、持续、周密、深入、自我调节性的思考,而且在思考过程中,能够发现、清晰表征所遇到的教育、教学问题,并积极寻求多种方法来解决问题的过程。[③]

---

① 俞子夷.一个乡村小学教员的日记(上册)[M].上海:商务印书馆,1929:20.
② 俞子夷.一个乡村小学教员的日记(上册)[M].上海:商务印书馆,1929:21-22.
③ 申继亮,刘加霞.论教师的教学反思[J].华东师范大学学报(教育科学版),2004(3):44-49.

在《日记》中,也有很多关于教学反思的描述。

有一次,学校新增加了一些补充书籍,这就遇到了如何对这些书籍进行编码这样一个问题。当杨老师和学生共同讨论时,发现农村的学生几乎很少进图书馆,可以说,他们对书籍的编码几乎毫无所知,因此提不出好的意见,"所以学生提出的方法,总不觉得十分妥当"①。根据这样的现状,杨老师就直奔主题,直接说出了一种比较好的书籍编码方法,然后要求学生"比较",结果顺利地解决了这一"问题"。之后,该教师作了这样的自我反思:

> 我今觉得,行设计法时:(一)专门的事,学生想不出的——想出来的,总不是顶妥当的。宜先叫他们想想,然后把专门的教给他们。这虽是说明了再实行的;但是经过自己想过一番,也不是注入了。(二)关于事实的问题,又是非有教员介绍或补充不可。学生兴味好,要求问……(这)也可以增加他们的兴味,扩张他们的经验。形式虽是注入,实际也很有效益的。②

还有一次,是上"新一年的国语"这一课。虽然学生的兴味很好,但问答时学生往往要答半句头话。因此,不容易和黑板上的文字(注:"老母猪看见了麦子"这句话)相吻合:

> 顶难的是第一句问:"老母猪看见了什么?"大多数是答:"麦子"的。再问:"谁看见了麦子?"他们又答:"老母猪"了。③

若要直接命令学生答完全句子,他们又不能领会。只有翻来覆去地问就是了。面对这种情形,杨老师认为"且等将来,不要性急"。

我们可以看出,教学反思是一种有目的的活动,是"为了实现有效

---

① 俞子夷.一个乡村小学教员的日记(上册)[M].上海:商务印书馆,1929:102.

② 俞子夷.一个乡村小学教员的日记(上册)[M].上海:商务印书馆,1929:103.

③ 俞子夷.一个乡村小学教员的日记(上册)[M].上海:商务印书馆,1929:26.

的教育、教学",而为了实现有效的教育、教学,需要落脚于具体的问题
解决。易言之,教学反思对于提高中小学教师的教育教学水平、促进
教师专业发展具有重大意义,它的重要性已被越来越多的教师所
认识。

(三)走上自主发展之路

以上四个方面,大致可以涵盖教师职业生活的重要方面。需要指
出的是,这四个方面并不是各自独立、并行而进,而是交织在一起,共
同构筑了教师职业生活的底色和画面。从这些底色和画面中,我们可
以看出促进教师专业发展的一些有益举措。

通过上述对民国时期教师职业生活的透视,我们惊奇地发现这样
一个事实——在教师职业生活中,该教师主要是以自发、自主、自愿的
态度投入改善教学能力的活动中。不管是参加暑期学校、学习理论书
籍,还是和同伴进行沟通与交流;不管是积极思考如何改善课堂教学,
还是基于课堂教学的反思,都是该教师主动做的,心向往之,并从中体
会到不少的快乐。

毋庸置疑,无论是促进教师专业发展,还是改善教师职业生活,最
终目标无外乎提高和改善"教师的教学能力"[①],而为了提高和改善教
师的教学能力,有各种各样的途径,包括各种各样的学习和进修。不
过,正如有学者所言:"虽然有些教师也在学习,但大体上属于'制度性
学习',也就是在由外力尤其是学校或教育行政部门安排的制度性活
动中才有的学习,而没有把学习当作一种生活方式,当作一种长期的、
持续性的活动,当作自身职业生存方式的体现。"[②]这样的促进教师专

---

① 汪明帅,胡惠闵.教师专业发展:教学法的视角[J].教育发展研究,2007(7):31-33.
② 郑金洲.教育絮语[M].上海:华东师范大学出版社,2008:84.

业发展的方式,不管其初衷多么美妙,设想多么动人,但终究是远离教师自身的,其效果也就值得怀疑。毕竟,"教师专业发展是一件非常自我的事,它需要来自教师的主动出击:自我设计、自主发展、自我反思、自我更新、自我发展……即认可教师是自身专业发展的主人"。"教师专业发展只有得到教师的心理支持,教师才可能自觉接受关于教师专业发展的要求和规范,才会将其转化为自身的一种自觉行为。"①荷兰学者温鲁普等在一项研究中中肯地指出:在荷兰,人们对教育改革越来越不满意……这些改革思想有的来自教育研究,有的来自教育政策制定者,但几乎没有来自教师的声音。因此,这些改革总体上还是非常令人失望的。② 也就是说,一直以来,在不少国家和地区,教师在教育改革包括课程改革中的重要作用都没有得到应有的重视,这在很大程度上导致教育改革(或课程改革)的结果"令人失望"。如果实施大规模的教育改革,就不应该把这些改革"施加"给学校和教师,而是要赋予教师专业选择的能力。事实上,在促进教师自身专业发展这一进程中,被忽视的"来自教师的声音"更应该得到提倡和弘扬。教师专业发展应逐步从引导走向自主,从制度保障走向观念自觉,成为教师职业生涯的内在需求。教师的自主发展,不仅包括教师在从事教育教学工作时依其专业智识独立抉择、不受他人干扰、影响和控制,还包括教师能够独立于外在的压力制定适合自己专业发展的目标、计划,选择自己需要的学习内容,有意愿和能力将制定的目标和计划付诸实施。只有当人们把自身的发展作为目的本身时,人类的真正主体才开始形成。因为它意味着人真正摆脱了对自然、社会必然性的束缚与限制,他的活动动机不再是由外在的生存的需要所施加于他的,而是他自身

---

① 胡惠闵.校本管理[M].成都:四川教育出版社,2005:70.
② 温鲁普,范得瑞尔,梅尔.教师知识和教学的知识基础[J].北京大学教育评论,2008(1):21-38.

各方面充分、完美、全面的发展构成了他全部活动的目的。① 通过对民国时期教师职业生活的考察，我们更加坚信这一朴素而经常被遗忘的事实。

①　汪明帅.从"被发展"到自主发展——教师专业发展的现实挑战与可能对策[J].教师教育研究，2011(4):1-6.

第五章 研究机制：让研究不断加速教师的成长

什么样的理论能够向教育实践提供最多的帮助，这是一个真问题；而教育理论是否能够提供帮助，这只是一个假问题。

——迪尔登

自 20 世纪 60 年代结构主义课程运动催生"教师的发现","教师作为研究者"这一极具感召力的宣言迅速演变为教育领域的国际浪潮,成为当前好教师的代名词;通过研究改进教师教学进而促进教师专业发展,也逐渐成为人们共同的期待。相关的研究表明,教师研究是推动教师实现转变的重要途径,也是提升教师专业发展活动实效性的前提。[①] 研究是教师成长成熟的重要标志之一。如果说能教书只是"匠"的话,那么做研究就是从"匠"走向"家"最好的途径。因为有了广泛的阅读作为积淀,有了课堂的实践作为实战,就具备了使青年教师从"匠"走向"家"的重要条件。学校积极开展教研活动,目的就是使青年教师在活动过程中增长经验、提升技能。

就我国而言,越来越多的中小学教师加入研究的行列,承担课题、撰写论文逐渐成为教师评优评先、晋升职称的重要依据,"各级各类课题研究中出现了越来越多中小学教师的身影,他们的论文在各种教育期刊中占据了愈来愈多的版面,他们撰写出版的著作也日益风行"[②]。有基于全国 11190 名专任教师大样本的调查显示,教科研活动已在中

---

① 赵萍,杨泽宇.以教师研究促进教师改变的路径研究——对 X 市某教师专业发展项目的个案研究[J].教师教育研究,2005(6):79-86.

② 李政涛.走向基于"教师立场"的研究与写作[J].上海教育科研,2007(8):12-14.

小学办学及教师专业生活中深深扎根。① 有研究者据此断言"中国正在经历一场声势浩大的教师研究运动"②。毋庸讳言,研究是"反映的实践者"题中应有之义。问题在于,教师的研究有什么特定的内涵?如何通过研究促进教师成长? 这些问题是研究机制所关心的话题。

一、指向教师专业发展的教研组改进

不断有学者提出,教师专业发展最理想的方式之一是教师小组的或教师与教师之间的合作,"这种合作为教师提供了平等交流的机会。教师正是在自身不断学习与经常向同事学习的过程中得到发展。平等交流除了表达教师一种合作的态度,还为教师的群体共同发展打下了基础"③。也有学者基于组织学习理论指出,"如果将教师的专业成长看成是一个组织学习过程,在学校这一组织里,教师的专业学习不应局限于自己的教室,而应发生在学校的各个层面,教师专业学习是在班级、备课组教研组、学校教研活动、校际交流等过程中开展的一种合作化教学实践性的学习"④。正是基于这种审思和认识,学习共同体日益进入研究者和实践者的视线,比如风靡日本的学课研究(lesson study)⑤。在我国,教研组也是其中一例。西方国家虽然没有教研组这种措置,但他们的"同伴互导"(peer coaching)在理论构想和实践操作上都有其独到之处,颇能给我们启迪,能让我们以另一种眼光审视

① "全国中小学教师专业发展状况调查"项目组.中国中小学教师专业发展状况调查与政策分析报告[J].教育研究,2011(3):3-12.
② 丁道勇.教师研究的是与非[J].教育发展研究,2014(22):25-32.
③ 胡惠闵.学校本位教师专业发展的行动策略思考[J].全球教育展望,2007(6):35-38.
④ 易凌峰.组织学习理论及其对教师专业化实践的启示[J].教育发展研究,2004(7-8):32-34.
⑤ 简红珠.教师专业发展与教学改善:借镜日本小学教师的学课研究[J].教育研究月刊,2007(6):38-45.

教研组。因此,通过对同伴互导与教研组的特征与差异的分析,改进我国教研组,进而更好地促进教师专业发展,具有十分重要的现实意义。

(一)教研组:促进教师专业发展如何可能

自 20 世纪 80 年代被提出以来,经过多年的理论研究和实践探索,教师专业发展已经成为世界许多国家教育研究共同关注的焦点课题,是当今教师教育改革的主流话语。但是,关于什么是教师专业发展,依然是一个众说纷纭的概念,至今没有一个被广泛认同的界定。①但是,无论何种理论形态或实践形态的教师专业发展,都不能否认教育观念的更新、教学能力的提升以及不断的反思与改进对于教师专业发展的重要性。

相较于其他一些专业发展活动,教研组具有促进教师专业发展的天然优势。例如进修学位,往往只对教师个人有利,使教师借此而具有较高一级的学历或晋级加薪;即使教师参加一些研习活动,所学的都是理论性的学理,如果不知将理论转化为实践,则对改善教学与学生的学习没有多大效用。而"教研组特别是学校一级的教研组,是教师直接面对的、关系最密切的专业组织。与校外培训机构相比,各级教研组所开展的活动无论在内容上还是方式上,对教师的教学活动都具有直接的影响。一名教师能否在专业上尽快"冒出来",领先于其他教师,在某种程度上与教研组是否对其关注、是否给予其机会有很大的关系。而一名教师如果被各级教研组认可,就表明在某种意义上其专业发展达到了一定程度。"②教研组活动在教师教育观念的更新、教

---

① 汪明帅,胡惠闵.教师专业发展:教学法的视角[J].教育发展研究,2007(7):31-33.
② 胡惠闵.教师专业发展背景下的学校教研组[J].全球教育展望,2005(7):21-25.

学水平的提升以及不断反思与改进等方面有着不可替代的作用。

1. 教研组是更新教师教育观念的重要渠道

教育观念的不断更新是教师专业发展的重要表现。"教师个体教育观念是指在一定的历史文化背景下,教师在日常生活、教育实践和理论学习中,基于对学生发展特征和教育活动规律的主观性认识而形成的对有关教育的个性看法,这些看法直接影响教师对某个教育问题的判断,并进而影响其教育行为的实施。"① 所以,教师个体教育观念对教师的专业发展具有极大的统领和催化作用。很多人都强调教师专业发展"是指改进学校雇员的与工作有关的知识、技能或态度的过程"②,其中,态度是很重要的一个方面。事实上,正如有学者所言:"长期工具化和模式化的培养使得我国教师缺乏个性,更缺乏专业自主性的意识……在这种匠人化、技术化和工具化的教师观的影响下,教师的个性发展和专业发展长期受到压制……严重制约了我国教师自主发展的专业意识,致使我国广大教师严重缺乏专业自主发展能力,更不可能在专业发展中有更多的创新。"③

而更新教育观念的一个重要途径是教师之间的交流与沟通,从而促进观念与观念分享。教师专业发展生态取向认为,就教师的专业发展而言,教师发展其专业知识与能力并不全然依靠自己,而会向他人学得许多;教师并非孤立地形成其教学的策略与风格,这种策略与风格的形成与改进更大程度上依赖"教学文化"或"教师文化"。正是教学文化为教师的工作提供了意义、支持和身份认同。④ 而教研组为教

---

① 易凌云,庞丽娟. 教师个体教育观念:反思与改善教师教育的新机制[J]. 教育理论与实践,2004(5):37-41.
② 奥恩斯坦,贝阿尔-霍伦斯坦,帕容克. 当代课程问题[M]. 3版. 余强,主译. 杭州:浙江教育出版社,2004:415.
③ 郭元捷,鲍传友. 实现教师专业自主发展的路径探讨[J]. 中国教育学刊,2006(12):61-63.
④ 王建军. 课程变革与教师专业发展[M]. 成都:四川教育出版社,2004:84.

师形成教学文化、分享观念提供了广阔的舞台。教研组作为一种具有独特性的专业组织系统，通过教师共同参与教学研究来激发教师的潜能和合作内驱力，有助于构建协作型教师文化。

2.教研组是改进教师教学水平的重要平台

对于中小学管理者和教师而言，教师专业发展最重要的指标体现在教师的教学活动之中，聚焦于教师教学活动的提升。对于教师专业发展的聚焦，最为关注的莫过于"如何教""如何学""如何教学生学"。在某种程度上，教师专业发展主要关注的教师教学水平的改进和提升。

教育部1957年颁布的《中学教学研究组工作条例（草案）》明确，"教研组"是"教学研究组"的简称，是"各科教师的教学研究组织"，其任务是"组织教师进行教学研究工作，总结、交流教学经验，提高教师思想、业务水平，以提高教育质量"，工作内容包括"学习有关中学教育的方针、政策和指示；研究教学大纲、教材和教学方法；结合教学工作钻研教育理论和专业学科知识；总结、交流教学和指导课外活动的经验"。[1] 也就是说，教研组政策的出台，即是以改进教师教学水平为圭臬。事实上，教研组活动在历史上也确实提高了教师教学水平。20世纪50年代初期，学校迅速发展，学生数量迅速增加，师资不敷使用，遂大量从社会闲散人员中招聘教师。伴随着教师队伍的不断壮大，可想而知，教育教学质量必然随之下降。提高教育质量的措施，没有更多的选择，只能是设法提高师资的教学水平；提高师资的教学水平的措施，也没有更多的选择，只能是抓最直接的一个环节——强化备课和开展教学观摩课活动。于是，中小学纷纷举办教学观摩课，课后请苏联专家或组织教师，以苏联教育理论为依据，对课堂教学结构、教学

[1] 何东昌.中华人民共和国重要教育文献(1949—1975)[M].海口:海南出版社,2003:720.

原则、教学方法等进行评议。这些都为教研组的产生奠定了雄厚的实践基础,更让教研组逐步成长为改进教师教学水平的重要支持力量。

3. 教研组有助于促进教师不断反思和改进

从教师专业发展的角度来看,反思既是教师专业素质结构的重要组成部分,又是促进教师专业发展的重要途径,教学反思对提高教育教学质量的意义非常重大是不争的事实。但有多少教师在进行教学反思? 又有多少教师能够真正进行教学反思? 在实践中,且不说大部分教师在反思教学的时候,没有遵循一定的标准或规范,甚至根本无所谓反思的标准或规范,有的教师将反思理解成教学设计或教后感,没有基于真实的问题去探讨。也不论有的教师迫于学校领导的压力,进行"名不副实"的任务型的反思。单就有的教师满足于自我"独白式"的反思来说,即使(教师)对自己的教学有所反省和力图改善,也都是一个人独自摸索和尝试,未曾与同侪教师一起研讨。教师个人对自己的课程与教学实践的反省机制往往缺少周全性与系统性,加上每个人有其立场,看事情的角度不一,对事物的诠释与结论自然有所偏斜,无法客观掌握真实的现状。这就使得教学反思的品质得不到保障,促进教师专业发展也就无从谈起。

反思犹如照镜子,在教研组活动中,可以为教研组成员树立各种反思之镜。可以由组内教师在观察教师的上课过程中记录该教师要求其记录的信息,然后将资料提供给该教师供其分析使用,这可称为"自照式镜子";可以让某教师将自己的教学案例带到组内来,向其他教师分享,然后让其他教师对此提供各自的意见和建议,可称为"同伴式镜子";还可以请校外专家客串,类似于"大学—中小学合作行动研究",可称为"专家式镜子"。

（二）现状白描：教研组在运行中的问题探悉

在教育改革的背景下，教研组在促进教师专业发展的同时，其自身在运行中的缺陷也日益制约其作用的正常发挥，引起了很多争议，使得教研组与教师专业发展越来越远。比如，有人认为教研组逐渐蜕化为行政组织，与教学研究渐行渐远；有人批评教研组的活动内容日益偏离教学法的航道；有人指出教研组片面强调合作，忽视自主。

1. 组织行政化：与教学研究渐行渐远

不可否认，教研组成立的初衷是借助教师群体对教学的研讨，使得教师更好地胜任教学职责，这也是教师专业发展题中应有之义。因此，教研组本应是专业性的组织。不过，现在很多学校中的教研组，教研味道越来越淡化，管理功能越来越强化，和年级组一样成了学校里的一级行政机构。笔者在上海浦东新区的一所学校里，对教研组组长进行了访谈，她说：

> 教研组活动主要由教研组组长或学科主管主持，主要体现"上传下达"的功能，即将上级部门或学校相关规定传达给教师。就我们学校而言，按照常规，刚开学的时候，浦东新区一般都要组织教研组组长会议，在会议上安排本学期有关教学方面的工作，在教研方面重点抓哪些方面，什么时候进行质量监控等。开会之后，教研组组长有义务将会议精神传达给教师……

从该教研组组长的访谈中不难发现教研组"上传下达"的功能。事实上，随着现代学校规模的日益扩大，学校管理难题日益凸显，这使得校长对教师的管理越来越力不从心。为了确保学校管理的落实，学校不得不强化教研组的管理职能，将听课、教学检查等原本属于学校行政机构的管理权下移到教研组。尽管教研组组长的考评并非最终决策,但其所提供的材料与信息是影响最终决策的决定性依据。在此前提下,教研组的行政职能不再局限于上情下达、基层协调,而是成为实际的教导处下设行政管理组织。可见,教研组已然逐渐蜕化为学校一级行政组织。

另外,在学校科研之风盛行之际,教学研究逐渐走出教师日常工作的重心,取而代之的是那些宏大的课题研究;在学校日益强化管理之际,教研组逐渐承担起越来越繁重的非教学研究的职责。从实际工作来看,教研组承担的工作大部分是一些活动的组织,比如准备公开课和研讨课、听课与评课、举行学科类讲座等,更多地体现了"行政组织"的职能。越来越多的教师抱怨教研组任务布置多、检查考核多,而对教学工作的研究少、对提高教学水平的具体帮助少,但这种效益不高、收获不大的活动又不得不参加。

除此之外,教研组机构的设置也带有浓烈的行政色彩。按理说,教研组应该由教师自主选择。但实际上,教研组机构的设置带有强制性,并非各位教师自主选择的结果。这些都与教研组的教学研究渐行渐远。

2.活动内容:偏离教学法的航道

一般而言,教研组主要活动内容就是学习研究教学法。在苏联,教学法小组进行的主要是"教学法"的学习与研究。由于实行了"集中制"课程体制,国家设置统一的课程,并颁布统一的教学大纲作为编写教科书与衡量教学工作的"法律",学校和教师无权更动教学内容,只能主要在教学法上下功夫,以使法定的课程转化为学生的教养,保持和提高教学质量。因此,在苏联,教学法之于教师非同寻常。学校教学法小组还通过各种活动,组织教师边熟悉和理解教学大纲与教科书,边学习和运用各科教学法。这样的教学法研究虽同教师的备课、评课等相关,却重在集体研究教学法理论在具体情况下的运用,强调以教学法理论为依据来指导教学实践。

按理说，我国教研组是在"向苏联学习"的背景下产生的，教研组的"教学研究"应该与苏联教学法小组的"教学研究"大同小异。但事实上并非如此。两者从一开始就不是一码事，而且越来越大相径庭。时至今日，各科教学法已淡出我国学校教育的舞台。教研组活动也就无"法"可依，结果教学研究变成教师自说自话，大家凭借经验、跟着感觉"走"。抛弃了教学法，教研组的教学研究因无章可循而自说自话，莫衷一是。

3. 合而不作：教师沦为沉默的大多数

在教师专业发展中，个体由被动的专业发展走向主动的专业发展是质的飞跃，从本质上讲，教师专业发展是非常自我的、内在的，所有的外力作用都必须通过教师内因而产生作用，因此"教师个体是否具有自主发展意识、能否做到主动专业发展是实现其专业发展的关键"[①]。

很多研究者对我国教研组的合作方式大加赞赏，认为教研组的活动方式为教师与同事进行交流和相互学习提供了机会，是促进教师发展的潜在途径。因为在具有"合作"基础的教研组活动中，"教师都一起备课、观课，以及观摩有经验教师的教学，因而形成了一个开放的、相互观摩和学习的良好气氛"，这"与世界其他地方的发展分道而驰"[②]。强调合作固然不错，但是不能急于求成。如果合作只是体现了表面形式上的和谐，并没有实质的交流与沟通，那么这种合作就远不能实现其预期的目标。事实上，许多学校教研组活动都能按常规运作，做到定时、定人、定地点、定内容。不过，"走过场""一言堂"等现象

---

① 胡惠闵.校本管理[M].成都：四川教育出版社，2005：365.

② 操太圣，卢乃桂.教师专业发展新范式及其在中国的萌生[J].教育发展研究，2002(11)：71-75.

较为普遍,导致其不能很好地激发教师研究教学的内在热情与积极性。

　　在我国,教师之间实际上并不缺少交流和合作的渠道。由于管理制度的作用,教师之间合作和交流的渠道还是非常畅通的。问题在于,教师之间似乎缺少一种平等的交流空间。在资历、年龄、业务能力不处于同一水平档次的教师之间的交流呈"上对下"关系——一方说,一方听;一方教给,一方获得。

(三)改革教研组的尝试:借鉴同伴互导的经验

　　为了对教研组进行改进,我们尝试从国外盛行的同伴互导中找到借鉴。20 世纪 80 年代初,美国学者肖沃斯(Showers)和乔伊斯(Joyce)首先提出了"同伴互导"[①]的概念。他们认为,教师可以与同事或同伴保持互相信任和依赖关系,共同规划教学活动、互相提供反馈意见和分享经验,这比独立工作更容易运用新的教学策略和方法。[②]关于什么是同伴互导,不同学者的观点侧重点有所不同。有研究者从同伴之间交流的角度指出,同伴互导是一种增进归属感与改进教学的专业成长方式。教师通过经验分享、相互切磋与交流沟通来达到改进教学的目的。[③] 也有研究者从学生学习成绩的角度指出,同伴互导是指两个或两个以上的专业同伴通过合作、分享、反思和反馈来促进他们的专业发展,从而提高学生的学习成绩的教学实践形式。[④] 我国有

---

　　① 有学者将 peer coaching 翻译成"同伴互助",也有的翻译成"同伴指导"。本书认为"互导"更能够综合体现"peer"和"coaching"的本意,故在研究中选择前一种译法。

　　② Showers B, Joyce B. The evolution of peer coaching[J]. Educational Leadership,1996(6):12-16.

　　③ Galbraith P, Anstrom K. Peer coaching:An effective staff development model for educators of linguistically and culturally diverse students[J]. Directions in Language and Education,1995(3):1-8.

　　④ Hsieh F, Lin H, Liu S, et al. Effect of peer coaching on teachers' practice and their students' scientific competencies[J]. Research in Science Education,2021(6):1569-1592.

学者通过对同伴互导的深入研究指出,"同伴互助指在两个或两个以上教师间发生的、以专业发展为指向、通过多种手段开展的,旨在实现教师持续主动地自我提升、相互合作并共同进步的教学研究活动"[①]。

综合上述分析,不难发现,西方流行的同伴互导主张教师组合成两个或两个以上人员的小组,认为要互相辅助、共享资源,强调指向教学实践和实施课堂教学,解决工作领域中的问题。而这些与教研组的本意和初衷在很大程度上不谋而合。根据对教研组在运行中所存在的问题以及对同伴互导的特征的分析,对如何改进教研组的运行,以期更好地促进教师专业发展,本书认为应该从以下三个方面着手。

1. 从行政取向走向专业取向

实现从行政取向走向专业取向,首先需要明晰行政组织和专业组织的不同。在组织架构上,行政组织重视等级尊卑,专业组织强调平等交流;在活动内容上,行政组织强调上传下达,专业组织强调围绕问题;在组织目标上,行政组织以提高效率为指向,专业组织以解决问题为旨归。同伴互导"其价值诉求在于通过同伴之间的协作,发现教学中存在的问题,针对问题提出解决方案或改进措施,改善教师的教学"[②]。从中不难看出,同伴互导主要通过教师之间的交流沟通,聚焦于教学活动,研讨教学基本问题,这十分契合专业组织的特征。

"专业自主"是成为一个专业组织的首要条件。因此,作为教师开展教学研究的专业组织,教研组首先须建立独立的专业自主体系,使教研组本身成为一个"专业主体"。

回归教研组的专业属性,就教师而言,需要教师的专业自觉;而教师的专业自觉,只有尊重了教师内在的发展需要,才能构成教研组对

---

① 朱宁波,张萍.教师同伴互助的校本教研模式探析[J].教育科学,2007(6):16-20.
② 靳涌韬,周成海.同伴指导:教师专业发展的重大抉择[J].教育科学,2007(4):38-41.

教师的专业吸引,进而激发教师的专业自觉。从实现学校及教育行政机关意志转而满足教师真实的内在生成的发展需要,教研组需要激发教师的专业归属感,并依靠组内专业引领和研究氛围,引导教师的专业自我观念、自觉的专业行为和价值认同。

在专业取向的教研组中,教研组组长既不是"考勤员",也不是忙于上传下达的"通讯员",而只是教师集体研究教学的组织者和引领者。作为"平等中的首席",组长要利用自身专业经验,注意诊断个体教师的专业发展需要,引导全组依据教育教学理论开展教学研究,帮助教师不断提升专业水平和教学质量。

2.围绕教学法展开教学研究

新一轮课程改革不断向前迈进,我们应该清醒地认识到,"我国课程的主体依然是分科课程,教科书还是最基本的教材,主要还是采取班级授课",而且"我们现在还不可能有更大的步伐"。① 这就意味着,日常的教研组活动,应该回归到教学法上来。尊重教学法在教育学科中的地位和作用,并在教研组教学研究活动中渗透教学法思想,成为当前不可不重视的问题。

教学法是基于学科教师大量的教学实践提炼而出的、具有普适性的、直接针对学科教学实践的理论。教学法理论是在中小学各科教学的实践中产生和发展起来的,其源泉在于课堂"教"与"学"的实践之中,是各科教学经验的科学总结和概括,反过来又可以指导各科教学的实践,在实践中应用、接受检验并得到发展。历史上产生过重要影响的教学法,不管以什么样的形式呈现,其思想成分(如把教学活动分解为程序,每道程序讲求从已知到未知、从简单到复杂等)都同教学中

---

① 陈桂生.从经验性的"教学研究"到规范性的"课程问题研究"——溧阳市文化小学"课堂学习活动设计"课题研究鸟瞰[J].全球教育展望,2007(12):76-79.

的常识、经验相去不远,言人们心中所有,笔下所无。[①]

同时,教学法之所以从"教授法"改为后来的"教学法",正是出于对教师的"教"和学生的"学"的双重考虑。教学法虽然研究的是"怎样教"的问题,但不知道学生怎样"学"就无法进行"教",因此,解决"怎样教"的问题,必须首先了解和分析学生学习过程的特征与规律,从而掌握一种反映学生思维活动的学习规律。所以说,教学法理论的出发点是使教师知道怎样"教",而这种"教"的着眼点则在于指导学生有效地"学","教学法的最重要含义是教学生怎样去学习"。[②]

鉴于此,在我国课程编制以"学科课程"为主的前提下,对于规范中小学的课堂教学,规范学科教研组的教学研究,避免教学的随意性,避免教研组的"教学研究"流于形式,教学法理论仍然具有不可替代的作用。而教研组基于教学法理论开展教学研究的关键,还在于注重活动过程中教学法思想的渗透。

3.充分发挥教研组成员的主体性

同伴互导十分强调教师之间的有效交流与沟通。"互导"一词就意味着处于不同发展水平的教师共同参与研讨,由于对同一个问题的视角不同,感受不同,可以加深对该问题的理解。也就是说,同伴互导诉诸参与各方在地位平等基础上的相互支持,强调参与者之间的对话、交流与沟通。"同伴互导的实质在于教师之间的合作……实际上,教师同伴互导的最主要的关注点不在于指导,而在于参与各方在地位平等基础上的相互支持,共同进步。"研究表明,"通过教师同伴互导,许多参与者感到更为自信,不仅因为其同伴的支持性特征,而且因为其为同伴提供帮助与支持的能力。为保证合作的顺利进行,教师同伴

①　陈桂生.常用教育概念辨析[M].上海:华东师范大学出版社,2009:173.
②　陈元晖.教学法原理[M].武汉:湖北人民出版社,1957:7.

互导中的教师组合应当出于自愿,应基于教师之间自主的双向选择,任何强制性的措施都可能压抑教师参与的积极性"[1]。同伴互助要求共同体成员有改进教学和学生的共同愿景,成员之间为实现共同目的而相互支持和合作,在合作中对改进教学和自身学习不断进行反思性的专业探究,如同事之间合作进行课程开发和教学设计,相互听课,交流新的观点和信息,解决教学中的问题,以更好地改进教学,而在此过程中也实现了自身的专业发展。

教研组是按照某种既定规则把教师"集中"在一起的。因此,教研组中的教师群体能否形成真正意义上的"教师集体",必然关系到教研组作用的发挥,并反过来影响到其中所有个体教师的发展。不过,我们并不缺少集体,缺少的是能够畅所欲言的集体,缺少教研组成员的"声音"。正是因为教研组的行政组织属性,带有强制性,并非教师自主选择的结果,所以教研组活动沦为"一言堂",而没有充分发挥教研组成员的积极性和主动性。

为了改变"一言堂"的状况,充分发挥教研组成员的积极性和主动性,除了回归教研组的专业组织属性,还需要在教师自主、自愿的基础上开展教研组活动。当然,这种自主、自愿并不意味着"想怎么都行",而需要逐步制度化。为了达到制度化的水平,我们需要构建教师之间平等交流的空间与平台,让教师进行有效的交流和沟通。

二、合作的教育行动研究

教育行动研究,与实证科学的教育研究以及解释学的教育研究不

---

[1]　崔允漷.指向专业发展的教师同伴互导[J].当代教育科学,2005(20):3-5.

同,因为教育行动研究不是以已经发生的教育行为为研究对象;教育行动研究,与教育实验研究也存在根本的区别,因为教育实验旨在发现教育规律。教育行动研究的根本内涵,即"从学校已有的教育行动的研究入手,谋求教育行动改进,是'反思的教育行动研究',是'以教师为主体'的合作研究"①。换言之,一方面,教育行动研究自身内涵的规定性,决定了其研究主体天然地落到中小学教师身上;他们最熟悉学校中的教育实践,熟悉课堂教学,学校中教育问题的改进也与他们息息相关。另一方面,教育行动研究对深奥复杂的理论与研究技术要求不高,研究结果也不求具有普适性,是一种"平民化"的研究方式。

(一)合作:中小学教师参与教育行动研究的必然选择

问题在于,教育行动研究并不是一种不需要经过严格的研究方法训练就可以亲自操作的研究方法;也并不意味着只要教师思考自己的教育实践,根据自己教学的实际情况写出相应的教学反思,就被认为是在做研究。教育行动研究对教育理论与研究方法要求不高,但不是说不需要理论的引领与技术的支持;教育行动研究仰仗教师的教学实践和经验,但只有教学实践和经验是远远不够的;教育行动研究需要教师的研究热情,但研究不仅限于热情层面。事实上,中小学教师从事教育行动研究,需要从平时教学中习以为常的教研走向科研;需要从日常工作中针对每一个具体教学内容的"教例"研究走向问题研究。在"from…to…"转变的每一个过程,中小学教师平常教学工作的思维和方式都被颠覆了,超出了他们日常工作的范围和想象,给他们带来了极大的挑战。

---

① 陈桂生,黄向阳,胡慧闵,等."教育研究自愿者组合"的建构——"合作的教育行动研究"的尝试[J].华东师范大学学报(教育科学版),1999(4):3-5.

众所周知，我国中小学教师在职前教育中，关于教育研究训练的成分有限，甚至绝大多数"准"教师根本没有接受过教育研究的正规训练，他们对教育理论与研究方法的理解仅限于喊喊"口号"、发发"感慨"，他们关于研究的理论素养先天不足。在职教育中，且不说"走马观花"式的职后培训能在多大程度上发挥作用；就教师自身而言，他们更希望在有限的在职教育的时间内，解决他们教学中遇到的比如如何导入、如何讲解、如何提问等实际问题。如果在职教育和这些问题不甚相关，他们也就不太留意，中小学教师研究的理论素养后天也十分缺乏。而且他们的日常教学工作本来就十分繁忙，时间和精力的分配难免出现困难，学习教育理论，更多的是一种奢侈的念想。正如有学者总结的那样："不少实践工作者缺乏教育理论素养，也没有学习、掌握和运用教育理论知识的兴趣和动机，更不用说具有担负创造这种知识之责的勇气。"①

综上所述，"教育行动研究具有相当的高难度，而不是如一般的看法，是不需高深复杂的理论与研究技术，并且仅适合于缺乏研究方法训练与实务经验背景者（如教师）的研究方法"②。教师在理解和践行教育行动研究的过程中，经常会出现一些误解和偏差。因此，如果相信教育行动研究是提高教学质量、促进教师专业发展的有力工具，那么，教师参与教育行动研究就需要来自外界力量的帮助和支持，需要"拐杖"和"抓手"。

毫无疑问，理论工作者就成为他们从事研究比较理想的选择伙伴，有了理论工作者的"把脉"，教育行动研究的每一步工序会更加有序、富有理性。研究问题的确定，需要在中小学教师与理论工作者交流的基础上，找出一些中小学教师能够研究，而且有实际意义的研究

① 陈桂生.学校教育原理[M].长沙:湖南教育出版社，2000:377.
② 陈惠邦.教育行动研究[M].台北:师大书苑有限公司，1998:2-3.

问题；研究过程的推进，需要理论工作者在一旁，不时地牵引教师；研究报告的形成，也需要理论工作者从教育研究方法层面上对教师进行行动的指导。正如有学者所说，"教师初涉教育研究时，争取理论工作者的帮助和建议是必要的"①。所以说，教育行动研究需要来自理论工作者的指导和引领，合作是教育行动研究的题中应有之义，教育行动研究应该是合作的教育行动研究。

（二）合作的教育行动研究：实践之惑

自 20 世纪八九十年代传入中国之后，教育行动研究逐渐受到教育界的欢迎；合作作为教育行动研究的一个核心概念，也日益为教育工作者所认可。事实上，很多理论工作者和中小学校都积极地尝试合作的教育行动研究，有些合作的教育行动研究确实也取得了令人瞩目的成就，例如，华东师范大学陈桂生教授领衔的"到中小学去做研究"、华东师范大学叶澜教授发起的"新基础教育"、首都师范大学宁虹教授主持的"大学—中小学联合"等。不过，除了这些"亮点"，在这股中小学教师参与研究之风劲吹之际，也大量地存在与"合作"精神不符，甚至相左的教育行动研究。正如有学者所指出的那样："在既有的合作研究的尝试中，彼此双方角色不明，难以恰当'入位'，常常导致合作研究在经过短暂的兴奋后，最终搁浅。"②这些不和谐的音符，主要包括以下三种情况。

1."人大于人"的合作

倡导合作，也就意味着尊重平等、交流与共享。实践证明，只有合

---

①　陈桂生.学校教育原理[M].长沙:湖南教育出版社，2000:392.

②　孙元涛.从"捉虫"效应与"喔"效应说开去——关于大学与中小学合作研究的理论分析[J].上海教育科研，2006(12):8-10.

作双方的力量对比达到一定的平衡,才能有力地促进学校改革的进行。① 具体到行动研究之中,理论工作者既要为中小学教师提供专业引领和专业支持,又不能代为包办。"理论工作者在与教师的合作研究中,任务仅限于四个方面:其一,帮助教师消除对教育研究的神秘感或其他偏见,建立研究教育的自信心;其二,帮助但非代替教师建立合理的、切实可行的研究规范和研究程序;其三,在与教师的研讨中为教师提供必要的理论见识以及与课题有关的参考文献;其四,观察并理解教师的教育工作和研究工作,从中获取经验和素材,建立与教师对话的基础。"②问题在于,在理论工作者与小学教师合作研究中,双方都可能产生一种错觉,认为理论工作者的研究才是真正意义上的研究,中小学教师并不能很好地从事研究工作,做了也不伦不类。教育研究和教育实践是一种合理的社会分工,没有必要打破这种分工,并迫使或诱使教师从事力不从心的研究工作。以至于很多人相信,有关大学—中小学合作关系中平等相处的动人传说是一种站不住脚的言论。合作关系中,对于中小学教师而言,大学一方占有天然的优势,他们在地位、权力、资源上长期处于不对称的地位。所以,理论工作者介入了这种合作研究,使得教育行动研究有了"合作"的品质,但也导致了合作在教育行动研究中的名不副实,主要表现为中小学教师在研究中逐步被"湮没",日益成为理论工作者的执行者或"被试"。"行动研究的'合作'便由理论上的'共同发展''相互促进'等蜕化为'人事障碍'。"③

2.理论工作者与中小学校长的合作

从理论上而言,大学—中小学合作研究,应该包括这样合作的三

---

① 牛瑞雪.行动研究为什么搁浅了——大学与中小学合作研究的困境与出路[J].课程·教材·教法,2006(2):69-75.

② 陈桂生.学校教育原理[M].长沙:湖南教育出版社,2000:390-391.

③ 刘良华.重申"行动研究"[J].比较教育研究,2005(5):76-79.

方:理论工作者、中小学教师与校长。在合作的教育行动研究中,理论工作者、中小学教师以及校长之间是相互影响、相辅相成的关系。首先,理论工作者需要与校长建立合作信任的关系,这是合作研究得以启动的首要因素;其次,校长需要同中小学教师进行有效沟通,做好前期的准备工作;最后,更重要的是理论工作者需要和教师进行平等交流、对话。

不过,在实际的行动研究中,参与合作研究的人员组成可能只是理论工作者与中小学校校长。课题的立项,是理论工作者和校长双方拍板而定;课题的进展,是理论工作者和校长之间进行;课题的结题,也是理论工作者和校长的事情,这就使得上述三角关系的"两边"断裂了。马克思曾经站在组织的角度,认为"一个规模较大的直接社会劳动或共同劳动,都或多或少地需要指挥,以协调个人的活动,并执行生产总体的劳动——不同于这个总体的独立器官的运动——所产生的各种一般职能。一个单独的提琴手是自己指挥自己,一个乐队就需要一个乐队的指挥"①。不过,任何行为都有自己的"域限",越过了边界,就会过犹不及。校长在行动研究中,也应该有所为、有所不为。

3.理论工作者的"独舞"

在中国,"赛先生"本来就多少带点神秘色彩,中小学校长、教师一向把教育研究视为高不可攀的事情,认为"教育研究是理论工作者的事情,教师不可能也没有必要从事教育研究,教师所要做的就是运用理论工作者的研究成果"②,不过,为了响应教育科研部门的倡导与鼓励,尝试申报研究课题,又为了使得研究课题具有"理论的高度",他们不惜代价聘请大学或研究所的专家指导,有的就直接请专家"操刀"。

---

① 马克思,恩格斯.马克思恩格斯全集(第23卷)[M].中共中央马克思恩格斯列宁斯大林著作编译局,译.北京:人民出版社,1972:67.

② 张俐蓉.行动研究及其在中小学的运用[J].上海教育科研,2004(5):33-36.

经过几轮下来,他们发现,只要挂靠什么大学、研究所或有名气、没名气的专家,最好是在评审时有发言权、决定权的单位及专家,在能人的策划下,立个什么标号,凑成一个所谓的班子,最后动用专家的生花妙笔与关系网,如出一本两本书,再请什么官、什么家作个序,题个词,表个态,原来上个什么科研层次、得个什么奖项,竟非难事。[①]

说穿了,这类的"合作的教育行动研究",只是名义上的合作,其实只是理论工作者的"独舞"。这种所谓的"合作的教育行动研究",让不少参与过教育研究的校长和教师恍然大悟——教育研究不过尔尔!教师对教育研究这种偏见,反过来加剧了理论界对教师从事教育研究的偏见,以致有人在报刊上公然反对"科研兴校",反对教师从事教育研究。

(三)如何合作:来自实践的启示

那么,在开展教育行动研究的过程中,应该秉承一种怎样的合作态度与合作行为呢?

笔者根据参与大学—中小学合作行动研究的亲身体验,以及一个来自美国的大学与中小学合作研究的个案——"控制、信任以及对传统角色的反思:创建大学—中小学互利合作关系的关键因素",希望在对这两个个案分析的基础上,对于应该如何在教育行动研究中合作,尝试提出一些建设性的意见。

在参与大学—中小学合作研究的过程中,笔者是以"学习者"的身份参与到这个课题研究之中。这种"旁观者"的身份,让笔者得以更加客观、冷静地看待行动研究、看待行动研究中的合作。这是笔者分析这一研究的最为宝贵的实践经验,也是笔者参照的一个重要基础。

---

① 陈桂生.漫话教育研究中的"塑料花"[J].上海教育科研,2001(4):17-18.

　　美国的合作研究个案所描述的情况大致是这样:在一次偶然的交流中,合作的一方代表(一名大学研究者,即理论工作者)与合作的另一方代表(松山小学校长)共同表达了对合作行动研究的兴趣。理论工作者希望通过研究,进一步认识反思性实践、教学变革以及教师专业发展的新的模式;松山小学校长则希望通过研究对学校进行一些调整,改变教师即技术员传统看法、改善冷漠的同事关系、改革"填鸭式"的教学模式。经过协商,双方正式启动了为期五年的合作研究关系。最后,理论工作者与松山小学校长对这次合作研究作了一个整体的反思。本书研究所参照的即是这个反思的文本,这是笔者参照的另一个重要基础。

　　这两个参照基础有一个非常巧合的共同点,那就是均来自实践。因为是来自实践,所以能够观察到在开展合作的教育行动研究过程中,到底会发生哪些问题,进而提炼出合作研究的关键所在,并根据这些关键所在,提出建设性的策略;也因为是来自实践,所以笔者所提出的建议,可能在逻辑上禁不起推敲,但也许更加符合"实践哲学"。

　　1. 权利的均衡

　　在传统的大学—中小学合作关系中,理论工作者与中小学教师之间的权利并不均衡。理论工作者对研究的很多方面有绝对的发言权,而中小学教师只掌握了一点权利甚至没有。布雷西(Bracey)把由大学与学校之间权利和控制力不同而产生的问题称为"功能失常"。[①] 但是均衡权利对合作的教育行动研究顺利与真实地展开极为重要。

　　首先,教师的缄默知识需要表达的空间。缄默知识的创始人波兰尼认为,"我们所认识的多于我们所能告诉的"[②],具体到教育行动研究

---

① 陈桂生.漫话教育研究中的"塑料花"[J].上海教育科研,2001(4):17-18.

② Polanyi M. The Tacit Dimension[M]. London:Routledge&Kegan Paul,1966.

上,也就是说,教师的头脑并不是"教育理论的空白",他们以前通过自身的理论学习与教学实践,形成了他们对所从事的教育工作的个性化认识,即缄默知识,而且,这种潜在的缄默知识,影响着教师的研究以及教师接受新的知识。"教师已有的教育理论知识和个人的实践经验,一定会在研究中发挥积极作用,因而需要得到充分的关注和尊重。"①只是,这种缄默知识,如果没有恰当的场合和机会,教师并不能表达出来,只能停留在"只可意会不可言传"的状态。

在合作的教育行动研究中,这种缄默知识迫切地需要被表达出来。只有这样,才能让理论工作者更好地了解中小学教师,并在研究的过程中,及时根据中小学教师的现实状态,对研究加以修正与改进,从而使研究更加有针对性和适切性;也只有这样,才能够让中小学教师更深入了解自己的研究到底是在做什么。所以,需要提供适当的机会,使这种缄默知识"显性化"。这就需要合作的教育行动研究成为合作双方之间真诚的、自由的对话过程。如果教师处于一种不平等的地位,是"沉默的大多数",显然很少有表达的可能,也就谈不上缄默知识的"表达"了。基于此,在合作的行动研究中,应该赋予教师更多的权利,让教师和理论工作者处于平等的地位,让中小学教师有机会"叙述""独白"。唯其如此,理论工作者才能更深入地了解并理解教师的真实状态,研究才能较为顺利地展开。

其次,行动研究的主体地位决定了教师应该拥有均衡的权利。不可否认的是,"对于某个教师的教育行为以及他所处的环境,当事人最为了解。加之教育行动研究不但谋求教育行动的改进,还把提高教师

---

① 陈桂生,胡慧闵,黄向阳,等.到中小学去研究教育:"教育行动研究"的尝试[M].上海:华东师范大学出版社,2003:311.

对教育行为、教育环境的反思能力作为这种研究中的应有之义"①,这就决定了教师在教育行动研究中的主体地位。问题在于,在理论上呼吁教师的研究主体地位,与在实践中落实教师的研究主体地位,这两者之间存在落差。所以,进行真正的合作的教育行动研究,就意味着对教师的"赋权",让教师在宽松的环境中大胆地尝试,提出自己的问题、假设,甚至是解决问题的策略。只有"赋权"于教师,教师才有可能真正沉到研究的底层,对研究衷心喜悦。"赋权"给教师,不仅是对教师的尊重,更是秉承一种合作的研究伦理。所以,均衡的权利关系对合作的双方都至关重要——对理论工作者而言,要更加关注具体情境中的教学和学习动力学相关的知识;对中小学教师来说,应该关注获得新的视角和框架,从这些视角和框架中重新审视自己的价值观和实践,这样可能会不知不觉地改善师生关系。简而言之,双方应该认识到他们之间是一种相辅相成的关系。②

2.信任关系的建立

在合作的教育行动研究中,信任关系的建立是研究得以深入开展的必备条件。具体到信任关系如何建立,结合当今合作教育行动研究的现状,以下两点显得格外重要。

第一,"理论工作者—教师"私人的信任关系。在美国合作研究的个案中,理论工作者在项目研究开始前,对教师进行了一个小时左右的非正式的访谈。虽然在访谈之前,理论工作者已经事先准备好了问题提纲,但访谈的过程并没有完全按照提纲展开,理论工作者注意到,"谈话经常从预先准备好的讨论题目,游离到对教师和参与者共同感

---

① 陈桂生,胡慧闵,黄向阳,等.到中小学去研究教育:"教育行动研究"的尝试[M].上海:华东师范大学出版社,2003:300.

② 陈桂生,胡慧闵,黄向阳,等.到中小学去研究教育:"教育行动研究"的尝试[M].上海:华东师范大学出版社,2003:300.

兴趣的题目上",这种随意的、友好的、充满笑声的访谈,让理论工作者和教师分享了关于教学等方面的兴趣。研究结束后,理论工作者无意中发现:与教师个人而不是整个小组建立关系非常重要。在合作研究开始之前与每个教师进行一个小时左右的谈话,使得这位研究者获得了教师和学校的背景资料。更重要的是,基于这样的访谈,理论工作者和每个教师都建立了一个良好的私人信任关系,使理论工作者可能成为他们中的一员而不是局外者。这种非正式的访谈成了大学合作者和教师之间建立信任的主要媒介。

第二,"理论工作者—校长"之间的信任关系。理论工作者和校长之间建立起信任关系,对于开展成功的大学—中小学合作研究十分重要。在学校内部,校长之上没有更高一层的决策机构,校长既是决策者又是执行者,具体到中国的现实情境下,校长的"决策权"尤显重要。中国中小学从1985年实施校长责任制之后,特别是受到近年来倡导扩大办学自主权的影响,校长个人在办学过程中的影响力大大加强。易言之,校长对于教学研究有着非常重要的影响力,校长是教师与大学合作者之间的关键一环,与校长构建信任关系是合作研究展开的前提。

3. 交流与沟通

在合作的教育行动研究中,应该非常重视中小学教师与理论工作者之间相互提问、相互交流。这种交流与沟通,一方面,可以让他们了解对方、理解对方;另一方面,可以针对交流与沟通中涌现出来的问题,积极地合作寻求解决问题的出路。这种交流,类似于人类学研究中的"访谈法",不过人类学中的"访谈"有一种自上而下的"访问""采访"的"光临"态度。这正是行动意义上的"现场研究"不同于一般人类学意义上的"现场研究"的地方。[①]

在合作的教育行动研究中,交流意味着理论工作者与教师之间相互倾听与移情。研究者"倾听"的实质是将言说的权利还给教师,让教师充分表达他们的意见,让教师拥有充分发表自己意见的时间和场合。研究者能否发现对于中小学教师而言有意义的研究问题,取决于研究者是否愿意倾听并在倾听的过程中发现值得研究的问题。下面就是笔者所参与的理论工作者与中小学教师之间的一次原生态交流的几个片段:

片段一:合作之初的交流

在开始合作的时候,该小学的教师向研究者表达了自己的困惑:"上课的时候,觉得自己已经把知识点讲解得非常浅显易懂,课堂上学生们的表情告诉我他们也听明白了,但是在课后作业或考试中,学生们还经常在这一知识点出现很多错误,我觉得这是在教学中遇到的让我最关心,也是最棘手的问题,我想研究这个问题。"

理论工作者倾听了教师的困惑,顿了顿:"你所关心的问题,是中小学教师在日常教学工作中经常会遇到的问题,也是理论研究所关注的一个重要研究课题。美国的一个非常著名的课程专家古德莱德,也遭遇了你所遇到的问题,然后他就据此提出了'五级课程观',其中就包含了你所提出的问题,用教育专业的话语来表述就是,'教师教授的课程'与'学生经验的课程'并不能直接画等号。不过,古德莱德也只是提及这个问题,并没有告诉我们到底应该怎样消弭两者之间的落差。既然你们关心这个问题,而且你们整天在课堂上与学生打交道,我觉得你们完全有能力帮助古

---

① 刘良华.校本行动研究[M].成都:四川教育出版社,2002:189-190.

德莱德进一步回答这个问题。当然,我觉得第一步就是要收集'学生经验的课程'的案例,这样就可以归纳出学生的理解和教师的理解到底哪里不同。"

教师听了之后,觉得很有道理,同时,也找到了自己研究问题的切入点——大量收集"学生经验的课程"。

片段二:进一步交流

前几次交流之后,教师收集了许多"学生经验的课程"的案例。面对一大堆鲜活的案例,教师又陷入了迷茫之中,不知道该如何加工处理这么多案例。通过交流,理论工作者体会到教师的"难处",他们又坐到了一起:"在案例收集完成之后,研究开始进入'个案分析'阶段。在整个研究过程中,个案分析是最重要的环节。在个案分析中,要对个案中所表现出的教育思想、教育行动和教育效果进行分析;要深化对研究主题的认识,完成研究成果的表述;要形成自我反思的意识和群体研讨的氛围。简言之,通过个案分析,教师要学会诊断行动、反思行动、改进行动。"教师听了专家的"倾诉",豁然开朗。

通过一次一次的"碰撞",经过"带着问题来,带着方案走;带着行动的结果来,带着新的方案走;带着更新的行动结果来……"的过程,教师对研究问题的认识也越来越聚焦,逐渐学会了"个案描述—个案分析—个案归类—新个案的创设—问题研究"这样一种行动研究的思路。

三、教师研究中的"理论"想象

问题在于，这场"声势浩大"的教师研究[①]运动所取得的成效并不能令人满意。正如有研究者指出："研究很难为教学改进与专业发展提供实质的帮助，更多是一种额外的劳苦。"[②]作为当事人的中小学教师大多也认可这一判断："中小学校的科研过程和最终结果几乎很少有符合学术规范的，其所谓的研究成果也很少是具有推广价值的。"[③]可以说，教师研究的理想和现实之间出现了巨大的鸿沟。

为了弥合这一鸿沟，有研究基于国际比较的视角提出，通过"促进教师研究的学校内部机制构建"，从机制层面为教师研究提供助力[④]；有研究运用质性研究方式，指出通过"落实课例研究的研究性""加强相关培训"，进而提升教师的研究能力。[⑤] 诸如此类的研究，或者从学校出发，或者从培训着手，或者强调具体的载体，主要都以外在于教师的方式问诊切脉。为了提升教师研究的实效，不可或缺的一环就是回到教师自身，从教师身上找到问题的症结所在。循此路径可以发现，教师研究广遭诟病的一个重要方面就是有实践、无理论，"缺乏学术性

---

① 本书中的"教师研究"，即"教师做研究"，是指由一线教师开展的，扎根于具体学校的，指向教育教学实践改进的，有关教学、学习及学校教育的系统性、意向性探究。这是对教师作为研究者的一种强调，与"教师作为研究者"一脉相承。

② Reis-Jorge J. Teachers' conceptions of teacher-research and self-perceptions as enquiring practitioners—A longitudinal case study[J]. Teaching and Teacher Education,2007(4):402-417.

③ 郑杰.学校的秘密[M].北京:教育科学出版社,2011:79.

④ 王丽华,褚伟明.促进教师研究的学校内部机制构建:国际进展与前瞻[J].教育发展研究,2015(6):66-73.

⑤ 赵德成.教师成为研究者:基于课例研究的分析[J].教师教育研究,2014(1):75-80.

和理论性"①。事实上,不仅教师研究需要理论,教师专业发展也离不开理论。研究表明,与普通教师相比,好教师的一个重要特质就在于借助理论改进教学,将理论运用到自身的教学实践中,实现"理论知识实践化"与"实践知识理论化"的互动。②因此,为了切实提高教师研究的实效性,切实促进教师专业发展,迫切需要从教师自身出发,调查教师从事研究的感受,明晰教师对理论的认识,探讨他们对"理论"的认识误区,进而寻求改善之道。

(一)如何探讨教师研究中的"理论"想象

基于上述考虑,本研究在"调查教师对从事研究的感受,明晰教师对理论的认识"这一主题的规约下,重点关注以下三个问题:(1)教师从事过哪些研究?如何看待所从事的研究?(2)在日常教学中,教师是如何理解理论的?又是如何看待所从事的研究中的理论?(3)在从事研究的过程中,教师有没有运用理论?又是如何运用理论的?为了研究这些问题,考虑到所研究问题主要是为了了解教师对理论的认识和行动,因此本研究采用质性研究方法中的访谈法作为主要资料收集方法。在具体实施的过程中,首先围绕上述三个问题,形成半结构式访谈提纲,作为访谈的工具。就访谈对象的确定,将目光锁定在与教师研究紧密相关的"关键人物"上,包括教师本人、学校负责教师科研的领导、参与中小学研究的大学研究者。就教师这一访谈对象,为了获取更典型、丰富的资料,在选择访谈对象的时候,重点选取那些从事过相关研究的教师。另外,还兼顾了性别、学科、学段、区域等信息。

---

① 王晓芳,黄丽锷.中小学教师如何理解"教师科研":话语、身份与权力[J].教育学报,2015(2):43-53.

② 徐碧美.追求卓越:教师专业发展案例研究[M].陈静,李忠和,译.北京:人民教育出版社,2003:267-277.

研究者采用典型性样本取样方式，在数据收集阶段早期基于目的抽样，主要从研究者的社会网络中寻找合适样本，后续则主要依赖受访者所提供的人脉资源及线索作为抽样的依据，通过"滚雪球"的方式逐步丰富。最终确定的访谈对象基本信息如表 5-1 所示。

表 5-1　访谈对象基本信息一览

受访者编码	性　别	教　龄	所在学段	身　份
M-2-12-P-T	女	12 年	小　学	教　师
Q-2-13-P-T	女	13 年	小　学	教　师
L^1-1-17-P-T	男	17 年	小　学	教　师
Z^2-1-18-P-T	男	18 年	小　学	教　师
L^2-1-25-P-L	男	25 年	小　学	副校长
C^1-2-16-S-T	女	16 年	中　学	教　师
W^1-1-11-S-L	男	11 年	中　学	科研室主任
F-2-17-S-T	女	17 年	中　学	教　师
H^1-1-19-S-T	男	19 年	中　学	教　师
Z^1-2-23-S-T	女	23 年	中　学	教　师
W^2-1-15-U-R	男	8 年	大　学	大学研究者
H^2-2-24-U-R	女	24 年	大　学	大学研究者
C^2-1-32-U-R	男	32 年	大　学	大学研究者

注：编码方式为受访者姓氏首字母-性别-教龄-学段-身份；若受访者姓氏首字母相同，则用上标的方式区别。

为了尽可能详细地捕捉信息，每位受访者访谈时间为半个小时左右，大学研究者受访者的时间不限，让受访者畅所欲言。访谈结束后，笔者及时将访谈录音整理成文本资料，在整理的过程中，写下备忘录。另外，为了获取访谈资料之外的信息，研究者还对受访教师的学校生活进行了随机观察，也做了相应的备忘录。"对资料的整理和分析是指根据研究目的对所获得的原始资料进行系统化、条理化，然后用逐

步集中和浓缩的方式将资料反映出来,其最终目的是对资料进行意义
解释。"①因此,资料处理主要遵循逐步浓缩的原则,主要通过以下几个
步骤进行:(1)逐字逐句地给资料命名;(2)通过澄清和排除的方式整
理资料;(3)对所整理的资料进行分类;(4)结合已有的文献,对分类的
资料进行分析,形成循环互动。通过这样的资料处理方式,最终形成
研究的结论。

(二)教师研究中"理论"想象意蕴

通过资料分析可知,在教师日常教学和从事研究的过程中,理论
作为一种特殊的存在,在教师群体中呈现出一定的规律性,主要存在
以下三种情形。

1.弱化理论:理论没有用,教师不需要理论

访谈表明,在受访者看来,不少教师普遍认为理论没有用,教师不
需要理论,对理论存在明显的冷漠与疏远的心态。"让理论走开,向经
验学习"②依然是不少教师所秉承的观念。具体而言,此种心态典型表
现在以下两个方面。

一方面,教师认为理论没有用。访谈显示,在不少教师看来,理论
通常意味着"假大空",晦涩难懂又空疏无用:"理论更多的是书架上的
摆设,用来装点门面的,其实没什么用。"(F-2-17-S-T)"在我看来,理论
就是所谓专家故弄玄虚的那一套,泛泛而谈,脱离教育实际,对我们的
工作改进没有实质性的帮助。"(Z^2-1-18-P-T)有受访者指出,从教师日
常工作中的行为也可以看到这一点:"从教师的评课语言中,我们能发

---

① 陈向明.质的研究方法与社会科学研究[M].北京:教育科学出版社,2000:269.
② 施良方,崔允漷.教学理论:课堂教学的原理、策略与研究[M].上海:华东师范大学出版社,
2008:368

现一些有意思的现象,教师在评课的时候,多半会用到'我觉得''我认为''就我个人而言'诸如此类的感性表达,喜欢拿这堂课和自己经验中不错的课进行比较,而很少使用'研究表明'这样的理性词语。"(W^2-1-15-U-R)更有甚者,有的教师认为做研究与开展教学是"竞品",研究妨碍了教学:"中小学教师最主要的任务是教学,而从事研究会影响教学。"(M-2-12-P-T)正因为如此,教师不怎么喜欢理论:"通过与中小学教师合作,我们发现,在部分教师看来,理论是不讨喜的。对有些教师而言,不仅不喜欢理论,甚至到了谈起理论就'色变'的程度。"(H^2-2-24-U-R)与大学研究者所观察到的现象相印证,有教师受访者这样说道:"我是一个比较感性的人,一向不喜欢看枯燥的、理论的书籍,只是想学老教师把课上上好,把班级管管好。"(F-2-17-S-T)这种对理论的固有认识,也加剧了教师对参与研究的抗拒:"我没有理论,我做不了研究。"(L^1-1-17-P-T)这些观点与笔者的随机观察不谋而合:"从教师的办公桌上的摆设可知,就摆放的书籍而言,很少看到理论性的书籍,而主要是与学科教学相关的参考资料。"(备忘录)对这一现象,吴康宁教授也深有同感,他指出,就总体而言,"(在我国)阐述教育理论的论文与著作长期以来受到教育实践工作者的冷落,教育实践工作者对教育理论论著敬而远之、束之高阁"[1]。

另一方面,教师也不认为自己需要理论。在"理论没什么用"这一观念的影响下,教师就会对理论采取敬而远之的态度,乃至排斥理论。为了强化这一认识,教师被认为是拥有实践的人,并且相信只要实践经验足够丰富,就足以应对日常的教学工作,而不需要理论的支持:"我是教书的,我要的是不断累积经验,而不是理论。"(Q-2-13-P-T)受访者的观点得到了来自大学研究者的印证:"教师喜欢的是能够直接

① 吴康宁. 以"友好方式"向教育实践工作者提供教育理论——关于走出教育理论生存困境的一个思考[J].教育研究与实验,2017(5):1-6.

改进教学实践的好方法、好点子,倾向于认为自己的经验很管用。"(C²-1-32-U-R)当前的教师培训的实效性差也强化了中小学教师这一认识:"教师认为专家们在培训活动中提供的理论知识无法真正指导自己的教学实践活动。教师的工作蕴含独特的实践逻辑,这种逻辑具有其他职业所没有的明显特征。"(H²-2-24-U-R)正因为如此,教师认为即便掌握了某些理论,也很难将其运用到工作中去:"现在面向教师的培训很多,在有些培训或学习中,教师也认识到了某些有意思的理论,但也只是当时听听而已,很少在工作中加以运用,更不用说创造条件加以运用了。培训和日常工作成为两个互不相关的场域。"(W¹-1-11-S-L)另外,也有部分教师认为,并不是每个教师都需要做研究,因而并不是每个教师都需要理论:"就我周边的教师而言,有的教师很适合做研究,钻研理论,而有的教师就不适合。没必要强行(要求)每个教师都做研究,钻研理论。"(H¹-1-19-S-T)

可以发现,对于这部分教师来说,他们只强调自身经验,不重视理论引领。除了那些远离实践的"宏大理论"对教师工作指导意义不大,教师在对理论没有了解的前提下对理论的天然排斥也是造成这一局面的重要因素。这种情况在日本也很普遍。根据陈向明教授的观察,日本大多数教师只关心"如何做",而不太关心"是什么"和"为什么",在教学过程中,只关心如何教,如何解决问题,而不问为什么要这么教,为什么要这么解决问题。① 因此,如何帮助教师正确认识理论,进而领悟理论的魅力,就显得极为迫切。

2.神化理论:理论很重要,但难以掌握

基于受访者的访谈资料可知,有部分教师认识到了理论的重要性,但是由于缺少学习理论的机会,缺少运用理论的契机,很难吃透理

---

① 陈向明.所见日本:一个中国教师的行走笔记[M].北京:教育科学出版社,2013:242-243.

论，也很难有效地将理论运用到教学和研究中去，因而对理论心存敬畏。

一方面，教师相信理论具有不可替代的价值。有受访者指出："权威的理论是教师研究的基石，能够保障教师研究的有效开展，保障研究取得一定的成效。"（W[1]-1-11-S-L）作为佐证，教师在从事研究的过程中，迎合理论的现象明显："为了强调理论性，我们会在文章中刻意添加一些名人名言，添加一些体现理论的话语，以凸显研究的理论品性。"（H[1]-1-19-S-T）"教师在开展科研活动时，特别重视'理论'，往往简单地'移植''借用'教育理论的概念术语，使得自己的研究'高大上'。"（L[2]-1-25-P-L）与这一认识一脉相承，教师普遍欢迎理论工作者的指导："我不缺实践，每天都在实践，但是我缺理论。理论的东西比较高深，我做不了有理论味的研究，写不出富含理论的文章。我也希望在理论上有所提升，但是这并不容易。正因为如此，我们需要研究者帮我们提炼经验，对我们的实践做法用理论语言加以表述，将我们的经验提升为理论。"（Q-2-13-P-T）这一现象也得到了相关研究的验证。有研究者通过研究发现，一些骨干教师以及处于快速发展期的教师，出于各种原因表现出强烈的研究意愿，但又苦于"自己的理论基础薄弱"，因此特别希望大学学科专家能"给一个合适的理论"。[①]

另一方面，教师又认为理论难以企及。有受访者这样说道："理论涉及的都是很'高深'的东西，是理论工作者的'专属'，我们很难掌握。"（M-2-12-P-T）也有受访者表明，中小学教师工作琐碎而忙碌，无暇顾及理论和研究："我们不仅要上课，还要参加各种活动，开各种会，接受各种培训，根本没时间静下心来学习理论。"（Z[2]-1-18-P-T）事实上，有研究者就对小学教师典型一天中琐碎而忙碌的工作进行了制度

---

① 陈思颖.从"局外人"到"局内人"：人类学视角下再识"教师研究"[J].教育发展研究，2018（6）：68-73.

分析。^① 忙碌的工作节奏让教师无暇学习、无暇研究："我们从事的所谓研究，最多算是一种经验总结，很难称为'研究'。"(L¹-1-17-P-T)受此影响，中小学教师在面对理论工作者的指导时，往往表现出对于研究的"不自信"，他们往往这样说："我听您的，您指挥，我冲锋。"(W²-1-15-U-R)教师对理论的"无能为力"，也造成了研究中的"无可奈何"："我也知道，教师之所以无法开展有质有量的研究，很重要的一个方面就是教师的理论功底差，缺少基本的研究素养。"(C¹-2-16-S-T)深究神化理论深层次的原因，可以发现这是在对比中产生的。在教师看来，理论是与教学不一样的存在，教学是可以琢磨的，而理论是难以接近的："对大部分教师而言，理论往往意味着一种宏大的勾画和叙事方式，尽管理论的勾画可能是美好的，但它与教师日常的教学实践相距甚远。教师的根本任务就是教书，而不是去关注理论，更遑论开展基于理论的研究。"(C²-1-32-U-R)

不难看出，神化理论的本质是以理论工作者的研究逻辑规约教师的研究逻辑，期望教师既能熟练处理日常教学事务，又能像理论工作者一样精通相关理论。正因为如此，教师从事研究的过程就变成了自觉依附理论者之理论并逐渐趋同理论者之理论的过程。"教师的研究和写作的过程就成了一切按照理论研究的格式和标准进行，离理论标准越来越近，离实践标准越来越远的过程。"^②对于教师而言，这显然有点强人所难。这对我们的启发在于：理论的重要性建立于适切性的基础上，我们需要对理论进行细分。与理论工作者的研究不同，教师的研究并不是为了检验或验证某一个真理，而是寻求一种解决实际问题的方法，是一种主要以实践问题为取向的研究，是一种主要以实践改

---

① 王富伟,胡媛媛,赵树贤.小学教师典型一天的制度分析[J].全球教育展望,2018(9):117-128.

② 李政涛.走向基于"教师立场"的研究与写作[J].上海教育科研,2007(8):12-14.

进为目的的研究。石中英教授指出，教师工作具有自己"实践的逻辑"：教师群体共同分享和遵守的一般形式、结构或内在法则。[①] 陈向明教授进一步指出，这一"实践的逻辑"就是"实践性知识"："它们是教师内心真正信奉并在其教育教学实践中实际使用和（或）表现出来的对教育教学的认识。"[②]因此，识别教师的理论，找到适合中小学教师的理论，有对专属中小学教师的理论加以提炼的勇气和行动，就显得尤为迫切。

3.泛化理论：理论是个框，随便怎么装

从宽泛的意义上解读理论的也不在少数。通过访谈可知，由于对理论认识不够清晰，不少教师将理论与其他事物混为一谈。比如，有的教师将理论与权威等同起来，只要认为是权威的事物，都可以归为理论；在有的教师看来，理论就是合法性，只要具有合法性，都是理论；还有些教师甚至将并不熟悉且有一定难度的事物都放置于"理论"这个框中；等等。我们不妨将其称之为理论的泛化现象。持泛化理论的教师在观念上和行为上都有一些典型的表现。

在观念上，将"文献""政策""理念""理论"混为一谈。比方说，有受访者将所收集的所有"文献"都当作理论："在做研究的过程中，我们也尝试查阅大量文献，不过这些文献过于理论，让我们很难看懂。"（Z[1]-2-23-S-T）也有受访者将政策文本、官方文件当作"理论"或代替"理论"："有时候，看到别的研究报告中出现'党的十九大报告指出……''基础教育课程改革纲要求……'之类的句子，就觉得很有分量，理论性很强，也会加以模仿。"（C[1]-2-16-S-T）基于随机观察的发现，笔者抽查了中小学教师所提交的课题申报书，发现我国传统的教育思

---

① 石中英.论教育实践的逻辑[J].教育研究,2006(1):3-9.

② 陈向明.理论在教师专业发展中的作用[J].北京大学教育评论,2008(1):39-50.

想或教育理念,比如"因材施教""以人为本",也经常出现在教师的研究报告中,作为理论对自己的研究予以支持。

在行为上,"套理论"的现象较为普遍。与观念上泛化倾向一脉相承,在不少教师看来,为了显示研究的理论深度,往往会套用一些"理论",将所谓的理论"贴"到研究内容上,用以包装研究:"中小学教师在从事研究的过程中,为了使自己的研究更具理论品质,大部分的研究报告都将'理论依据'作为专门的部分加以论述;即便没有专门的论述,也千方百计在各个部分填补'理论',为自己的观点站台。"(H^2-2-24-U-R)在教师看来,在所谓的"理论帽子"后面,可以注入诸多自己的理解,为自己的研究提供了极大的便利:"至于所套用的理论与所研究问题的关联性,则较少考虑甚至无暇顾及。"(C^2-1-32-U-R)这一现象绝非个案,而是具有相当的普遍性。有高中班主任试图开展一项关于高中学生价值观的课题,他给出了这样的解释:"作为班主任,我对班级凝聚力这个问题十分重视。根据多年班主任工作经验,我发现,若是能够对班级中的小团体加以引导,这些小团体十分有助于班级凝聚力的养成。这个问题我一直很关注。考虑到现在价值观很热门,所以我就将我准备研究的问题套上'价值观'的帽子,以提升研究的品质。"(Z^1-2-23-S-T)可以看出,该班主任试图研究的问题很实在、很具体,但是却套上了"价值观"这顶大帽子,导致文题不符。可见,"由于教师比较缺少理论视野,因此在整个研究过程中,他们一直被'理论'所拖累"[①]。一位小学校长在访谈中这样说道:"教师有很丰富的经验,这些经验好比一颗颗闪亮的珠子,但苦于没有一条线索把这些珠子串联起来。这种"串珠子"的工作很有必要。经验得不到系统总结,就没有真正得到反思和提升。"(L^2-1-25-P-L)把教育科研理解为"串珠子",其潜

---

① 胡惠闵,王建军.教师专业发展[M].上海:华东师范大学出版社,2014:27.

台词是，在学校里实践是丰富的，只需适当梳理即可。

不难发现，在持泛化理论观点的教师看来，与写作有关、与权威有关的事物大抵都可以归为理论。教师如此理解理论，有深刻的社会根源。一方面，为了让教师尽快进入研究者的角色，学校和管理者就用课题申报书、论文作为示范，让教师形成了一种错觉。另一方面，在传统观念的影响下，理论普遍高于实践，居于实践的上游，为了追求研究的深度和合法性，教师只得向政策文本、传统的教育思想观念求助。这就进一步要求我们需要对理论有清晰的认识，对教师的理论有清晰的认识，从而让教师在运用理论的时候不至于乱套理论，而要学会"用理论"。

（四）教师研究中理论"想象"的矫正

基于上述研究结果可知，不少情况下，教师对"教师作为研究者"有着不同的理解，对"教师作为研究者"中至关重要的"理论"也有着不同的认识和做法。这些不同的认识和做法，有些对教师研究已经产生了明显的阻碍。因此，作为教师教育研究者，除了要做好理论生产和传播，还需要帮助教师矫正当前关于理论的"想象"，让"教师作为研究者"真正落到实处，并让理论成为教师研究和教师专业发展的助力。

1. 正确定位理论，认识到理论的重要性

理论的重要性不言而喻。当代哲学家波普认为："理论是一张网。我们把它抛出去，为了捕捉'世界'——也就是使世界合理化，得到解释和统治。我们正努力把网眼越织越密。"[①]就教育领域而言，迪尔登也曾说过："什么样的理论能够为教育实践提供最多的帮助，这是一个

---

①　本纳.普通教育学：教育思想和行动基本结构的系统的问题史的引论[M].彭正梅，等译.上海：华东师范大学出版社，2006：30.

真问题；而教育理论是否能够提供帮助，这只是一个假问题。"①对教师而言，"则需要从教育理论中汲取理智的资源，将教育理论转化为自身专业实践及其反思的思维工具或手段，或者依托教育理论阐明自身专业实践的合理性和正当性"②。与对理论重要性认识有所不同，正如上述研究结果所显示，不少教师过分依赖个人经验，而忽视了理论在教学和研究中的重要性，不大重视教育研究的数据和成果可能给教学过程、教学效果带来的影响。在很多人看来，这一现象"很值得担忧"。③

对中小学教师来说，理论一直是个难题。理论指导教学，一直是一个悬而未决的问题。因此，一个很重要的工作就是在教师的教学生活中，唤醒并培育教师的理论自觉，让理论成为教师改进教学的工具。"只有当教师有意识地实验和引入一种不同于其平常使用（而不一定是新的）的教学方法、课程或策略，了解什么能产生作用和对谁产生作用，分享其方法的有效性的证据，变革才会发生。"④更重要的是，理论是研究的基石，"教师是否掌握教育学理论、心理学理论以及教育研究方法等知识通常被作为衡量教师是否具备研究素养的标志"⑤。随着"教师作为研究者"日益成为当前好教师的形象，教师研究日益成为教师工作的重要组成部分，理论对教师的重要性更加彰显。教师迫切需要正确定位理论，充分认识到理论的重要性。

2.对理论进行细分，找到并丰富"教师的理论"

"理论只要说服人，就能掌握群众；而理论只要彻底，就能说服人。

① 迪尔登.教育领域中的理论与实践[M]//瞿葆奎.教育学文集·教育与教育学.北京：人民教育出版社,1993:532-556.

② 程亮,杜明峰,张芸.重心转移与问题转化——改革开放以来教育理论与实践关系研究之研究[J].湖南师范大学教育科学学报,2013(6):26-31.

③ 方柏林.及格主义[M].上海：华东师范大学出版社,2013:126-127.

④ 彭正梅.寻求教学的"圣杯"——论哈蒂《可见的学习》及教育学的实证倾向[J].教育发展研究,2015(4):1-9.

⑤ 王慧君.教师研究的学科性立场[J].中国教育学刊,2012(9):1-9.

所谓彻底，就是抓住事物的根本。"[①]在认识理论的重要性以及理论之于研究的重要性的基础上，还需要对理论进行细分，找到并丰富"教师的理论"，也就是实践性知识。上述研究显示，不管是弱化理论、神化理论还是泛化理论，都表明当前主流的理论与中小学教师实践之间的隔阂。为了打通这种隔阂，需要对理论尤其是教师所需要的理论予以重新认识，让教师认识到实践与理论密切相关，认识到理论的"可爱""有用"。否则，教师最终还是会放弃理论。这就需要我们将目光聚焦到实践性知识，并要帮助教师不断提炼和丰富实践性知识，让教师逐步从"实践"走向"实践性知识"。教师的实践性知识一定是来自教师的实践和经验，但是由实践到"实践性知识"这个过程不是自发产生和实现的。教师有丰富的实践，但是这些都需要加以提炼和检验，才能成为实践性知识。

首先，重视教师的实践，不断丰富教师的实践。教师在教学实践活动中会形成和积累一些行之有效的做法，我们称之为教学经验。这是真正原生态、原发性的东西，是教学的宝贵资源。实践的不断累积，是教师形成实践智慧的土壤。"基于实践，教师形成了一种解决问题的智慧，这种实践智慧与具体情境勾连，必须充分考虑实践的复杂性，依据各种不确定因素而发生改变，表现为随时生成的各种判断和决定。"[②]

其次，唤醒教师的实践，不断发掘和提炼教师的实践。教师的知识不仅仅是前人总结出来的、普遍适用的"原理"或"规律"，或书本上的知识，而且富有"个人特征"；教师的这类知识对个人而言是一个不

---

① 马克思.《黑格尔法哲学批判》导言[M]//马克思,恩格斯.马克思恩格斯选集(第1卷).北京:人民出版社,1995:1-15.

② Eisner E. W. From episteme to phronesis to artistry in the study and improvement of teaching[J]. Teaching and Teacher Education,2002(4):375-386.

断积累、发展的过程,在很大程度上它反映着教师过去的经验、现在的行为以及将来可能的表现。① 正因为如此,不少教师仅仅满足于自己的经验,往往自觉或不自觉地以经验的眼光审视教学问题和教学行为,把自己的认识、实践局限于经验的范围。从这个意义上说,从"实践"上升到"实践性知识"很重要的一环在于创造机会,唤醒教师的实践,让教师能够把自己的所行、所见、所闻、所得和自己的经验加以提炼、加工,从而对实践形成一定抽象的认识。如何不断发掘和提炼教师的实践,不少研究者已经有了一定的尝试。有的研究主张通过"诱导教师观念和行为发生改变"的"诱变事件",将教师在工作中遇到的"有与以往不同的感受和认识"的"关键性一跃"揭示出来,进而促进教师成长。② 还有的研究认为概念图是一种很好地捕捉教师实践性知识的研究工具:概念图为教师提供了一个"反思的空间"(reflective space),并与自己的日常行为保持距离(keep distance)。这一研究得到了一线教师的支持,特别是一些有数十年教龄的有经验的教师,他们通过绘制概念图能够看到自己平时没有关注到的惯常行为(routines)。③

最后,让唤醒的实践与理论性知识对话,进一步巩固所形成的实践性知识。"教师一定具有一些理论性知识,不论是从书本上学到的,还是从教师教育学院习得的,这些理论性知识需要和他们的实践性知识相互关联。虽然教师拥有各种类型的理论知识基础,但是只有教师在现实的教学中'使用'这些知识,才能成为他们的实践性知识。"④ 要

---

① 白益民.教师的自我更新:背景、机制与建议[J].华东师范大学学报(教育科学版),2002(4):28-38.

② 汪明帅.教师专业发展中的"诱变事件"[J].教师教育研究,2012(6):1-6.

③ Meijer P C. Teachers' practical knowledge: Teaching reading comprehension in secondary education[D]. Netherlands:Leiden University,1999.

④ 魏戈,陈向明.教师实践性知识研究在荷兰——与波琳·梅耶尔教授对话[J].全球教育展望,2015(3):3-11.

将所形成的实践性知识与已有的理论进行对照,不断反思、批判、充实自己的实践性知识。好教师的成长过程就是对理论不断加深认识的过程。特级教师普遍反映,他们在高原期一致的感觉也是"理论的贫乏"。[①] 通过这样的互动,能够逐步将自己的经验转化为充满智慧含量且可资借鉴的"理论因子",从而不断形成和完善自身的实践性知识。

3. 从"套理论"到"用理论",掌握理论运用的技巧

认识到理论的重要,找到并丰富"教师的理论",都是为教师做研究的过程中有效运用理论提供基础,进而让教师成为名副其实的研究者。上述研究表明,在开展研究的过程中,教师"套理论"情况明显,曲解了教师的理论,也曲解了理论之于研究的意义。与"套理论"不同,企望在教师从事研究的过程中发挥理论的作用,就需要帮助教师明晰"套理论"与"用理论"的不同,让教师掌握"用理论"的方法,进而在"用理论"的过程中领悟"理论"的"有用"与"可爱",形成良性循环。

一方面,通过审视"套理论",掌握"用理论"的本意与方法。所谓"套理论",就是"生搬硬套"一些理论,将所谓的理论"贴"到研究内容上,用以包装研究;或者在所谓的"理论帽子"后面,注入诸多自己的理解。与之相对,"用理论"则意味着在研究的过程中,通过对研究问题的琢磨和玩味,找到审视研究问题的理论视角,并在不同理论视角中选择最为贴切的那一个。值得一提的是,这些理论视角与教师的教学息息相关;用这样的理论视角来分析所研究的问题,就能够做到理论与实践的互动和融通。进一步言之,在具体"用理论"的过程中,有"小理论"与"大理论"之别,"小理论"是关于支持某一部分论点的论据,而"大理论"则是整个研究所仰仗的依据。另外,在"用理论"的过程中,选择意料之外情理之中的理论还是意料之中情理之中的理论,则体现

---

① 余文森.论名师的教学主张及其研究——以福建省为例[J].教育研究,2015(2):75-81.

了教师眼界的高下和经验的丰歉。至于学习如何"用理论",基于已有的研究,在模拟或现实情境下学习教学,是一种有益的尝试:"在模拟或现实情境下学习教学,不仅是理论在实践中的应用,而且为实践研究创造个人理论,具有相当大的发展潜力。"①

另一方面,在研究中通过"用理论"解决实际问题,提升研究品质,领悟理论的美好。教师研究的特点之一是与所教学科密切相关,与教师日常教学工作密切相关。教师从事研究的过程也是其从事实践的过程,教师的研究是研究与实践的辩证统一。通过"用理论"解决实际问题,是教师领悟理论魅力的存在方式,也是提升研究品质的重要表征。有研究指出,我国香港地区的课例研究颇具特色,就是因为在研究的过程中巧妙地借用了"变易学习理论":"香港地区中小学教师的课例研究颇具特色,关键因素就在于以'变易学习理论'作为课例研究的理论基础,'变易理论'的运用就比较合适。"②这样的每一次尝试和行动,都会不断丰富实践性知识,不断改进实践。"独特案例中的行动中反映,与其说是通过产生一般的规则,毋宁说是通过促进实践者范例库的发展,被推广运用到其他情况。"③

① Sullivan P. Editorial:Using the study of practice as a learning strategy within mathematics teacher education programs[J]. Journal of Mathematics Teacher Education,2002(5):289-292.

② 卢敏玲.课堂学习研究对香港教育的影响[J].开放教育研究,2005(3):84-89.

③ 舍恩.培养反映的实践者:专业领域中关于教与学的一项全新设计[M].郝彩虹,等译.北京:教育科学出版社,2008:63.

第六章　保障机制：营造好教师不断涌现的氛围

改革很多时候被视为失败，其实不然，因为没有教师参与，它们从来就未得到实施。

——约翰·古德莱德

　　教师成长与周遭的环境息息相关，营造好教师不断涌现的氛围，这是教师成长保障机制的终极诉求。以教师负担为例，教师负担过重是一个长期存在而今尤甚的事实。因为工作的关系，笔者经常深入中小学，也就得以近距离倾听中小学教师的心声。可以发现，教师大量的时间和精力都花在与教育教学科研无关的事务性工作上，"忙得都快没时间教书了"日益困扰着很多教师。这一观察到的现象与当前不少调查、研究结论高度吻合。正如有研究指出，教师工作负担重的现象被表述为"教育教学以外的事务性工作过多，容易导致教师对本职工作产生倦怠"。

　　"兴国必先强师"，"强师"的前提条件就是要把教师从负担过重的枷锁中解救出来，负担过重的教师势必难以承担起这样的期许。因此，教师减负成为当前亟待解决的真问题，万众期待且刻不容缓。在此背景下，教师减负引起了各方的高度重视。在 2019 年全国教育工作会议上，时任教育部部长陈宝生明确指出，2019 年要把为教师"减负"工作作为一件大事来抓，教育部将专门出台中小学教师"减负"政策。随着政策的相继出台，为教师减负打下一针强心剂，探索出教师减负的更多有效做法，让更多的教师能够心无旁骛地专注于"三尺讲台"。但是，基于对中小学教师的长期关注，我们深知，教师减负绝不应止步于此。教师负担过重，固然与教师承担非教学事务过多、监管不力等外在因素相关,让教师疲于应付、忙于琐事、苦不堪言,而进一步从深层次予以透视,这一现象也反映了我们在尊重教师、尊重教师专业、尊重教师专业发展规律方面存在的缺陷,导致各种事务性工作不断叠加到教师身上。在这一语境下,我们重新审视"教师减负",就需要挖掘更多丰富的内涵。教师减负的目标不能够仅仅停留在减掉教师不合理的负担,让教师从这些烦琐的事务性工作中摆脱出来,而应该着眼于为新时代高素质教师队伍建设提供优质的职业生态和良好的专业环境,让教师将宝贵的时间和精力投入教育教学科研,让教师认识到增能的重要性,激发教师专业发展的热情,着眼于教师长足的专业发展。从这个意义上说,教师减负只是前提条件,能做到让广大教师安心从教、热心从教、舒心从教、静心从教以及教师增能才是我们最终的诉求,让广大教师在岗位上有幸福感、事业上有成就感、社会上有荣誉感,让教师成为让人羡慕的职业。这是一套"组合拳",双管齐下才能产生我们所期待的效果。要把时间和精力还给教师,让他们静下心来研究教学、备课充电、提高专业化水平,从而形成好教师不断涌现的良好局面。

除了基于外部立场的教师减负,还有隐于教师自身的"日常抗拒"。接下来,本章研究主要以教师的"日常抗拒"及其应对为例,探讨教师成长的保障机制。

一、教师抗拒成为保障机制中的关键议题

教师抗拒[①]是课程改革的重要研究议题。正如富兰和哈格里夫斯

---

① 教师抵抗、教师抵制、教师抗拒都来自英文"resistance",在此统一表述为教师抗拒。

所言，教师抗拒是课程改革的伴生物，与课程改革并肩而行，自从有课程改革，就有教师抗拒。[①] 关键在于，作为课程改革的主要实施者，教师处在改革漩涡的中心，其改变极大地影响着课程改革的进程，"违背教师意愿、缺少教师积极参与的课程改革，从来都不会取得成功"[②]，而教师抗拒是决定教师改变与否的重要变量。古德莱德也这样说道："改革很多时候被视为失败，其实不然，因为没有教师参与，它们从来就未得到实施。"[③]从这个意义上说，教师抗拒这一问题需要予以特别关注。

检视已有关于教师抗拒的文献，大多从宽泛意义上对教师抗拒展开研究。有研究者尤为关注教师抗拒的原因，希望从原因反推出解决问题的理路，并指出孤立的学校文化是教师抗拒的根本原因。[④] 有研究者将研究的重心放置于教师抗拒的类型上，基于民众关于改革态度"枣核状分布"说，将教师对课程改革的态度分为不同类型。[⑤] 有研究者认为需要转换观察视角，更多从"抵制者"的眼光而不是"变革者"的立场审视教师"抵制"，进而洞察教师"抵制"的本质。[⑥]

与上述从宽泛意义上对教师抗拒展开研究不同，也有研究认识到，在教师抗拒中，有一类看不见的、隐藏式的抗拒，因其隐蔽属性而尤为值得关注。根据贾纳斯（Janas）的观点，依据抗拒程度不同，

① Fullan M, Hargreaves A. Teacher Development and Educational Change[M]. London：The Falmer Press,1992.

② 联合国教科文组织.教育——财富蕴藏其中[M].联合国教科文组织总部中文科,译.北京：教育科学出版社,1996：14-15,137-138.

③ Jackson P W. Handbook of Research on Curriculum：A Project of the American Educational Research Association[M]. New York：Macmillan Publishing Company,1992.

④ Fullan M,Hargreaves A.学校与改革：人本主义的倾向[M].黄锦樟,叶建源,译.香港：香港教育图书公司,1999：68.

⑤ 杨明全.革新的课程实践者：教师参与课程变革的研究[M].上海：上海科技教育出版社,2003：183.

⑥ 孙元涛,许建美."教师抵制变革"的多维分析[J].教育发展研究,2009(15-16)：12-15.

教师在面对变革时所表现出来的反抗可分为三种类型:挑衅性抗拒(aggressive resistance)、消极—挑衅性抗拒(passive-aggressive resistance)和消极性抗拒(passive resistance)。[①] 相较于挑衅性抗拒的毫不掩饰,消极—挑衅性抗拒和消极性抗拒都或多或少表现出意愿不足、无可奈何、阳奉阴违、行动力不足等特征,表面上认同,但在实际教学中却依然如故,甚至通过"精心设计的表演(choreographed performance)"[②]予以掩饰。"与有组织的、清晰可见的公开反抗不同,这类抗拒嵌入日常生活中而容易被忽略,从而招致持久的危害。"[③]这一特征与斯科特(Scott)所提出的"日常抗拒"(everyday resistance)观点不谋而合。斯科特以东南亚地区的农民为研究对象对日常抗拒进行研究后指出,日常抗拒是农民庸常的却持续不断地与从他们那里索取超量的劳动、食物、税收、租金和利益的那些人之间的隐秘性的抵制与不合作。作为一种特殊形态的抗拒,日常抗拒几乎不需要事先协调或计划,而是利用心照不宣的理解、非正式的网络,通常表现为一种个体的自助形式,从而避免直接地、象征性地对抗权威,规避了来自利益集团的政治风险,看似平淡无奇,却是"弱者"保护自己的一种怀柔手段。[④] 虽然本研究中的"教师"与斯科特笔下的"农民"是两类不同的群体,但他们也有一些相似之处:中小学教师也是体制内弱者,也会采用斯科特所言的日常抵抗,避免与强势一方发生正面的直接冲突,最大限度地保护自身利益不受侵害,日常抗拒的诸多特征在教师的生活里

① Janas M. Shhhhhh, the dragon is asleep, and its name is resistance[J]. Journal of Staff Development,1998(1):119-124.

② Webb P T. The choreography of accountability[J]. Journal of Education Policy, 2006 (2): 201-214.

③ Johansson A, Vinthagen S. Dimensions of everyday resistance:An analytical framework[J]. Critical Sociology,2016(3):417-435.

④ Scott J. Weapons of the Weak:Everyday Forms of Peasant Resistance[M]. New Haven:Yale University Press,1985.

亦清晰可见。^① 这就为运用日常抗拒这一理论剖析教师抗拒提供了理据。事实上，也有研究者借用斯科特日常抗拒中的策略——"弱者的武器"——分析教师日常抗争策略。^② 基于此，本研究将斯科特的日常抗拒这一概念引入教师研究领域，对教师的日常抗拒进行分析，探究教师日常抗拒的背后原因，体验处于夹缝中教师的艰难选择，有助于在课程改革背景下全面理解教师的抵抗，进而推动课程改革的顺利进行。

二、教师抗拒这个问题的研究思路

基于上述考虑，本研究在"教师日常抗拒及其应对"这一大主题的规约下，重点关注以下三个问题：（1）教师日常抗拒的对象是什么；（2）教师日常抗拒的表现形式；（3）教师日常抗拒的行为动机。

为了对这些问题展开研究，鉴于研究问题的特殊性，本研究采用质性研究的访谈法，围绕上述三个问题，形成半开放访谈提纲，主要以教师以及与教师日常抗拒密切相关的群体比如校长、学校中层为研究对象，以访谈为收集资料的主要方式。为了凸显质性研究的典型性，基于已有文献，可知普通学校的"温吞水"性质，更容易出现教师日常抵抗。^③ 本研究所选访谈对象，主要锁定普通学校，以便尽可能获取典型的信息。考虑到日常抵抗的隐蔽性特征对研究带来的挑战

① Choi T. Hidden transcripts of teacher resistance：A case from South Korea[J]. Journal of Education Policy，2017(4)：480-502.

② Choi T. Hidden transcripts of teacher resistance：A case from South Korea[J]. Journal of Education Policy，2017(4)：480-502.

③ Choi T. Hidden transcripts of teacher resistance：A case from South Korea[J]. Journal of Education Policy，2017(4)：480-502.

(challenge for research)，在数据收集阶段早期，笔者基于目的抽样，主要从自己的社会网络寻找合适样本，后续则主要依赖受访者所提供的人脉资源及线索作为抽样的依据，通过"滚雪球"的方式逐步丰富。具体到访谈教师的选择，笔者同时兼顾了性别、学科、学段、区域的信息。所访谈教师基本信息如表 6-1 所示。

表 6-1 访谈对象基本信息一览

教师编码	性 别	教 龄	学 段	学 科	区 域	身 份
F-28-P-C	女	28 年	小 学	语 文	乡 村	副校长
M-25-M-M	男	25 年	初 中	数 学	城 市	普通教师
F-22-M-E	女	22 年	初 中	英 语	城 市	普通教师
M-21-P-M	男	21 年	小 学	数 学	城 郊	校 长
M-10-P-E	男	10 年	小 学	英 语	城 市	普通教师
F-14-M-C	女	14 年	初 中	语 文	乡 村	教导主任
M-05-P-M	男	5 年	小 学	数 学	乡 村	普通教师
F-06-H-C	女	6 年	高 中	语 文	城 市	普通教师

为了尽可能详细地捕捉信息，每位受访者访谈时间为一个小时左右。访谈结束后，笔者都会及时将访谈录音整理成文本资料，在整理的过程中，写下备忘录。另外，为了获取访谈资料之外的信息，笔者还对受访教师的学校生活进行了随机观察，并做了备忘录。考虑到空间维度在教师日常反抗中的作用[①]，研究者主要将观察地点放在办公室，重点考察教师办公室的对话。资料处理主要遵循逐步浓缩的原则，主要通过以下几个步骤进行：(1)逐字逐句地给资料命名；(2)通过澄清和排除的方式整理资料；(3)对所整理的资料进行分类；(4)结合已有

---

① Vinthagen S,Johansson A. Everyday resistance：Exploration of a concept and its theories [J]. Resistance Studies Magazine，2013(1)：1-46.

的文献,对分类的资料进行分析,形成循环互动。[①] 通过这样的资料处理方式,最终形成本研究的结论。

三、研究结论与分析

(一)旨在"减少或拒绝来自上层的索要"

关于教师抗拒的原因,已有相关的研究。[②] 而在斯科特看来,"抗拒的日常形式与那些更为激烈的公开对抗方式的共同之处在于它们旨在减少或拒绝来自上层的索要"[③]。"上层的索要"是一个抽象的表述,对教师而言,泛指来自管理部门对教师提出的各种额外要求。根据访谈可知,在教师看来,"上层的索要"主要分为两种情况:其一,某件事/某一行为只对领导有好处,而且这种好处建立在普通教师额外付出的基础之上;其二,课程改革的实施对教师提出的要求超出了他们的承受范围。尤其是这两种情况叠加在一起,让教师感到无所适从、难以忍受。教师正是通过日常抗拒的方式来拒绝、减轻、逃避来自管理部门对自己的各种索要,防止最坏的局面,并期待较好的结果。

就第一种情况而言,随着课程改革的不断深化,为了扩大学校影响力,提升学校的管理品牌,校长集合全校之力,申报课题、出版著作,

---

① Vinthagen S,Johansson A. Everyday resistance:Exploration of a concept and its theories [J]. Resistance Studies Magazine,2013(1):1-46.

② 有研究对教师公开抗拒的原因进行了分析,认为教师抵制革新有其深刻的个体心理上的以及群体文化上的原因。这一原因分析思路,主要从教师自身出发寻找来自教师内部的原因,与本研究试图从外部出发寻找原因的立意相悖,在此不予讨论。参见操太圣,卢乃桂.抗拒与合作:课程改革情境下的教师改变[J].课程·教材·教法,2003(1):71-75.

③ 斯科特.弱者的武器[M].郑广怀,等译.南京:译林出版社,2011:32.

已成为普遍的现象。而为了完成这些事项,教师需要耗费大量的时间和精力承担相应的工作。对于这一现象,教师有不同的认识:

> 我的本职工作就是教书育人,我做好了这些就对得起自己的良心了。至于写课题申报书、为校长主编的著作撰写部分内容,这些事情就是额外的工作,纯粹是帮校长做的。这些事情并不是不能做,但是做这些事情对我又有什么好处?(M-10-P-E)

可见,在不少教师看来,"扩大学校的影响力"等于"扩大校长的影响力",因而这件事纯粹是"帮校长做的",对自己没有任何好处,还需要承担大量"额外的工作",就会滋生不满的情绪,心生抗拒。

至于第二种情况,在访谈中,有受访者谈到了学校管理者希望以制度管理变革为抓手,推动学校整体改革,于是制定了诸多规章制度,并要求教师严格执行。面对这一情况,有教师抱怨道:

> 校领导的用意是好的,都是为了学校好。不过,这些制度订得太严,从头管到脚,把我们像小学生一样管起来,做不到就要受到惩罚,也实在小家子气,让我心里觉得不舒服。(F-22-M-E)

可见,教师对学校推行的改革表示接受,也不能保证都可以内化为自觉的行为。类似情况比较普遍,有受访者对学校要求教师做研究这件事也产生了不同的意见。随着"教师成为研究者"的观念日益深入人心,很多教师被要求从事研究。这一要求顺应了课程改革的脉络,教师也都能接受。问题在于,当教师真正扮演起"研究者"的角色时,遭遇了重重困难,抵触的情绪就蔓延开来:

> 学校要求我们多做研究,这个要求当然没有错。我们也知道,多做研究不但可以改进我们的教学,也能够促进自身专业发展。问题在于,我们缺少资料,找不到选题,理论层次也不够,很难踏踏实实做好研究。但是学校只问结果,不问过程。这让我们

难以接受。(M-05-P-M)

达林-哈蒙德(Darling-Hammond)这样说道:指向教师的各种形式的教师教育,其课程设计不仅要让教师获取一套操作技术,还要让教师成为"适应性专家"(adaptive experts),知晓这一套操作技术背后的原理,能够知其然也知其所以然[①],"教师成为研究者"这一要求也是如此。只有当教师既能够获取成为研究者的操作技术,也能够知晓成为研究者的必要性和重要性,才能够真正成为研究者。否则,当面对看似合理但实在难以做到的要求时,教师就会无所适从,也无从辩解,只好通过日常抗拒"蚕食""索要",尽量维护自身利益。

值得注意的是,通过访谈显示,"上层"是一个变动的概念,可以表征学校领导和教师之间的关系,也可以用来描述上级管理部门和具体学校之间的关系。在访谈中,有作为学校领导的受访者就教师培训这样说道:

> 新课程改革以来,我们参加各级培训的机会也越来越多,但我们发现这些培训基本没什么用。整天讲一些大道理,与我的日常教学没什么关系,还占用了大量的时间。因为是各级部门的要求,我们也没有办法,只好能应付就应付,大家都心照不宣。(M-21-P-M)

通过访谈发现,这一学校集体"心照不宣"的做法,还存在很多方面,比如有受访者提及"应付上级的检查"时"学校领导和教师形成了统一的口径""上级检查是做一套,检查结束后则恢复日常那一套",也明显地体现了这一点。有普通教师的受访者甚至以这样的经历来合理化自己的日常抗拒:"上有政策下有对策,反正学校也都在应付,我

---

① Darling-Hammond L, Braatz-Snowden J. A good teacher in every classroom:Preparing the highly qualified teachers our children deserve[J]. Educational Horizons, 2005(2):111-132.

们这样做也没什么大不了的。"

(二)本着"安全第一"的原则

依据逻辑分析,为了"减少或拒绝来自上层的索要",教师有两种选择:公开反抗和日常抗拒。与公开反抗不同,日常抗拒的一个显著特征就是不会与权威做正面的对抗,而是以一种"静悄悄"的方式进行。之所以如此选择,在斯科特看来,主要是出于"安全第一"的原则。作为斯科特"道义经济"的核心命题,"安全第一"原则表明,"他们(生存取向的农民)宁愿选择回报较低但较稳定的策略,而不选择那些回报较高但同时也有较高风险的策略"。[①] 与公开反抗需要承受较大的风险不同,日常抗拒具有匿名性、隐秘性、非对抗性等特点,使处于弱势地位的人在对抗强势时不仅无须付出高昂的成本和代价,还能得到实际的好处。于是,他们转而选择日常抗拒,通过平常的却持续不断的方式进行争斗。"安全第一"的原则同样适用于教师。访谈表明,教师之所以会采取"日常抗拒"的方式,是因为相比于学校领导来说,教师处于"被支配"的弱势地位,他们有所顾忌。基于此,教师既不会彻底反抗,也不会完全服从,而是采取一种带有掩护的、有限度的对自我利益及价值的捍卫,既避免了自我暴露和针锋相对,又维护了内心的秩序。正是利用这种"日常抗拒",使得利益诉求表达活动得以不断持续而非昙花一现。具体分析受访者的观点可以发现,在"安全第一"的原则的指导下,教师会基于各种实际考量采取日常抗拒。

一方面,教师缺乏正常的意见表达渠道。弱者的抗争维权行动往往面临着资源瓶颈和制度空间不足等问题,就会努力想出各种策略。

---

① Scott J. Weapons of the Weak: Everyday Forms of Peasant Resistance[M]. New Haven: Yale University Press, 1985.

教师也是如此。"有时候,我们也会向领导表达我们的意见,但是往往这些意见并不会被采纳,甚至还会成为'把柄'。慢慢地,我们就不指望了。"(F-14-M-C)"有时候,我们能感觉到学校的决定不合理,但是我们没有足够的理由和证据,不好当面质疑学校领导的决定。"(M-10-P-E)易言之,"日常抗拒"是在诉求表达渠道不畅和机制匮乏情况下的一种理性判断,是教师基于自身行动资源和对当地形势的客观分析而做出的策略选择。

另一方面,教师不愿意或不敢得罪学校领导:"因为是校长提出来的,我又不能不给这个面子,但是我又不高兴做,所以我就边做边拖。这样一来,校长也没有什么办法。"(F-06-H-C)事实上,很多受访者都表达了类似的心理,诸如"不敢和领导对着干""一旦撕破脸对谁都不好""不能一气之下就辞职吧"之类的话语充斥着访谈。可以说,"安全"是教师采取反抗的底线。可与之做比较的是,由于网络空间的安全性,教师在网络空间表达反抗的意愿则要猛烈与赤裸得多。为了保守"安全"底线,只能采取日常抗拒这一不得已的做法。这些经过包装的异议或是反抗,粉饰了教师反抗意愿,很大程度上避免和学校领导发生直接的冲突。

本着"安全第一"的原则,就特别需要日常抗拒具有隐蔽性。斯科特也意识到了这一点。为此,他专门创造了一个术语:"隐藏的文本"(hidden transcript)。相对"公开的文本","隐藏的文本"是后台的话语,"表现为一种在统治者背后说出的对于权力的批评"。[①] 这一点也鲜明地体现在教师日常抗拒之中。教师一般都在背地里进行反抗,而不是以一种公开的方式表达他们的心声,看似宁静,实则暗流涌动:

---

① 郭于华."弱者的武器"与"隐藏的文本"——研究农民反抗的底层视角[J].读书,2002(7):11-18.

通常情况下，我们也就是私下发发牢骚，出出气，不会表现在明面上。这样做太冒险了。（F-06-H-C）

可见，在学校这一场所也存在着大量的"虚假遵从"，"前台"与"后台"之间往往存在较大的差异，在"前台"权力负载的情境中所表现出来的遵从，在相对安全的"后台"中发生了逆转。[①] 对此，吴康宁教授也表达了类似的观点："对不少人而言，其在内外无别的'公开场合'中正式表达的教育改革同其在内外有别的'私下场合'里自由讨论的教育改革观之间存在明显的价值落差，甚至价值反差，以至于实际上形成了他们对于教育改革的态度的外表与内里，或者说'前台'与'后台'。"[②]

（三）发展出"弱者的武器"予以实施

为了"减少或拒绝来自上层的索要"，最低限度捍卫自身权益，同时又要本着"安全第一"的原则，保护自己，就得权衡利弊，想出办法，以乔装的手法呈现反抗。作为经过包装的反抗，日常抗拒对策有着极高的要求。这就是斯科特所谓的"弱者的武器"。斯科特以自己在马来西亚农村的田野工作材料作为证据，对"弱者的武器"进行罗列："这些日常形式的反抗通常包括：偷懒、装糊涂、开小差、假装顺从、偷盗、装傻卖呆、诽谤、纵火、暗中破坏等。"[③]基于斯科特的研究，这些"弱者的武器"具有一些典型的特征，比如，姿态是低下且隐忍的、手段是多样且迂回的。有研究者进一步将这些隐忍的、迂回的和柔韧的策略统称为"韧武器"："这些'韧武器'变化多端，绕开正面冲突、见缝插针、

---

① Scott J. Weapons of the Weak: Everyday Forms of Peasant Resistance[M]. New Haven: Yale University Press,1985.

② 吴康宁.教育改革的"中国问题"[M].南京:南京师范大学出版社,2015:74-75.

③ 斯科特.弱者的武器[M].郑广怀,等译.南京:译林出版社,2011:87.

钻空子、死磨硬缠、事后追索、明给暗藏、出尔反尔、执行不到位，等等。"①访谈资料表明，教师日常抗拒也十分讲究策略的选择，与斯科特"弱者的武器"别无二致。事实上，教师在应付上级推动的改革方面的消极应对的手段是非常多样的。"虽然他们的日常工作中什么也不会改，一切都照常进行，但在关键时候，他们都会恰当地呼应他们的领导，在这方面似乎他们不用有人教授。"②需要指出的是，在具体策略的选择上，教师与农民还是有所差异。比方说，与农民采用的"诽谤"、"诉苦"乃至"偷窃"不同，教师更多选择"吐槽"这一方式来进行"日常抗拒"。根据访谈显示，教师日常抗拒按照程度不同典型地表现为以下几类形式。

首先，教师普遍选择"吐槽"这一方式表达自己的日常抗拒。有受访者这样说道："有时候，面对领导交代的任务，我们就私下吐吐槽、发发牢骚。说笑之间，心里也好受些。"(F-06-H-C)教师办公室内的生活占据了教师在课堂之外的大部分时间，对教师办公室的研究能够帮助研究者认识学校中的"教育者语脉"。③事实上，在办公室"吐槽"也成为一种常态。在田野里，研究者就观察到这样一幕：当领导给一个教师布置了任务之后，这个教师回到办公室和同事说道，"还没有消停两天，又要加班了，都要忙死了"。通过这样的"吐槽"，以一种私下抱怨且保有余地的方式，我们可以看出她的抵触情绪，但是这种抵触情绪又无伤大雅。

其次，教师经常采取"打折扣"应对领导的各种要求。有些教师在访谈中这样说道："你是领导，让我做我也不能拒绝，但是我至少可以选择出多少力气做这件事。马虎一点，也就算是反抗了吧。"(M-25-

①　折晓叶.合作与非对抗性抵制——弱者的韧武器[J].社会学研究,2008(3):1-28.
②　郑杰.学校的秘密[M].北京:教育科学出版社,2011:94.
③　杨帆,陈向明.办公室对话与教师的专业实践[J].上海教育科研,2011(3):4-8.

M-M)也就是说，面对领导的各种要求，教师不会来者不拒，但也绝对不会全情投入，有时候只做些点缀式的调整，而不做实质的改变。改变似乎正在发生，但实际上又什么都没有发生改变。需要指出的是，这种打折扣的策略的前提是不易被管理者发现，或者即使发现了，也没有充分的理由可以责难。有学校领导的受访者这样回应道："一件事能够做到 100 分，却偏到 60 分就作罢。表面上看起来，事情确实做了，但行动拖沓，质量也大打折扣。遇到这种情况，我们也不好说什么。"（F-28-P-C）

最后，有些教师还会采取"当面一套，背后一套"。如果改革没有得到教师发自内心的认可，而是通过自上而下的方式强制推行，教师的承诺往往只停留在口头上。"我们也发现，有些教师在公开场合表现出对改革的热情与支持，但是在实际教学中却无动于衷。有时候，教师这样回应：我完全同意您的观点，但是我不知道该怎么做。"（M-21-P-M）这种看似祈求帮助的举动，表明了教师不情愿配合的心思。更进一步，有些教师甚至借用改革的术语合理化自己的常规操作："有些教师脑子很活，他会将自己的做法和文件要求联系起来，打打擦边球，而不管这些联系是否生硬。"（M-21-P-M）这样的教师，其教学肯定也不会发生任何实质的改变。

四、教师"日常抗拒"的应对之道

如上所述，学校管理者虽然可以控制学校日常生活中大多数教师的"前台"行为，使学校的秩序得以维持，但他们不能完全操纵教师"后台"的行为。当走进学校的日常生活中，不难发现，在表面遵从学校权威的背后，教师往往会通过各种方式表达他们对学校的不满情绪。这个问题日益引起了我们的注意。一方面，教师在课程改革中起着十分关键的作用。教师能否因应当前课程改革的目标而做出符合期望的调节和配合，决定着改革的成败。另一方面，若对教师的日常抗拒视而不见，可能会招致持久的危害。斯科特通过对农民"日常抗拒"展开研究后指出："农民这些卑微的反抗行动不可小觑，大量的微不足道的小行动的聚集就像成百上千万的珊瑚虫日积月累造就的珊瑚礁，最终可能导致国家航船的搁浅或倾覆。"[①]教师的日常抗拒也不例外。若管理者（上层）对教师日常抗拒视而不见，任由教师日常抗拒野蛮生长。长此以往，压抑过多，渠道堵塞，必然不断加剧教师的逆反心理，甚至"泛化为对一些真正的教育改革本身的正当性与合理性也发生怀疑"[②]。更让人担忧的是，教师是学生生活中的"重要他人"，对学生的成长起着重要作用。这种重要作用不仅表现在教师通过教学活动的开展影响学生的知识、观念、态度的变化与发展，而且教师自身就是一个重要的教育资源，教师的人格被认为是教育活动开展的依据。教师日常抗拒也不例外，阳奉阴违的日常抵抗确实能够在保障教师安全的基础上最低限度捍卫教师自身权益，但这种抗拒也可能给学生带来不良的示范。因此，在对教师日常抗拒的原因、表现形式等具体问题进行考察的基础上，本研究拟从以下几个方面尝试找出应对之道。

（一）拓展教师诉求表达渠道，维护教师的正当利益

斯科特笔下的东南亚农民在各种宏大的历史叙事中从来是无声者和无名者。在斯科特看来，出于"危机"反应的对农民的关注，尚未离开统治的立场、精英的立场或城市既得利益阶层的立场。农民在这

---

① Scott J. Weapons of the Weak：Everyday Forms of Peasant Resistance[M]. New Haven：Yale University Press，1985.

② 吴康宁.教育改革的"中国问题"[M].南京：南京师范大学出版社，2015：69.

样的关注眼光中是作为治理对象、防范对象和怜悯对象而存在的。基于此,斯科特呼吁,以农民的眼光来注视,以农民的立场来思考。[①] 很长一段时间以来,在很多改革者眼里,教师都是"保守"的代名词。他们排斥新事物,是一个因循守旧的群体。"教师总是寻找各种借口,不愿意踏出既有的舒适地带,以至于在各种课程改革中袖手旁观。"[②]基于斯科特的观点和上述分析,教师采取日常抗拒只是一种无奈的选择,而且不是对教师最为有利的选择。对教师而言,之所以采取日常的反抗,一个很重要的原因是教师缺乏诉求表达渠道,教师自身正当权益得不到保障。更糟的是,若是日常抗拒没有发挥教师期望的作用,教师迫于外在压力违心地做了不想做的事,所产生的负面情绪反过来又会进一步强化消极的认知,产生更大的危害。因此,为了从根本上缓解日常抗拒所招致的可能危害,首先就得拓展教师诉求表达渠道,比如广开言路,营造民主氛围,进而从根本上维护教师的正当权益。

(二)转换视角,认识到教师日常抗拒的建设性

拓展教师诉求表达渠道,维护教师的正当权益,就得更多从教师的视角重新审视日常抗拒,从教师日常抗拒中看到建设性。根据上述分析可知,教师之所以采取日常抗拒,大多是因为教师被逼无奈,日常抗拒可谓教师对课程改革最真切的回应。教师抵抗反而能够为我们发现问题和解决问题提出警示。因此,抗拒的存在可以使我们更好地审视我们的改革,比如改革方案是否合理、改革预期值是否过高、改革措施在细节落实上是否到位、改革措施在执行过程中是否出现偏差,

---

① 斯科特.弱者的武器[M].郑广怀,等译.南京:译林出版社,2011:477-478.
② 操太圣,卢乃桂.抗拒与合作:课程改革情境下的教师改变[J].课程·教材·教法,2003(1):71-75.

等等。"这些'异见分子'可能具有质疑预设方案、更清楚地观察主流事物和提出问题的能力。"①这一认识也得到了精神分析理论的认同。精神分析理论指出，阻抗（resistance）不是消极的存在，而是学习者自我发展所必需的。在精神分析理论中，任何事物若对个体构成挑战时，自我便会启用防御机制予以反击，阻抗便是一种自我防御。如果有人试图克服这种阻抗，规劝人们放弃防御，不允许他们借助它以获取新的知识，那实际上便是在操控他们，是对他们自我的不尊重。精神分析理论主张从知识中学习，特别是新的知识，而阻抗并非需要克服之物，它表达了一个事实，一个必须正视的事实。② 可见，抵抗并不总是一种消极的力量，如果识别和管理得当，阻力实际上可以成为一种改进的力量。

（三）基于教师改变的特性，谨慎采取应对策略

将教师日常抗拒置于教师改变（teacher change）的脉络中，我们就能够发现基于教师改变的特性而应对教师日常抗拒的重要性。因此，我们有必要从教师改变的语境反思教师日常抗拒。

首先，教师能否做出改变，背后有诸多原因，需要区别对待。罗德里格斯（Rodriguez）基于"以理解为目的和适应学生个别差异的数学教学目标"这一案例，指出教师可能会存在两种抗拒形态，一种是"思想观念上的抗拒"（resistance to ideological change），一种是"教学方法上的抗拒"（resistance to pedagogical change）。"思想观念上的抗拒"产生的原因是教师不相信所有人都能学好，也就是缺乏多元智能的观点；"教学方法上的抗拒"则是源自自己以往学生时代学习或是观察的

---

① 尹弘飚，李子健. 论课程改革中的教师改变[J]. 教育研究，2007(3)：23-29.
② 高振宇. 行动研究与课程改革——加拿大阿尔伯塔大学泰瑞斯·卡森教授访谈录[J]. 全球教育展望，2011(6)：3-8.

经验,不能认同多元取向的教学方式,再加上如果教师觉得自己原来的教学方法并不坏,则更不可能改变原有的教学方法。[①] 可见,基于这一案例,教师不愿意改变至少有这两种原因,只有对症下药,才能从根本上做出改变。

其次,教师工作忙碌,时间、精力有限,需要提供外在的支持。"即使是优秀的教师,由于工作的琐碎、繁杂、重复及紧张的工作节奏,由于人所具有的某种惰性,教师更愿意按照一种早已熟悉的、习惯的、不变的方式做事,改变即意味着重新开始。如果没有制度的强制力、约束力,改变就难以实现。"[②]从这个意义上,营造宽松的学校文化,让教师感到安全,也是一种可行的途径。教师之所以采取日常抵抗,是因为改革举措让教师感到不安全。这个时候,让教师感受到安全是消解日常抗拒的最佳方式。

最后,遵循教师改变的特性,采取小步子策略。研究表明,教师具有改变的意愿,只是这种改变比较缓慢、琐碎。"重新组织课堂,尝试不同的教学活动,变化教学呈现方式,采用不同的沟通技巧……可以说,教师是一个时刻面临变化并且积极求变的专业群体,时刻都在按照他们对学生需要什么、什么是有效教学的理解进行自发的改进。只要这个教师稍有责任心,他都是主动做出改变的,并且这种改变从来就没有停止过。"[③]易言之,教师改变更多的是一种"渐进性改变":"在日常专业实践中不断进行的、程度和规模有限的调整,其目标是更有

---

① Rodriguez A J. Teachers' resistance toideological and pedagogical change:Definitions,the oretical frame work,and significance[M]//Rodriguez A J, Kitchen R S. Preparing Mathematics and Science Teachers for Diverse Classrooms:Promising Strategies for Transformative Pedagogy. Mahwah:Laurence Erlbaum Associates,2005:1-16.

② 胡惠闵.校本管理[M].成都:四川教育出版社,2005:275-276.

③ Richardson V. How teachers change:What will lead to change that most benefit student learning[J]. Focus on Basics,1998(2):7-11.

效率地完成教学工作。"①遵循教师"渐进性改变"的特性,小步子策略
成为首选。当课程实施的步幅和频率都能配合教师改变时,教师就会
勇敢地跨出舒适地带,拥抱改革带来的不确定,并且在实施中不断巩
固改变自我的信心。

---

① 尹弘飚,李子健.论课程改革中的教师改变[J].教育研究,2007(3):23-29.

结　语　"反映的实践者"的诞生

　　教师形象是一定历史条件和文化背景下,人们对于教师这一职业的职能、特点、行为所形成的一种较为稳固而概括的总体评价与整体印象,既反映出教师职业的固有特征和本性,也具有一定的文化性和时代性,是一种"继承"与"演变"的呈现。教育不断发展变迁,就其根本而言,所变多在"标准"。每一次教育变革,往往都要重新诠释好教师形象,然后依此形象,确立新的专业行为或制度规范,教师成长路径也因而发生改变。

　　基于课程价值观念变迁视角的好教师形象研究,关键需要基于课程概念本身的发展,将特定教师与课程的关系标识出来,进而明确与之匹配的好教师形象。另外,时间是一个绕不开的参量。特定的好教师形象都是在特定的历史条件下形成的,历史性是好教师形象的重要标尺。可以发现,百年以来,课程概念所指称的事实虽在变化中,但有其轨迹可循。与世界课程走向大体保持一致,我国百年课程概念的发展主要是把"课程链"从"正式的课程""一套规范和作为教材的教科书",延展到教师与学生共同参与的课业,课程作为过程的观念日渐流行,并逐步关注学生学习在课程概念发展中的作用,强调"学生经验的课程";教师与课程的关系也因而经历了从"教师教课程"到"教师研课程",再到"教师研课程"不断深化这一趋势。基于此,好教师形象也发生了相应的演进:处于"教师教课程"的阶段,"教师之教"成为审视课程问题的主要视角,"教书匠"因而成为与之相伴的好教师形象;随着两者的关系开始转变为"教师研课程",研究成为教师的一个重要属性,"研究者"因而成为与之匹配的好教师形象;当明确"教师研课程"的最终归宿在于创设适合具体学生的课程,就进入"教师研课程"的深化阶段,"反映的实践者"也就取代研究者成为新的好教师形象。

教师成长是一个长期而复杂的过程,涉及关键特征(专长)、影响因素、人生经历、成长环境等诸多维度,是一个多维因素互动的结果。为了深入探索教师成长机制,需要在已有研究的基础上,以当前中国本土好教师形象"反映的实践者"作为参照,通盘考虑上述不同维度对教师成长的意义,并找出它们之间的关联,构建出具有中国本土特色的教师成长机制模型。

根据研究可知,指向"反映的实践者"这一当前新型好教师形象,首先需要从准入机制进行审查,挑选那些适合做教师的候选人进入教师队伍,这就涉及教师培养制度、资格制度、"教育天赋"等方面的内容。对广大中小学教师而言,要迈向"反映的实践者",尤为需要注重从日常实践中找到成长的动力,无论是国外的研究还是国内的观点,大家越来越认同一个基本的思想:学校既是培养学生的场所,也是教师专业发展的基地,实践因而成为教师成长的重要渗透机制。有了准入机制和渗透机制,为了加速教师成长的步伐,早日成为"反映的实践者",动力机制和研究机制缺一不可。动力机制主要解决教师成长的心态问题,而研究机制则侧重从研究的角度加速教师的成长。此外,教师成长为"反映的实践者",还离不开保障机制,本书主要从"日常抗拒"的角度对保障机制进行了研究。本书主要从准入机制、促进机制、动力机制、研究机制和保障机制这五个方面构建了指向"反映的实践者"这一新型好教师形象的教师成长机制。有理由相信,从整体上观照上述五大机制,"反映的实践者"这一新型好教师形象的诞生指日可待。

参考文献

中文著作类

艾斯奎斯.第56号教室的奇迹:让孩子变成爱学习的天使[M].卞娜娜,译.北京:中国城市出版社,2009.

奥恩斯坦,贝阿尔-霍伦斯坦,帕容克. 当代课程问题[M]. 3版. 余强,主译.杭州:浙江教育出版社,2004.

本纳.普通教育学:教育思想和行动基本结构的系统的和问题史的引论[M].彭正梅,等译.上海:华东师范大学出版社,2006.

博尔诺夫. 教育人类学[M]. 李其龙,等译. 上海:华东师范大学出版社,1999.

陈桂生,范国睿,丁静.教育理论的性质与研究取向[M].上海:华东师范大学出版社,2006.

陈桂生,胡慧闵,黄向阳,等.到中小学去研究教育:"教育行动研究"的尝试[M].上海:华东师范大学出版社,2003.

陈桂生.常用教育概念辨析[M].上海:华东师范大学出版社,2009.

陈桂生.课程实话[M].上海:华东师范大学出版社,2012.

陈桂生.师道实话(增订版)[M].上海:华东师范大学出版社,2012.

陈桂生.学校教育原理[M].长沙:湖南教育出版社,2000.

陈惠邦.教育行动研究[M].台北:师大书苑有限公司,1998.

陈向明,等.搭建实践与理论之桥:教师实践性知识研究[M].北京:教育科学出版社,2011.

陈向明.所见日本:一个中国教师的行走笔记[M].北京:教育科学出版社,2013.

陈向明.质的研究方法与社会科学研究[M].北京:教育科学出版社,2000.

陈元晖.教学法原理[M].武汉:湖北人民出版社,1957.

陈之华.芬兰教育全球第一的秘密[M].北京:中国青年出版社,2010.

丛立新.沉默的权威:中国基础教育教研组织[M].北京:北京师范大学出版社,2011.

杜威.我们怎样思维·经验与教育[M].姜文闵,译.北京:人民教育出版社,2005.

富伦,夏桂思.学校与改革:人本主义的倾向[M].黄锦樟,叶建源,译.香港:香港教育图书公司,1999.

何东昌.中华人民共和国重要教育文献(1949—1975)[M].海口:海南出版社,2003.

赫尔巴特.普通教育学、教育学讲授纲要[M].李其龙,译.北京:人民教育出版社,2002.

胡惠闵,王建军.教师专业发展[M].上海:华东师范大学出版社,2014.

胡惠闵.校本管理[M].成都:四川教育出版社,2005.

加德纳.多元智能新视野[M].沈致隆,译.北京:中国人民大学出版社,2012.

贾隆格,伊森伯格.是什么让教师不断进步——教师故事启示录[M].

张涛,译.北京:中国青年出版社,2007.

克里克山克,贝勒尔,梅特卡夫.教学行为指导[M].时琦,等译.北京:
　　中国轻工业出版社,2003.

利斯威德,等.发现你的学习优势,发现我的教育优势[M].张林,译.
　　北京:中国社会科学出版社,2011.

联合国教科文组织.教育——财富蕴藏其中[M].联合国教科文组织
　　总部中文科,译.北京:教育科学出版社,1996.

梁威,卢立涛,黄冬芳.撬动中国基础教育的支点:中国特色教研制度
　　发展研究[M].北京:教育科学出版社,2011.

林玉体.西方教育思想史[M].北京:九州出版社,2006.

鲁洁.超越与创新[M].北京:人民教育出版社,2001.

帕尔默.教学勇气:漫步教师心灵[M].吴国珍,等译.上海:华东师范
　　大学出版社,2005.

瞿葆奎.教育学文集·教师[M].北京:人民教育出版社,1991.

瞿葆奎.教育学文集·教育与教育学[M].北京:人民教育出版社,
　　1993.

舍恩.反映的实践者:专业工作者如何在行动中思考[M].夏林清,译.
　　北京:教育科学出版社,2007.

舍恩.培养反映的实践者:专业领域中关于教与学的一项全新设计
　　[M].郝彩虹,等译.北京:教育科学出版社,2008.

施良方,崔允漷.教学理论:课堂教学的原理、策略与研究[M].上海:
　　华东师范大学出版社,2008.

斯科特.弱者的武器[M].郑广怀,等译.南京:译林出版社,2011.

苏霍姆林斯基.给教师的一百条建议[M].周蕖,等译.天津:天津人民
　　出版社,1981.

王建军.课程变革与教师专业发展[M].成都:四川教育出版社,2004.

吴康宁.教育改革的"中国问题"[M].南京:南京师范大学出版社,
　　2015.

徐碧美.追求卓越:教师专业发展案例研究[M].陈静,李忠如,译.北
　　京:人民教育出版社,2003.

杨明全.革新的课程实践者:教师参与课程变革的研究[M].上海:上
　　海科技教育出版社,2003.

于漪.教育魅力:青年教师成长钥匙[M].上海:华东师范大学出版社,
　　2017.

俞子夷.一个乡村小学教员的日记[M].上海:商务印书馆,1929.

郑杰.学校的秘密[M].北京:教育科学出版社,2011.

郑金洲.教育絮语[M].上海:华东师范大学出版社,2008.

朱慕菊.走进新课程:与课程实施者对话[M].北京:北京师范大学出
　　版社,2002.

佐藤学.课程与教师[M].钟启泉,译.北京:教育科学出版社,2003.

中文期刊类

"全国中小学教师专业发展状况调查"项目组.中国中小学教师专业发
　　展状况调查与政策分析报告[J].教育研究,2011(3):3-12.

白益民.教师的自我更新:背景、机制与建议[J].华东师范大学学报
　　(教育科学版),2002(4):28-38.

操太圣,卢乃桂.教师专业发展新范式及其在中国的萌生[J].教育发
　　展研究,2002(11):71-75.

操太圣,卢乃桂.抗拒与合作:课程改革情境下的教师改变[J].课程·
　　教材·教法,2003(1):71-75.

陈桂生,黄向阳,胡慧闵,等."教育研究自愿者组合"的建构——"合
　　作的教育行动研究"的尝试[J].华东师范大学学报(教育科学

版),1999(4):3-5.

陈桂生.从经验性的"教学研究"到规范性的"课程问题研究"——溧阳市文化小学"课堂学习活动设计"课题研究鸟瞰[J].全球教育展望,2007(12):76-79.

陈桂生.漫话教育研究中的"塑料花"[J].上海教育科研,2001(4):17-18.

陈洪捷.关于教师实践性知识研究的三点疑问[J].北京大学教育评论,2018(4):11-18.

陈群波.专业发展视角下新教师的知识构成与生成[J].全球教育展望,2016(5):112-123.

陈思颖.从"局外人"到"局内人":人类学视角下再识"教师研究"[J].教育发展研究,2018(6):68-73.

陈向明.理论在教师专业发展中的作用[J].北京大学教育评论,2008(1):39-50.

陈向明.实践性知识:教师专业发展的知识基础[J].北京大学教育评论,2003(1):104-112.

陈向明.中小学教师为什么要做研究[J].教育发展研究,2019(8):67-72.

程乐华,黄俊维,谢扬帆.直通道模型——实践知识的提炼、共享和升华[J].自然辩证法研究,2010(10):101-107.

程亮,杜明峰,张芸.重心转移与问题转化——改革开放以来教育理论与实践关系研究之研究[J].湖南师范大学教育科学学报,2013(6):26-31.

丁道勇.教师研究的是与非[J].教育发展研究,2014(22):25-32.

丁钢.以教师专业发展为核心的校本课程开发[J].教育研究,2001(2):50-53.

董江华,陈向明.镜室的映照——对合作探究群体生成实践性知识的探析[J].教育学报,2013(4):72-81.

段晓明.国际教师专业标准改革的新趋势[J].教育发展研究,2011
　　(2):81-83.

段晓明.英国教师教育政策变革走向——基于《教学的重要性》报告分
　　析[J].比较教育研究,2012(12):35-39.

高德胜."核心素养"的隐喻分析:意义与局限[J].教育发展研究,2018
　　(6):31-39.

高洁.课堂教学组织管理行为中蕴含的价值教育及实践——以挑选学
　　生举手发言为例[J].教育研究,2015(8):12-21.

高维.隐喻的认知功能及其教育学意蕴[J].教育学报,2015(1):21-27.

高振宇.行动研究与课程改革——加拿大阿尔伯塔大学泰瑞斯·卡森
　　教授访谈录[J].全球教育展望,2011(6):3-8.

郭于华."弱者的武器"与"隐藏的文本"——研究农民反抗的底层视角
　　[J].读书,2002(7):11-18.

郭元捷,鲍传友.实现教师专业自主发展的路径探讨[J].中国教育学
　　刊,2006(12):61-63.

郝宁,吴庆麟.天赋在专长获得中有限作用述评[J].心理科学,2009
　　(6):1401-1404.

何光全,廖其发,臧娜.师范生免费教育政策存在的问题及改进建
　　议——基于实证调查的分析[J].教育发展研究,2011(15-16):39-44.

何倩.芬兰中小学教师职前培养制度的特点及启示——以赫尔辛基大
　　学为例[J].外国教育研究,2009(10):45-49.

胡惠闵,汪明帅.美国教师专业发展学校与教育实习改革的经验与启
　　示[J].全球教育展望,2011(7):49-53.

胡惠闵.教师专业发展背景下的学校教研组[J].全球教育展望,
　　2005(7):21-25.

胡惠闵.如何在教研组活动中运用教师反思机制[J].全球教育展望,

2003(2):60-62.

胡惠闵.学校本位教师专业发展的行动策略思考[J].全球教育展望,
　　2007(6):35-38.

胡惠闵.走向学校本位的教师专业发展:问题与思路[J].开放教育研
　　究,2007(3):51-55.

胡艳.当前我国师范专业招生问题及对策探讨[J].教师教育研究,
　　2007(3):29-33.

黄景.教师身份·教师能动·教师自主:二十年从教经历的反思[J].
　　教育学术月刊,2010(8):27-31.

简红珠.教师专业发展与教学改善:借镜日本小学教师的学课研究
　　[J].教育研究月刊,2007(6):38-45.

江路华.新课程理念与课堂管理重构——基于一所小学的课堂观察分
　　析[J].全球教育展望,2005(9):42-46.

姜勇,庞丽娟.教师教育的新展望:迈向博雅精神的新时代[J].教师教
　　育研究,2003(1):6-10.

姜勇,庞丽娟.论教师的意识唤醒[J].教育研究与实验,2006(5):38-40.

姜勇.论教师发展的"存在"之路[J].教师教育研究,2010(1):1-5.

蒋亦华.当代中国教师标准问题之研究[J].教帅教育研究,2007(4):
　　33-36.

靳涌韬,周成海.同伴指导:教师专业发展的重大抉择[J].教育科学,
　　2007(4):38-41.

柯政.从整齐划一到多样选择:改革开放40年中国课程改革之路[J].
　　全球教育展望,2018(3):3-18.

李斌辉.教师假性成长及其克服:从教育行政角度的分析[J].课程·
　　教材·教法,2010(6):85-91.

李莉春."行动中反思"的实践认识论评述及其对教师发展的意义[J].

教师教育研究,2007(6):14-18.

李南,王晓蓉.企业师徒制隐性知识转移的影响因素研究[J].软科学,
2013(2):113-117.

李琼.学生心目中的教师形象:一个跨文化的比较[J].比较教育研究,
2007(11):18-22.

李政涛.走向基于"教师立场"的研究与写作[J].上海教育科研,2007
(8):12-14.

李子建,邱德峰.实践共同体:迈向教师专业身份认同新视野[J].全球
教育展望,2016(5):102-111.

李子建,尹弘飚.后现代视野中的课程实施[J].华东师范大学学报(教
育科学版),2003(1):21-33.

连榕.新手—熟手—专家型教师心理特征的比较[J].心理学报,2004
(1):44-52.

梁威,李小红,卢立涛.新时期我国基础教育教学研究制度:作用、挑战
及展望[J].课程·教材·教法,2016(2):11-16.

林更茂.从"角色规定"到"身份认同":免费师范生教育的深层推进
[J].教育研究与实验,2011(6):25-29.

刘捷.日本理想的教师形象、养成制度及对我国的启示[J].日本问题
研究,1999(3):3-5.

刘良华.教育自传中的个人知识:关于好教师的调查研究[J].北京大
学教育评论,2008(1):125-131.

刘良华.重申"行动研究"[J].比较教育研究,2005(5):76-79.

龙宝新.助推式课堂:课堂管理方式变革的新路径[J].教育发展研究,
2018(18):37-44.

卢立涛,沈茜,梁威.试论区县级教研员实践性知识的构成及特征——
以北京市区县级教研员为例[J].教师教育研究,2018(6):112-118.

卢敏玲.课堂学习研究对香港教育的影响[J].开放教育研究,2005(3):84-89.

卢乃桂,操太圣.立法者与阐释者:大学专家在"校院合作"中角色之嬗变[J].复旦教育论坛,2003(1):18-21.

卢乃桂,操太圣.论教师的内在改变与外在支持[J].教育研究,2002(12):55-59.

卢乃桂,陈峥.赋权予教师:教师专业发展中的教师领导[J].教师教育研究,2007(4):1-5.

卢乃桂,王晓莉.析教师专业发展理论之"专业"维度[J].教师教育研究,2008(6):1-6.

宁虹.教师成为研究者的现象学意识[J].教育研究,2003(11):64-68.

牛瑞雪.行动研究为什么搁浅了——大学与中小学合作研究的困境与出路[J].课程·教材·教法,2006(2):69-75.

彭正梅.寻求教学的"圣杯"——论哈蒂《可见的学习》及教育学的实证倾向[J].教育发展研究,2015(4):1-9.

申继亮,刘加霞.论教师的教学反思[J].华东师范大学学报(教育科学版),2004(3):44-49.

沈伟.教研员作为边界工作者:意涵与能力建构[J].教育发展研究,2013(10):64-68.

沈祖樾,曹中平.当前中学师生心目中好教师形象的比较研究[J].南京师大学报(社会科学版),1990(4):36-41.

石中英.当代知识的状况与教师角色的转换[J].高等师范教育研究,1998(6):52-57.

石中英.论教育实践的逻辑[J].教育研究,2006(1):3-9.

石中英.全球化时代的教师同情心及其培育[J].教育研究,2010(9):52-59.

苏红.关键事件:抵及教师专业发展的核心[J].教育科学研究,2011
(11):67-70.

孙玖璐.成人、生活史:一个终身学习的研究视角——奥尔森教授成人
学习研究综述[J].教育发展研究,2005(7):84-87.

孙绵涛,康翠萍.教育机制理论的新诠释[J].教育研究,2006(12):22-28.

孙元涛,许建美."教师抵制变革"的多维分析[J].教育发展研究,2009
(15-16):12-15.

孙元涛.从"捉虫"效应与"喔"效应说开去——关于大学与中小学合作
研究的理论分析[J].上海教育科研,2006(12):8-10.

唐玉光.教师专业发展的研究[J].外国教育资料,1999(6):3-5.

汪明帅,胡惠闵.教师专业发展:教学法的视角[J].教育发展研究,
2007(7):31-33.

汪明帅,张帅.好教师形象的百年变迁——基于课程价值观念变迁的
考察[J].教育发展研究,2020(2):76-84.

汪明帅.成为"反映的实践者"——从舍恩的理论探寻教师成长的秘密
[J].教育发展研究,2015(4):42-47.

汪明帅.从"被发展"到自主发展——教师专业发展的现实挑战与可能
对策[J].教师教育研究,2011(4):1-6.

汪明帅.好教师的关键特征——2003—2012美国年度教师解读[J].教
育发展研究,2012(24):48-53.

汪明帅.教师专业发展中的"诱变事件"[J].教师教育研究,2012(6):
1-6.

王富伟,胡媛媛,赵树贤.小学教师典型一天的制度分析[J].全球教育
展望,2018(9):117-128.

王建军,黄显华.校本课程发展与教育行动研究[J].华东师范大学学
报(教育科学版),2001(2):22-35.

王建军."新数学":一个课程改革的故事及其启示[J].全球教育展望, 2007(3):31-36.

王建军.筏喻的课程观:课程概念的演变与趋向[J].华东师范大学学报(教育科学版),2009(1):32-44.

王丽华,褚伟明.促进教师研究的学校内部机制构建:国际进展与前瞻[J].教育发展研究,2015(6):66-73.

王枬,王彦.教师叙事:在实践中体悟生命[J].教育研究,2005(2): 58-61.

王晓芳,黄丽锷.中小学教师如何理解"教师科研":话语、身份与权力[J].教育学报,2015(2):43-53.

王艳玲.教师形象的内源性考察[J].中国教育学刊,2011(2):58-61.

魏戈,陈向明.教师实践性知识研究在荷兰——与波琳·梅耶尔教授对话[J].全球教育展望,2015(3):3-11.

魏戈,陈向明.如何捕捉教师的实践性知识[J].教育科学研究,2017 (2):82-88.

魏戈.西方教师实践性知识研究的旨趣变迁[J].比较教育研究,2019 (10):45-51.

温鲁普,范得瑞尔,梅尔.教师知识和教学的知识基础[J].北京大学教育评论,2008(1):21-38.

吴康宁.教师应成为自身专业发展的主人[J].南京师大学报(社会科学版),2015(5):80-86.

吴康宁.以"友好方式"向教育实践工作者提供教育理论——关于走出教育理论生存困境的一个思考[J].教育研究与实验,2017(5):1-6.

徐建平,谭小月,武琳,等.优秀中小学教师胜任特征分析[J].教育学报,2011(1):48-53.

徐学福.三种视角下的反思性教学探析[J].教育学报,2008(3):26-30.

杨帆,陈向明.办公室对话与教师的专业实践[J].上海教育科研,2011
　　(3):4-8.

姚云,董晓薇.全国师范生免费教育政策实施认同度调查[J].教育研
　　究与实验,2009(1):45-50.

易凌峰.组织学习理论及其对教师专业化实践的启示[J].教育发展研
　　究,2004(7-8):32-34.

易凌云,庞丽娟.教师个体教育观念:反思与改善教师教育的新机制
　　[J].教育理论与实践,2004(5):37-41.

尹弘飚,李子健.论课程改革中的教师改变[J].教育研究,2007(3):
　　23-29.

余文森.论名师的教学主张及其研究——以福建省为例[J].教育研
　　究,2015(2):75-81.

袁丽.中国教师形象及其内涵的历史文化建构[J].教师教育研究,
　　2016(1):103-109.

张俐蓉.行动研究及其在中小学的运用[J].上海教育科研,2004(5):
　　33-36.

张俐蓉.中小学教师专业发展的国际实践[J].全球教育展望,2001
　　(7):12-16.

张民选.专业知识显性化与教师专业发展[J].教育研究,2002(1):14-18.

张倩,李子建.国际比较视域下的教师专业发展——以 TALIS2010 教
　　师专业发展主题报告为基础[J].教育发展研究,2011(6):39-46.

赵德成.教师成为研究者:基于课例研究的分析[J].教师教育研究,
　　2014(1):75-80.

赵虹元.我国教研员角色的变迁与展望[J].课程·教材·教法,2018
　　(10):111-116.

折晓叶.合作与非对抗性抵制——弱者的韧武器[J].社会学研究,

2008(3):1-28.

郑国民.二十世纪二三十年代中学语文教学方法的变革[J].课程·教材·教法,2000(4):54-58.

郑鑫,尹弘飚,王晓芳.跨越教师学习的边界[J].教育发展研究,2015(10):59-65.

钟启泉,胡惠闵.我国教师教育课程标准的建构[J].全球教育展望,2005(1):36-39.

钟启泉,刘徽.我国教师形象重建的课题[J].国家教育行政学院学报,2006(8):40-47.

钟启泉,杨明全,花惠萍,等.课程改革促进教师专业发展的个案研究——以江西省临川二中为例[J].全球教育展望,2002(8):12-17.

钟启泉.课程发展的回归现象与非线性模型——检视课程思潮的一种视角[J].教育研究,2004(11):20-26.

钟启泉.中国课程改革:挑战与反思[J].比较教育研究,2005(12):18-23.

周勇.大学教授的学术生活空间——以蔡元培、胡适与顾颉刚为例[J].北京大学教育评论,2007(2):16-25.

朱宁波,张萍.教师同伴互助的校本教研模式探析[J].教育科学,2007(6):16-20.

外文著作类

Brookfield S D. The Skillful Teacher:On Technique,Trust,and Responsiveness in the Classroom[M]. San Francisco:Jossey-Bass,1990.

Collins H M. Changing Order[M]. Chicago:University of Chicago Press,1992.

Corbin J,Strauss A. Basics of Qualitative Research:Techniques and

Procedures for Developing Grounded Theory [M]. Thousand Oaks:Sage Publications,2015.

Day C. Developing Teachers:The Challenges of Lifelong Learning [M]. London:Falmer,1999.

Eysenck H J, Eysenck M. Personality and Individual Differences:A Natural Science Approach[M]. New York:Plenum Press,1985.

Fullan M, Hargreaves A. Teacher Development and Educational Change[M]. London:The Falmer Press,1992.

Galton F. Hereditary Genius:An Inquiry into its Laws and Consequences[M]. London:Julian Friedman,1979.

Gerring J. Social Science Methodology:A Unified Framework[M]. Cambridge:Cambridge University Press,2011.

Goodlad J I. Curriculum Inquiry:The Study of Curriculum Practice [M]. New York:McGraw-Hill,1979.

Grossman P. The Making of a Teacher:Teacher Knowledge and Teacher Education [M]. New York:Teachers College Press, 1991.

Guest G,McQueen K M, Namey E. Applied Thematic Analysis[M]. Thousand Oaks:Sage Publications,2012.

Hargreaves A, Fullan M. G. Understanding Teacher Development [M]. London:Cassell,1992.

Hargreaves A. Changing Teachers, Changing Times:Teachers' Work and Culture in the Post-modern Age[M]. London:Cassell, 1994.

Jackson P W. Handbook of Research on Curriculum[M]. New York: Macmillan Publishing Company,1992.

Jeffrey A K,Stanley J,Zehm E K. On being a Teacher:The Human Dimension[M]. Thousand Oaks:Corwin Press,2005.

McDonald J P. Teaching:Making Sense of an Uncertain Craft[M]. New York:Teacher College Press,1992.

Polanyi M. Personal Knowledge:Toward a Post-critical Philosophy [M]. London, Henley:Routledge & Kegan Paul,1958.

Polanyi M. The Tacit Dimension[M]. London:Routledge & Kegan Paul,1966.

Ragin C. The Comparative Method:Moving beyond Qualitative and Quantitative Strategies[M]. Berkeley:University of California Press,1987.

Schön A. The Reflective Practitioner:How Professionals Think in Action[M]. Surry:Ashgate Publishing Limited,1983.

Scott J. Weapons of the Weak:Everyday Forms of Peasant Resistance [M]. New Haven:Yale University Press,1985.

外文期刊类

Beijaard D, Verloop N. Assessing teachers' practical knowledge[J]. Studies in Educational Evaluation,1996(3):275-286.

Braun V, Clarke V. Using thematic analysis in psychology[J]. Qualitative Research in Psychology,2006(2):77-101.

Choi T. Hidden transcripts of teacher resistance: A case from South Korea[J]. Journal of Education Policy,2017(4):480-502.

Clandinin D J, Connelly F M. Teachers' professional knowledge landscapes:Teacher stories, stories of teachers, school stories, stories of school[J]. Educational Researcher,1996(3):24-30.

Connelly F M. The function of curriculum development [J]. Interchange,1972(2-3):161-177.

Connelly F M, Ben-Peretz M. Teachers' roles in the using and doing of research and curriculum development [J]. Journal of Curriculum Studies,1980(2):95-107.

Dalgic G, et al. Towards a new understanding of university through metaphors [J]. Educational Administration: Theory and Practice,2012(3):377-398.

Darling-Hammond L, Braatz-Snowden J. A good teacher in every classroom: Preparing the highly qualified teachers our children deserve[J]. Educational Horizons,2005(2):111-132.

Driel J, Beijacrd D, Verloop N. Professional development and reform in science education: The role of teachers' practical knowledge [J]. Journal of Research in Science Teaching,2001(2):137-158.

Eisner E W. From episteme to phronesis to artistry in the study and improvement of teaching[J]. Teaching and Teacher Education, 2002(4):375-386.

Goldschmidt P, Phelps G. Does teacher professional development affect content and pedagogical knowledge: How much and for how long? [J]. Economics of Education Review,2010(29):432-439.

Goodson I. Studying the teacher's life and work[J]. Teaching and Teacher Education,1994(10):29-37.

Janas M. Shhhhh, the dragon is asleep, and its name is resistance [J]. Journal of Staff Development,1998(1):119-124.

Johansson A, Vinthagen S. Dimensions of everyday resistance: An analytical framework[J]. Critical Sociology,2016(3):417-435.

Katz L G. Developmental stages of preschool teachers[J]. Elementary School Journal,1972(1):50-54.

Mintz J, Hick P, Solomon Y, et al. The reality of reality shock for inclusion: How does teacher attitude, perceived knowledge and self-efficacy in relation to effective inclusion in the classroom change from the pre-service to novice teacher year[J]. Teaching and Teacher Education,2020(91):1-11.

Nguyen C D. Metaphors as a window into identity: A study of teachers of English to young learners in Vietnam[J]. System, 2016(6):66-78.

Reis-Jorge J. Teachers' conceptions of teacher-research and self-perceptions as enquiring practitioners: A longitudinal case study [J]. Teaching and Teacher Education,2007(4):402-417.

Rotherham A J, Mikuta J, Freeland J. Letter to the next president [J]. Journal of Teacher Education,2008(3):242-251.

Stenhouse L. What countsas research [J]. British of Journal of Educational Studies. 1981(2):103-114.

Sullivan P. Editorial: Using the study of practice as a learning strategy within mathematics teacher education programs [J]. Journal of Mathematics Teacher Education,2002(5):289-292.

Tschannen-Moran M, Hoy W K. A multidisciplinary analysis of the nature, meaning, and measurement of trust [J]. Review of Educational Research,2000(4):547-593.

Vinthagen S, Johansson A. Everday resistance: Exploration of a concept and its theories[J]. Resistance Studies Magazine. 2003 (1):1-46.

Webb P T. The choreography of accountability[J]. Journal of Education Policy，2006(2):201-214.

Yob I M. Thinking constructively with metaphors[J]. Studies in Philosophy and Education,2003(2):127-138.

后　记

　　"国运兴衰，系于教育，根本在教师。"教师的重要性无论如何强调都不过分。许多人成年以后，依然会记得求学时期的好教师，并认为好教师对自己的成长起到了至关重要的作用，是自己受益终身的人生导师。好教师仿佛一面镜子，从中可以看出一个人、一所学校甚至一个国家对待教育的态度。从某种意义上说，教室里有怎样的教师，就有怎样的教育；有怎样的教育，就意味着有怎样的国民。

　　选择教师专业发展作为自己的研究方向，既出于偶然，也是冥冥之中的安排。笔者2005年进入华东师范大学课程与教学研究所师从胡惠闵教授以来，就与教师专业发展结下了不解之缘。教师专业发展是一个兼具理论与实践的研究方向。在理论阅读与实践考察双向互动下，文献中的中小学教师、实践中的中小学教师，以及笔者成长过程中遇到的那些中小学教师，共同成为我前进的指引。这种感觉特别奇妙，让我对教师专业发展这一研究方向逐渐有了清晰的认识，也日益坚定了这一选择。

　　作为学习者，在很长一段时间，笔者从教师成长历时性的角度对师范生准入门槛、教师职前教育、教师入职标准、新教师适应策略以及骨干教师专业精进等议题展开研究，试图以逐个击破的方式，探寻教师成长的秘密。随着研究的不断推进,好教师成为一个无法绕开的议题。不难发现,上述所有研究最终无不指向好教师,指向对好教师的真切呼唤。成为好教师是每一个教师的理想和追求,如何成为好教师则是摆在教师研究者面前的永恒命题。

好教师的不同书写方式是我们审视好教师的一面透镜,规约着成为好教师的方式以及成为怎样的好教师。课程价值观念视角是研究好教师形象重要的"叙述体系",基于课程价值观念变迁视角的好教师形象研究,关键需要基于课程概念本身的发展,将特定教师与课程的关系标识出来,进而明确与之匹配的好教师形象。基于特定好教师形象对教师成长机制进行考察,就是从结构和系统的角度对教师成长予以分析。2017年,笔者申报的国家社会科学基金项目"中国好教师形象的百年变迁与成长机制研究"获批,以此项目推进为契机,笔者有机会将相关的思考进行整合。本书从好教师形象出发,将教师成长机制建基于好教师形象之上,并从"准入""渗透""动力""研究""保障"这五个方面,通过既相对独立又相互整合的方式,系统探讨教师成长机制。从这个意义上说,本书既是这一课题的研究成果,也是笔者十多年来教师专业发展研究的一个阶段性总结。

因为种种原因,这是一本挂一漏万、充满缺憾的书。事实上,在完成本书文字的同时,笔者已经在酝酿以一种更为系统化的方式来阐释基于好教师形象的教师成长机制,希望在不久的将来,有机会将新的思考呈现给大家。

感谢我的导师胡惠闵教授,是她手把手将我领进了教师专业发展这一充满魅力的研究领域的大门,为我开启了一个五光十色的新世界。在她的身上,满足了我对好教师所有的期待和想象。感谢宁波大学教师教育学院的领导和同事,共同见证了我从一名新手教师逐渐走到现在的点点滴滴。在宁波大学教师教育学院亲身经历身为教师的种种"震撼",让我深切地体会到教师成长的复杂性、丰富性以及可能性。感谢浙江大学出版社吴伟伟女士以及梅雪女士为本书出版所付出的极大的热忱和耐心,为本书增色许多。

汪明帅

2023 年 3 月于北京大学